中公新書 2456

石野裕子著

物語 フィンランドの歴史

北欧先進国「バルト海の乙女」の800年

中央公論新社刊

はじめに

フィンランドは、東はロシア、西はスウェーデンに挟まれ、北はノルウェーに接している北欧の一国である。

国土は、日本の三七・七万平方キロより若干小さい三三・八万平方キロ、その四分の一は北極圏に位置する。国土の形が、若い女性に見えることから「バルト海の乙女」とも評され、擬人化されてきた歴史を持つ。近隣のスウェーデン、ノルウェーは山岳地が多いが、フィンランドの国土は平坦で、その一〇分の七は森林で覆われ、一〇分の一は九万五〇〇〇もの湖が占めている。フィンランドの人口は、五五〇万人（二〇一六年）で、一億二六〇〇万人の日本と比べると、人口密度が低いことがわかるだろう。

イギリスの歴史学者デイヴィッド・カービーは、この「森と湖の国」フィンランドの歴史を「近代の出世物語の部類」と評している。たしかにフィンランドの歴史を概観すると、サクセス・ストーリーを体現した国であり、かつドラマティックな歴史を歩んだ国と言える。

フィンランドは、一三世紀から六〇〇年もの間スウェーデン王国に統治され、その後も一〇〇年もの間、ロシア帝国統治下に置かれた。だが、ロシア帝国崩壊を契機に一九一七年一二月六日に独立宣言を行う。しかし、独立宣言直後に内戦が勃発し、独立したての国内は分裂してしまう。内戦でバラバラになった国民を一つにしたのは、皮肉にも第二次世界大戦であった。

第二次世界大戦が勃発した一九三九年、フィンランドはソ連に侵攻され、彼らは「冬戦争」と呼ぶ国土防衛戦に立ち上がったが、善戦むなしく敗れソ連との講和条約で全領土の一〇分の一を失った。講和後は独立存続のためにソ連の「敵」であるナチス・ドイツに接近、秘密協定を締結。一九四一年六月、フィンランドはドイツのソ連侵攻と時を同じくしてソ連に進撃。独ソ戦とは異なる「冬戦争」の続きと主張、「継続戦争」と呼び、戦闘を繰り広げた。

だが、ドイツが劣勢となるとフィンランドも敗退を続け、一九四四年九月にソ連と休戦条約を締結。フィンランドは再びソ連に敗れ、自ら戦争責任裁判を行い、大統領をはじめ政治家が刑に服することとなった。

こうした隣国の強い影響下、冷戦期にはソ連の内政干渉を受け続けた。しかし巧みな外交戦術で対応し、他の東ヨーロッパ諸国のように共産主義化せず、完全な「西側」とは言えないものの、民主主義体制を維持した。

冷戦崩壊を迎えた一九九〇年頃になると経済が悪化し、ソ連崩壊後は、同国への輸出に依存していたフィンランドは、戦後最悪の不況にみまわれる。だがこの経験が、フィンランドの経済政策を大きく転換させることになる。一九九五年にEU加盟、九九年にはユーロを導入し（二〇〇二年から一般流通）、「ヨーロッパ」先進国の一員となっていく。

二一世紀に入って以降、フィンランドの世界での評価はきわめて高くなっている。日本でも、OECD（経済協力開発機構）によるPISA（学習到達度調査）でフィンランドが好成績を収めたことから、教育界の「フィンランド・ブーム」が起こったことは記憶に新しいだろう。北欧の一国として、福祉が充実し、男女平等の国というイメージも根強い。さらに、サンタクロース、ムーミン、マリメッコをはじめとする「北欧インテリア」といったおしゃれなイメージも強くなっている。

IT産業でも、二〇〇〇年代半ばまでは、携帯電話メーカーのノキアが欧米を中心に席巻、先進性の強いイメージを植え付けた。ノキアは第一線から退きつつあるが、アングリーバードなどのモバイルゲームを開発するベンチャー企業が勃興し、フィンランド発ということに気づかないまま日本の消費者に浸透している。二〇一六年現在、一人当たりの国内総生産（GDP）は一八六ヵ国中一七位（約四万三〇〇〇ドル、日本は約三万八〇〇〇ドルで二二位）、経済的にも豊かな環境にある。

他方では、二〇〇八年のアハティサーリ元大統領のノーベル平和賞受賞に代表されるように、平和主義を推進する北欧の一国として世界紛争の「調停役」という顔も、世界で評価されている。

このように現在、フィンランドは多くの国々からよいイメージを持たれているが、一九八〇年代まではフィンランドが、国際社会で、そして日本で取り上げられることは、きわめて少なかった。

日本では一九八三年、当時の中曽根康弘首相が、日本の防衛問題に関連して「フィンランド化」と発言し、一時話題になったことがある。ただし、この言葉は「他国の属国」を意味し、マイナスのイメージを持つものだった。「フィンランド化」とは、ソ連が外交的な圧力を通じて、フィンランドのような小国の内政を思い通りにしているという意味であり、ヨーロッパの政治の世界では一九六〇年代から使われていたものだった。

では、一時期「フィンランド化」という言葉で揶揄《やゆ》されていたフィンランドは、どのようにして、世界から憧憬《しょうけい》の眼差《まなざ》しで見られる国になったのか。本書では、その歴史を追うことからその疑問に答えようと思う。

＊

本書は、フィンランドという国（地域）の歴史に焦点を当てるが、独立国家としてのフィンランドの歴史は一〇〇年ほどである。スウェーデン統治、ロシア帝国統治の歴史のほうがはるかに長い。また、フィンランドはフィンランドだけで発展してきたわけでは決してない。さまざまな地域や外国との交流によって、現在のフィンランドが成り立つ。本書はフィンランドの歴史と銘打ってはいるが、さまざまな地域、外国との関係がどのようにフィンランドに影響したのかについても配慮する。さらには、「フィンランド人はアジア人である」という間違った認識についても、これを機会に訂正したい。

また、本書ではフィンランド独立以前の時代から現在までの歴史を時系列に取り上げるが、特に日本語文献では手薄だった独立以降の歴史、つまり近現代を詳しく取り上げる。

なお、固有名詞をはじめとする表記について触れておきたい。現在、フィンランドの公用語はフィンランド語とスウェーデン語の二言語であるが、長いスウェーデン統治時代の影響で、フィンランドでは長らくスウェーデン語が公用語の役割を果たしてきた。したがって、スウェーデン語表記のほうが一般的に使用されている用語に関しては、スウェーデン語で表記し、必要に応じてフィンランド語表記を括弧《かっこ》に入れて併記する。ロシア語に関しても同様である。

この本を通じて、遠い北欧の一国フィンランドを読者が身近に感じられるようになれば幸いである。

目　次

コラム

フィンランド（2017年現在）

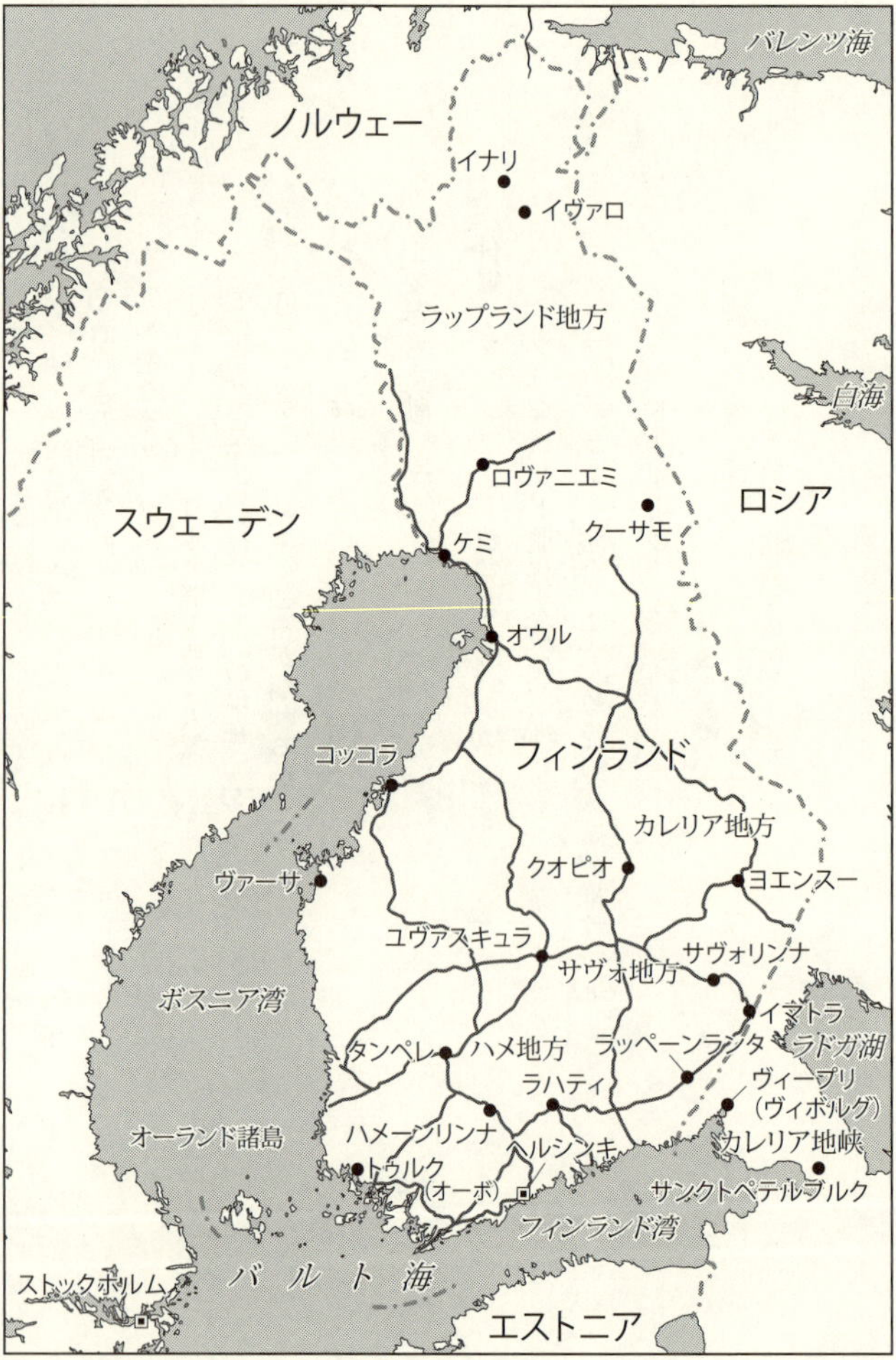

出典：「地球の歩き方」編集室『北欧 2015～16』（ダイヤモンド・ビッグ社，2015年）を基に筆者作成

物語　フィンランドの歴史

序章　フィンランド人の起源――「アジア系」という神話

アジア系起源説の背景

講演会や市民講座でフィンランドについて話すと、参加者から必ずといっていいほど「フィンランド人はアジア系ですよね」といった質問を受ける。たしかに、関連の本やネットで「フィンランド民族はアジア起源である」といった言葉をよく目にする。しかし、現在、この説は学問上否定されている。

フィンランド人のアジア起源説は、一九世紀にヨーロッパの言語学の世界で主張された説が流布したものである。言語学の分類上、フィンランド語はウラル＝アルタイ語族に属すとされ、このグループには他にもハンガリー語、トルコ語、モンゴル語、朝鮮語、そして日本語といったヨーロッパからアジア、すなわちユーラシア大陸をまたがる地域を網羅する語族が属していた。日本ではハンガリー語学者であり、フィンランド語辞典も編纂《へんさん》した研究者の今岡十一郎が戦中から主張し、戦後にこの説を広めた。

だが国際的にはこの主張は第二次世界大戦後に下火となり、現在ではウラル語族とアルタイ語族とを結びつける説は否定されている。つまり、フィンランド人のアジア起源説も学問的には否定されている。

ちなみに、四～六世紀のゲルマン民族大移動の原因となったフン族をハンガリーのマジャール人の起源とする説も日本でいまだ流布しているが、これも現在は否定されている。しかし、ヨーロッパとアジアがつながっているとされるウラル＝アルタイ語族という考えは人びとのロマンをかきたてるものであり、時折注目される。

ここで、言語学的な分類におけるフィンランド語について簡単に説明したい。

ウラル語族に属するフィンランド語は言語的に「アジア系」ではない。ウラル語族のフィン・ウゴル語系にはフィンランド語のほかにエストニア語、ハンガリー語、カレリア語（カレリア地方の言語）からロシア連邦内にあるウドムルト共和国の公用語であるウドムルト語などが属するとされる。フィンランド語はエストニア語に最も近く、ハンガリー語には最も遠い言語とされる。

また、北欧四国（スウェーデン、ノルウェー、デンマーク、アイスランド）の言語がインド・ヨーロッパ語系に属しているのに対し、フィンランド語のみがフィン・ウゴル語に属するため、フィンランド人は北欧諸国、ひいてはヨーロッパとは異なる民族であるという印象が強い。

しかし、フィンランド語話者のみがフィンランド人ではないことに留意しなければならない。現在のフィンランドでは、人口の約九〇％がフィンランド語を母語とするが、スウェーデン語、サーミ語（ラップランドに住む少数民族サーミ人の言語）、ロマニ語（ジプシーと呼ばれていたロマ人の言語）も話されており、一言語のみ話されているわけではない。また、歴史的にフィンランド語が公用語的扱いを受けるようになったのは一九世紀後半からであり、それまではスウェーデン語が公用語であった。

「我々はモンゴル人か？」と記されたカレンダーの絵（1909年）　左がフィンランド人，右がモンゴル人の顔．発行は教育水準の向上を目的とした民族啓蒙協会．同会は民衆に大きな影響を及ぼし，このカレンダーによって人種問題はよく知られるようになった

もっとも、フィンランド人のアジア人起源説は、言語学以外の要因もある。すなわち「未開人」という認識からである。「先進的」なヨーロッパに対する「後進的」なアジアという歴史的偏見が関係している。一九一七年の独立以降もフィンランドはほかの北欧諸国と比較して経済的発展が遅かった。そのため、実際、独立以前のフィンランドには未開という意味を含んだ「アジア」として揶揄された歴史がある。

フィンランドの歴史学者アイラ・ケミライネンが指摘しているように、フィンランド人自身も第二次世界大戦前までは「アジア系」であるという劣等感を持ち、ヨーロッパに憧れを抱いていた。現在の先進国の先端を走るようなフィンランドの姿からは想像しにくいが、「ヨーロッパ」の外に置かれた存在であったのである。

どこから祖先は来たのか

では、フィンランド人の祖先はどこから来たのだろうか。

フィンランド人起源説に関する論争は長い間続いてきたが、一九八〇年代になって、西フィンランドのポホヤンマー（オストロボスニア）で考古学上の大発見があり、フィンランドに居住した最初の人類はネアンデルタール人で、少なくとも四万年前に生存していたとされた。

この発見はフィンランド人の起源説に大きな変化をもたらしたかに見えたが、発見されたネアンデルタール人は現在のフィンランド人の祖先ではないという説もあり、いまのところ定まっていない。たしかに、現在のフィンランドにあたる地域は三万年から一万年前まで厚く氷河に覆われ、氷河時代の終わり頃にようやくフィンランド湾から地表が徐々に姿を現したとされる。フィンランドの祖先がいつ、どこから到来したのかを見極めるのはいまだ難しい。

一九世紀から二〇世紀にかけての学説では、フィン・ウゴル語の広がりに関連してフィンランド人は東から到来したという考えが主流だった。しかし、現在の考古学による研究によると、フィンランドおよびカレリア地峡で発見された最古の遺物は紀元前八八〇〇年から八五〇〇年頃のもので、南東や南から来た人のものであると推測されている。紀元前七〇〇〇年頃から気候が穏やかになり、フィンランドにあたる地域も人が居住しやすい環境になったため、人びとが多方面から移動し、定住していったと言える。

一方で、近年、遺伝子解析によってフィンランド人の起源に言及する新たな説が登場した。米マサチューセッツ総合病院を中心とする大規模研究チームが、二〇一六年八月に学術雑誌『ネイチャー』に五大陸に住む六万七〇六人の遺伝子情報を分析した論文を発表した。それによると、フィンランド人の遺伝子は他のヨーロッパ人と異なるという結果が導き出されたという。

以上のような考古学上の発見や科学分析上の発見がさらに行われ、フィンランド人の起源についての説が変わる可能性は十分ある。しかし、現在では少なくとも言語および文化的広がりと人種的起源は分けて考えるべきであるとする考え方が主流となっている。

先史時代のスカンディナヴィア奥地

では、フィンランドの先史時代はどういうものだったのか。研究によって時期区分および時期の名称が若干異なるが、フィンランド国立博物館の分類に沿って説明したい。

フィンランドでは他のヨーロッパ地域と同じく石器時代（紀元前八六〇〇〜一五〇〇／一三

○○年頃）を経るなかで、フィンランド湾沿岸に主に居住し、一部はラップランドと呼ばれる北方に居住した。内陸部に居住する人びとも一部いたとされる。彼らは漁業、狩猟、時には牧畜業などを生業とした。フィンランドでは、石器時代のなかでも前半期は発見された場所にちなんで先土器時代を「スオムスヤルヴィ文化（紀元前六五〇〇～四二〇〇年頃）」と呼んでいる。人びとは小規模の家族ごとに生活したが、大規模の狩猟のときなどには集まったと言われる。

紀元前四二〇〇年頃に櫛目《くしめ》模様を施した陶器を生んだ新しい文化、いわゆる「櫛目陶器文化（紀元前四二〇〇～二〇〇〇年頃）」をフィンランドにもたらしたヴォルガ川流域から来た人びとが、フィンランド語の原型である原フィン語を話したとされる。そのなかの集団が早い段階で分かれ、ラドガ湖やオネガ湖などの巨大湖から北方へと移り住んだ。しかし、櫛目模様の陶器を発明したのは以前からの住人であり、新しく移住した人びととの発明ではないとする説もある。櫛目模様文化期の中期には東から人が移住したとする説もある。

さらには櫛目陶器文化と混じり合い、石器時代最後の「キウカイネン文化（紀元前二〇〇〇～一五〇〇／一三〇〇年）」がフィンランド湾西側で発展する。この名称は、発見された住居跡の地名が由来である。この時期には初めて農業の痕跡が見られたが、まだ本格的なものではなかった。

石器時代以降、フィンランドも他のヨーロッパ諸国のように青銅器時代（紀元前一五〇〇

／一三〇〇〜五〇〇年）、鉄器時代（先ローマ鉄器時代およびローマ鉄器時代、紀元前五〇〇〜西暦四〇〇年）を経て、フィンランドの民族移動時代（四〇〇〜五七五年）に移行する。鉄器時代にはバルト海での商業がすでに盛んに行われており、鉄器を主に輸入していたが、民族移動時代に入るとフィンランドでも鉄器が鋳造されるようになり、国際的競争に参加したとされる。

鉄器時代の終わりには約五万人がフィンランド南東沿岸、現在の本《ほん》フィンランド、ハメ、カレリア、ラドガ湖などの湖の周辺に居住するようになる。農業は南フィンランドから始まり、家畜業とともに広がっていったが、森や川、海からの恵みに頼ることに変わりはなかった。毛皮、アザラシ油は商品として重宝され、貿易品として取引された。

九世紀には「ヴァイキング」の名で知られるスカンディナヴィア人が北西ヨーロッパを中心に略奪と侵略を繰り返す時代を迎える。この行為は一一世紀まで続くが、フィンランドの祖先が関わった証拠はいまのところない。しかし、一九世紀から二〇世紀にかけて、フィンランド人の祖先もヴァイキングであったという説が唱えられ、北欧との「連帯」が謳われるなど、フィンランド人は常に自分たちのルーツを求め続けている。

東西の狭間、イメージ先行

ここまで言語と先史時代を中心に、フィンランド人のルーツに関連した話を述べてきたが、フィンランド人はしばしば自国を「東と西の狭間」に位置づける。この場合、東はロシア（ソ連）、西はヨーロッパを意味することがほとんどであるが、人によっては、東はアジア（ロシアを含む場合もある）、西はヨーロッパ、あるいは東はロシア、西はスウェーデンを中心とするほかの北欧諸国のときもある。

こうした主張の根底には「我々フィンランド人は強国に翻弄《ほんろう》されてきた」という考えがある。その狭間で生き抜いてきた自負が込められている場合が多い。ただ、このような考えはフィンランド特有のものではない。中・東欧でも同様の考え方があり、隣国に翻弄されてきた国に共通して見出せるものである。しかし、フィンランドの歴史を語るうえで、この表現を無視することはできない。

では、外側から見たフィンランドはどのような位置づけをされてきたのだろうか。

日本では、フィンランドといえばかつてはムーミン、あるいはシベリウス、サンタクロースといったイメージが強かった。だが、二〇〇〇年に始まったOECD（経済協力開発機構）の「生徒の学習到達度調査（通称PISA）」でフィンランドが好成績を収めたことから、「教育が進んだフィンランド」という印象が新たに加わった。

また、マリメッコやアールトといったいわゆる北欧インテリア、ヘルシンキを舞台にした日本映画『かもめ食堂』（二〇〇六年）のヒットによって、おしゃれなフィンランドのイメージが増幅した。近年では教育に加えて、子育て支援や男女平等が進んでいる国、あるいはI

Tが進んでいる国として注目が集まる。

このように日本でのフィンランドのイメージは、先に挙げた「アジア」というイメージとは異なり、「教育」「インテリア」「IT」といったイメージが先行して語られている。これらのイメージは現実とどれだけ乖離《かいり》しているのだろうか。

現在のフィンランド、すなわちフィンランド共和国の建国日は、一九一七年一二月六日である。これから独立以前のフィンランド、すなわちスウェーデン統治時代、ロシア統治時代も概観しながら、独立後の一〇〇年を追っていく。では「若い国」フィンランドの歴史を政治の移り変わりを中心に見ていくことにしよう。

第1章　スウェーデン王国の辺境——13世紀～19世紀初頭

フィンランド共和国という国家の成立は二〇世紀まで待たなくてはならない。だが、フィンランドという地域的まとまりは、「スウェーデン統治時代」と呼ばれる時期、すなわち一三世紀頃から見られ、六〇〇年もの年月をかけて徐々に形成されていった。この時期に、フィンランドはスウェーデン王国の一地方として王国に組み込まれ、スウェーデンの東部として存在した。

このスウェーデン統治時代は、その後のフィンランドにいかなる影響を及ぼしたのだろうか。また、フィンランドはスウェーデンのなかでどのように位置づけられていたのだろうか。本章では、このような点に注目し、長きにわたるスウェーデン統治時代を取り上げる。

これから見ていく「スウェーデンのフィンランド史」は、あくまでフィンランド側から見たスウェーデン史の一部である。そのため、一般的なスウェーデン史とは違った視点であることを踏まえて読んでほしい。

Ⅰ　北の十字軍と国境画定——ノヴゴロド公国との戦い

スウェーデン王国とノヴゴロド公国の狭間

スウェーデンによるフィンランドへの植民は、八世紀半ばには始まったとされる。フィンランド南西沿岸から東のカレリア、ラドガ湖北岸まで入植が行われ、徐々に居住地域が広がっていった。だが、その一方で、東からはロシア西部に存在したノヴゴロド公国のスラヴ民族が入植していく。

バルト海に面したフィンランドは、スウェーデン、ノヴゴロド双方にとって地政学的に重要な地域であった。また、フィンランドで採取される毛皮は北方に住む人びとにとって貴重な商品であり、双方にとってフィンランドは経済的にも支配下に置きたい地域であった。

そもそも、「フィンランド」という呼称はいつから登場したのであろうか。

紀元前四世紀に活躍したギリシャの地理学者ピュテアスが、フィンランド人という言葉にあたる「フィンニ（Phinnoi）」という言葉を最初に使用したという説がある。だが、「フィンランド」という言葉自体は、一二二九年にローマ教皇グレゴリウス9世が「フィンランディア（Finlandia）は自分の保護下に入った」と述べたとされるように、一三世紀の文献から散見されるようになる。とはいえ、その範囲は曖昧であり、現在のフィンランドそのものを指すわけではない。

当時の「フィンランド」は、現在の区分でいう本フィンランド、ハメ、カレリアに大きく分けることができる。フィンランド内陸部は「エラマー」とのちに呼ばれた荒れ野であった。そして、北部のラップランドはフィンランドの領域とは考えられていなかった。

南西フィンランドは一二世紀にはすでにスウェーデンの影響下に入ったと推測される。他方で東部のカレリアなどはノヴゴロドの影響下にあった。つまり、この時期フィンランドは東と西の両方から文化的影響を受けていたことになる。

スウェーデンの統治はフィンランドのキリスト教化とともに進展した。一〇五四年に西のローマ教会と東のコンスタンティノープル教会が互いを破門することで決裂した。このキリスト教会の東西分裂以降、西のローマ教会は十字軍遠征に乗り出す。十字軍はイスラム教徒から聖地エルサレムを奪還するために遠征したことで知られるが、北方にも行われた。十字軍遠征は多神教を信仰する異教徒を制圧し、キリスト教に改宗させることを目的とした。バルト海周辺地域はドイツ騎士団がその役割を担ったが、自然信仰など土着宗教が根付いていたフィンランドへはスウェーデン人とデンマーク人が主に遠征に乗り出すことになる。

また、このキリスト教化はヴァイキング時代の終焉を意味した。八世紀頃から西ヨーロッパに破壊と殺戮をもたらしたとされるヴァイキングの時代は、国内での王権確立とともに衰退し、一一世紀末に終わる。スウェーデンでも王権の強化の一環として、国内でキリスト教布教が推奨され、さらに「未開の地」フィンランドに対して十字軍遠征が行われたのである。

三回の遠征に及んだ「北の十字軍」

フィンランドへの十字軍遠征は三回行われたとされる。だが、歴史的遺物が乏しく、十字軍遠征に関する文字史料も後世に書かれたものがほとんどであり、十字軍遠征自体がなかったという説もある。

なかでも研究者の間で議論が分かれるのは、最初の十字軍遠征である。一一五五年頃に行われたとされるこの遠征では、スウェーデンのウップサーラ司教であったイギリス人のヘンリクが、スウェーデン王エーリクの率いる十字軍遠征に付き添い、フィンランドにやってきたと言われる。しかし、「異教」を信仰する現地の農民ラッリがヘンリクを殺害。殉教したヘンリクは、のちにオーボ（トゥルク）の守護聖人に列挙される。

この最初の遠征は、殉教者ヘンリクの偉業を讃える伝説「聖ヘンリクとラッリ」として語り継がれている。伝説では、ヘンリクは息絶える前に雄牛が引く車に乗って、その雄牛が止まった場所に自分の体を埋葬するようにと告げる。その場所であるノウシアイネンにフィンランドで初めて司教座が設けられる。また、邪悪な考えを持った妻にそそのかされて罪を犯したラッリは、ヘンリク殺害後に彼から盗んだ帽子を脱ごうとしたところ頭皮が一緒に剝《は》がれる罰を受けたといった伝説が語られる。

イギリスの歴史学者デイヴィッド・カービーが指摘するように、この伝説には「野蛮な」フィンランド人と「教養ある」西洋人という対比が見出され、フィンランド人が「教養ある」西洋人に出会ったことで、文明化していくという話につながっていく。

ヘンリクの話は伝説の域を出ないが、その後、絵や詩を通して語られるようになったこの話がフィンランドのキリスト教化に果たした役割は小さくはなかった。

第一回目の十字軍遠征の真相はともかく、一三世紀までにカトリック教会は徐々に西フィンランドに勢力を広げ、それに伴いスウェーデン王国の影響も広がっていく。しかし一三世紀に入っても、カトリック教会およびスウェーデンの影響は南部のハメや東部のカレリアまで及ぶことはなかった。特に最東部に位置するカレリア地方は、商業を通じて東のノヴゴロドとつながりが強かった。スウェーデンはハメに住む一部のフィンランド人と協力して一二四〇年頃にバルト海とラドガ湖を結ぶネヴァ川、つまり現在のロシア北西部まで遠征したが、最終的にノヴゴロド王アレクサンドル・ネフスキに反撃されたとされる。

聖ヘンリクとラッリの伝説の絵（1671年）　エリアス・ブレンネルが教会の祭壇に描いた作品

二度目の十字軍遠征はスウェーデン貴族ビルイェル・ヤールを長として一二四九年（三九年とする説もある）に実施され、その遠征範囲はハメにまで及んだとされるが、具体的な内容はわかっていない。しかし、この時期にスウェーデンは南部のハメーンリンナに築城し、ノヴゴロドとの戦いに備えていたことは明らかになっている。

三度目の遠征は一二九三年に行われ、東のカレリア地方まで拡大した。スウェーデンはさらに現在のサンクトペテルブルクまで勢力を伸ばそうと試みたが、失敗に終わったとされる。

一三二三年、パハキナサーリ条約締結

このような度重なるスウェーデンによるフィンランドへの十字軍遠征は、宗教的な目的よりも東のノヴゴロドとの勢力争いを主な目的としていた。むろん、ノヴゴロド側もロシア正教の布教活動をフィンランド内陸に居住したハメ人に行っており、南西部のオーボにすでに司教座を置いたカトリック教会と競合関係にあった。宗教的目的が皆無というわけではないが、双方ともバルト海に面したフィンランド地方を手中にすることで商業的覇権を企んでいた。

三度にわたる十字軍遠征の結果、一三二三年にスウェーデンとノヴゴロドの間でパハキナサーリ（ネーテボリ）条約が締結され、南東部のカレリア地峡の国境を画定した。この条約が締結された背景には、スウェーデン、ノヴゴロド双方の利害が一致したという事情がある。スウェーデンは長きにわたる遠征で国力が疲弊し、回復する期間を欲していた。一方、ノヴゴロドは東からモンゴルの脅威を受けるようになり、西のスウェーデンとの争いを収める必

要があった。

　パハキナサーリ条約によって、フィンランド地方は「正式」にスウェーデンの統治下に入る。だが、ここでの「フィンランド」は本フィンランド、サタクンタと呼ばれる現在の南西フィンランドのみを指し、いまのフィンランド全体が統治下に入ったわけではない。特にフィンランド内陸の東側境界線は実際のところ曖昧なままであり、その後スウェーデンとノヴゴロド、あるいはその後のロシアとの度重なる戦いの結果、何度も国境線が引き直されることになる。この時期、カレリア地方はスウェーデン本国よりもノヴゴロド側と平和的に共存しており、西より結びつきが強かった。いずれにせよ、フィンランドは一二七六年に司教座が設置されたオーボ（トゥルク）を中心に発展していくことになる。

パハキナサーリ条約後（1323年）

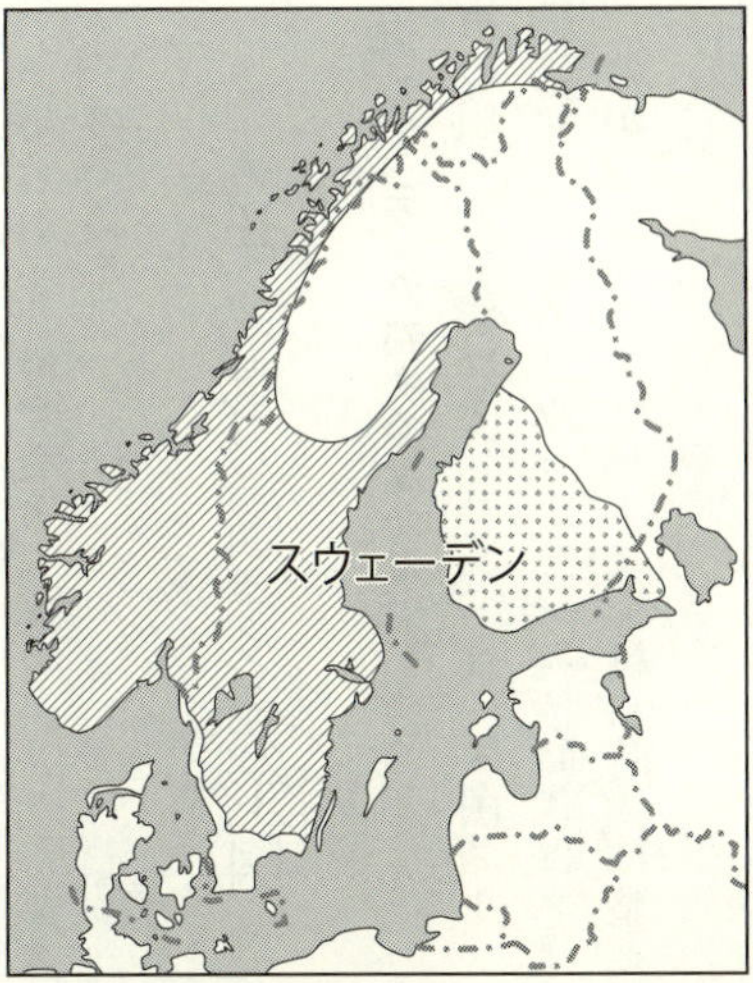

注記：点で記された領域がフィンランド．地図内の一点鎖線は現国境
出典：Juhana Aunesluoma et. al., *Linkki 4 Suomen historian käänekohtia*, Sanoma Pro Oy: Helsinki, 2013, s. 9.

　一四世紀にはスウェーデン王国の領域で東半分を占めたフィンランドは、スウェーデン内で「東の国」と呼ばれるようになり、スウェーデンの東部の州としてスウェーデン国家に組み込まれていくのである。

II 「東の国」と宗主国との関係——「総督」の設置

「東の国」としてフィンランドは、本国スウェーデンとどのような関係を築いていったのか。六〇〇年にわたるスウェーデン統治時代はフィンランドという地域にどのような影響を及ぼしたのか。まずはスウェーデン統治時代に整えられていった政治、経済、社会の状況を見てみよう。

スウェーデンの制度のなかに

スウェーデンの政治体制は王権が確立して以来、ヨーロッパ諸国とはいささか異なる道を歩んだ。フィンランドはその一州として、本国と同様の政治体制が布《し》かれた。

スウェーデンでは一三世紀に貴族や聖職者が参加する王国参事会が設置され、彼らは政治に参加する権利を得る。一五世紀（一六世紀とする説もある）からは王国参事会とは別に身分制議会（聖職者、貴族、市民、農民）が設置され、農民の代表も参加するようになった。農民の政治参加は中世ヨーロッパ諸国では珍しい。フィンランドでも一六一六年からヘルシンキで身分制の地方議会が制定された。ただ、フィンランド全体に関する件はスウェーデンの身分制議会で決定された。

時代が下るにつれてスウェーデンでも、国王を頂点とする階級制度が作られていった。他のヨーロッパ諸国と同様に貴族、聖職者、商人や手工業者を含むブルジョアジー、農民という階級に分かれていったが、階級間の分離はそれほど厳格ではなかった。通常、階級は世襲されたが、稀《まれ》に婚姻などによって階級を移動する者もいた。また、農奴制を布かなかった点も特徴である。

スウェーデン国内では法律も整備されていき、一二二〇年代にランド法と呼ばれる王と教会の命令や古来の法慣習が地方ごとに成文化され始め、それを統合した「一般ランド法」が一三四七年に制定された。一四四二年に改訂された一般ランド法は憲法の原型とみなされている。一六一七年には議会法が、三四年には統治章典が制定されるなど徐々に法制度も整えられ、中央政府組織の規定がなされた。ただし法学者の遠藤美奈によると、王はこれらの二法の拘束を受けないと考えられたという。

他方で、一四世紀から東側境界線近くやバルト海沿岸に防衛を目的とした城が築かれた。城主には執行役か貴族が配置され、彼らは周辺地域の防衛を担った。城主は、それぞれの城の防衛範囲の住民から税を徴収し、王もそれを了承した。城主は税収を基に城の補修や従者である貴族たちの給与、地域の防衛のための費用に充てた。

九三％の農民とフィンランド総督の設置

一三世紀以来、スウェーデンの貴族は免税特権を付与され、聖職者も免税扱いされていた。税金は農民に課せられ、フィンランドでも同様に人口のほとんどを占める彼らに課せられた。

中世の終わり、つまり一五世紀末にはフィンランド人口の九三％を占めたとされる農民は、居住地域の城主、スウェーデン国王、そして教会といった三者からそれぞれ税金を徴収されていた（毛皮を税金の代わりに納めることもあった）。納税によって、徴兵を逃れることができたが、農民は戦時には駆り出される運命にあった。税の負担に耐え切れずに一揆を起こした農民がいたという記録も残されている。一揆はその多くが失敗に終わったが、一揆後に税額が一時的に下げられるなどの措置が講じられたため、事が収まったとされる。

フィンランドの行政は貴族が担ったが、地方の監督は地主らが担当した。一六二三年からはフィンランド総督という地位が設けられ、フィンランド行政の最高責任者に位置づけられる。しかし、このポストは常に設置されていたというわけではなく、不在の時期も長かった。

総督設置と同じ年にオーボに高等裁判所が設置される。これ以後、オーボを中心としてフィンランドに徐々に行政機構が整っていった。一六三七〜四〇年、一六四八〜五四年の二度にわたってフィンランド総督の職に就いたスウェーデン貴族ペール・ブラーへ（一六〇二〜八〇）はさまざまな改革を実行したことで知られる。たとえば、一六三八年に郵便局を設置し、四〇年には大学（オーボ王立アカデミー）も設立している。

十字軍遠征後、スウェーデン本国とともにフィンランドはキリスト教世界に属し、教会の権限はほかのヨーロッパ諸国同様に強固なものであった。

一三六二年から、フィンランドはスウェーデン内の七つの司教区と同じく、一つの司教区であったが、スウェーデン王の選出に参加できる権利を得た。このことは、フィンランドがスウェーデンの一部として認められたことを意味する。オーボ司教座は、スウェーデン本国のウップサーラ司教座の下位の司教座として設置された。十字軍遠征以降、フィンランドの司教であるオーボ司教はフィンランド人貴族出身者から選出されるようになっていた。

また、五〇〇年以上に及ぶスウェーデンの統治下、フィンランドではスウェーデン語が公用語とされ、この状況が長く続くことになる。

商業・林業の発展とペスト

一四世紀半ばにはそれまでの商人連合から都市連合に姿を変えたハンザは、一五世紀になるとバルト海の商業の中心的役割を担った。ハンザに加盟する都市ネットワークはブリテン諸島からロシアにまで広がり、フィンランドもその一部をなしていた。

フィンランドにハンザ都市は存在していなかったが、フィンランドから輸出する産品の大部分は、直接あるいはストックホルム経由でハンザ都市へと送られた。その間、ハンザ商人はフィンランドのバルト海沿岸の港市にも移住。フィンランドの商業はハンザの手中にあったのである。

一五世紀には、フィンランドではオーボ、ボルゴー（ポルヴォー）、ヴィボルグ（ヴィープリ）、ラウマ、ナーンタリ、ウルヴィラの六つの都市が栄えていた（32ページの地図を参照）。いずれの都市もバルト海沿岸もしくは大きな河川沿いにあり、商業地としての役割を担った。バルト海沿岸の都市の有力商人はドイツ出身者が多く、それに対して小売業者や手工業者らはフィンランドの近隣地域出身者が多かった。都市には自治を維持するために町議会が設置され、町長や議員は有力商人から選出された。

スウェーデン本国は鉄と銅の生産が盛んで、一七世紀には主な輸出品にまで成長した。一方、フィンランドでは製鉄所が一六世紀には建設されたものの、鉄の主産地がスウェーデンに集中していたため、製鉄業はそれほど伸びなかった。

フィンランド最大の経済資源は森であった。フィンランドの森林は「緑の黄金」と呼ばれ、豊富であり、林業が発達した。また、船を建造する際に防腐・防水材として使用するタールの生産も増大し、貿易の主産品となった。

当時フィンランドでは、農民は森の開墾に適した焼畑農業を営んでいた。森を焼くことで開墾し、農地を広げていったのである。焼畑農業は、二〇世紀まで続くことになるフィンランドの伝統的な農法となる。

一四世紀にヨーロッパ全土を襲ったペスト（黒死病）は、一三五〇年頃にスウェーデンとエストニアまで到達し、猛威を振るい、スウェーデン、ノルウェー、デンマークではほかのヨーロッパ諸国と同様に多数の死者を出した。だが、フィンランドでは黒死病の被害についての史料が残っていない。フィンランド湾の南沿岸に到来したという説もあるが、フィンランド全体として黒死病の被害は少なかったとされる。一方で、黒死病が流行したスウェーデンでは人口が激減したため、スウェーデンからフィンランドへ移住する農民の流れが途絶えたとされる。

カルマル連合の結成

中世における北欧の「連帯」は、一三九七年に王権強化を目的に結成された政治的連合体であるカルマル連合に見られる。

当時、スウェーデン王国はフィンランドを、ノルウェーはアイスランドまでを、デンマークは現在のスウェーデン南部をそれぞれ領土としていた。北欧の王室同士は婚姻関係を通じ総じて親戚関係にあり、その点で連合が組みやすかった。ちなみに、カルマルとはスウェーデン南東部の地名である。

カルマル連合の中心的な人物はデンマークのマルグレーテである。マルグレーテはデンマーク王国の政治統合に取り組んだ「再興王」ヴァルデマー4世の娘であり、ノルウェー王ホーコン6世の王妃であった。彼女の息子オーロフは五歳にしてデンマーク王オーロフ2世に

カルマル連合時代のデンマーク王家系図

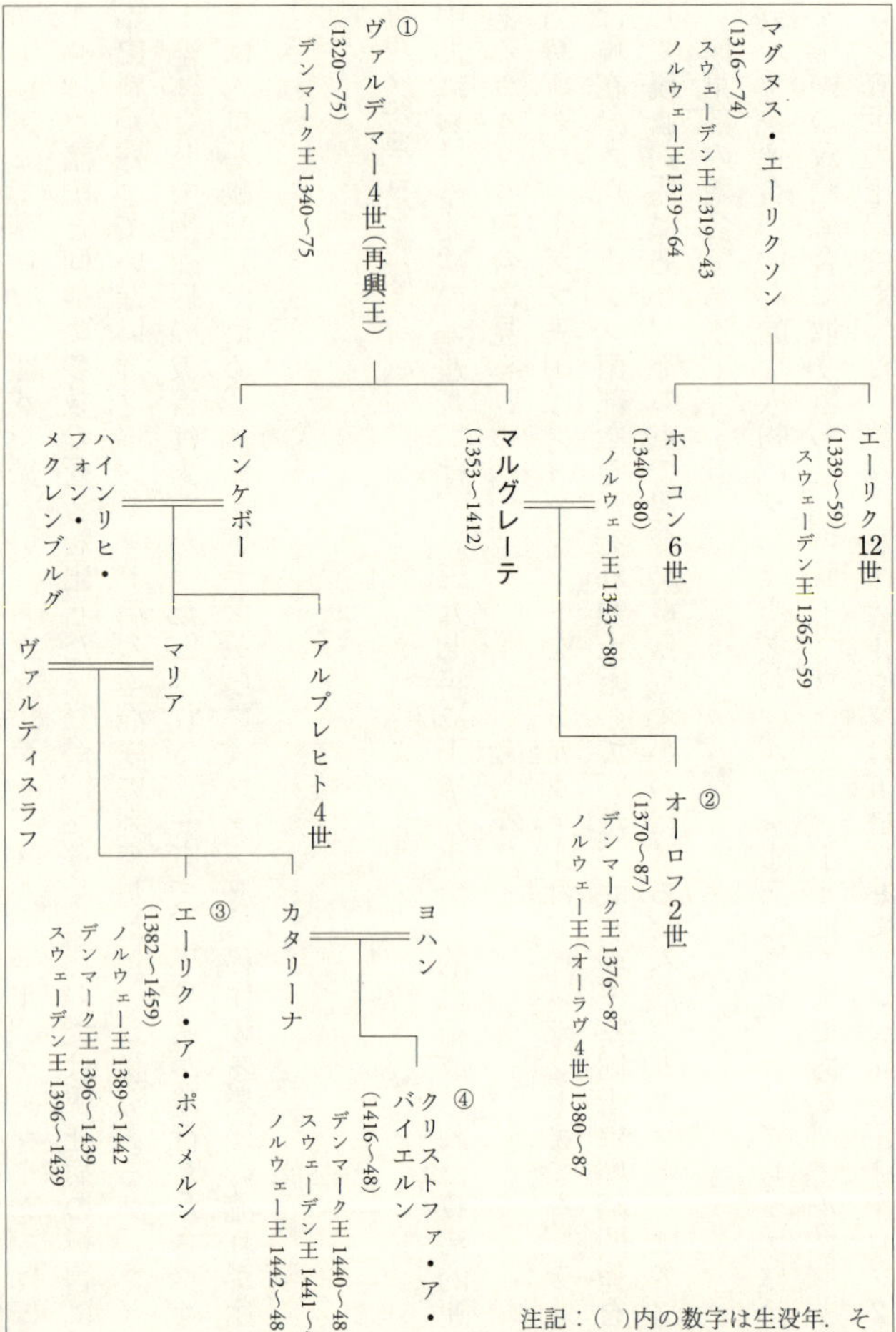

注記：(　)内の数字は生没年．それ以外は在位期間を表す．丸数字はデンマーク王位の順を表す

なる。一三八〇年にマルグレーテの夫、ノルウェー王ホーコン6世が死去すると、オーロフはノルウェー王も兼任してオーラヴ4世を名乗り、マルグレーテは両国で摂政となる。

一三八七年にオーロフが一七歳の若さで急死すると、有力貴族であるメクレンブルク家は後継者としてヴァルデマー4世の孫にあたるアルプレヒト4世をデンマーク王に推挙したが、議会の役割を果たすデンマーク参事会はマルグレーテを「デンマーク王国全体の完全な資格を有する主婦にして主人、そして後見人」に選出した。この長い称号は女性の王位継承権を認めていないデンマークで、マルグレーテを事実上の王として認めるための策であった。

「後見人」としてマルグレーテは、ヴァルデマー4世のひ孫にあたるエーリク・ア・ポンメルンを後継者に指名した。彼は一三八九年にノルウェー王として承認され、九六年にデンマーク、スウェーデン両国の王としても承認され、九七年にカルマル連合の連合王に就任する。

フィンランドではカルマル連合結成当初、自分たちの平和を保障するものとして連合に肯定的であった。税制と行政の改正が行われたものの、フィンランドからもカルマル連合の会議に代表を送ることができ、発言権が与えられたからである。しかし、フィンランド自体の扱いは当然のように国によって異なった。スウェーデンはロシア方面に進出する東方政策を推し進めたかったが、デンマークはそのためのフィンランドの防衛を支援しなかった。

カルマル連合の終焉と権力争い

エーリク・ア・ポンメルン王の時代、カルマル連合と各国の利害対立は深まっていき、一四一二年にマルグレーテが死去すると国家間の争いが再開した。スウェーデンとデンマークが分離し、カルマル連合は終わりを迎えた。

エーリク・ア・ポンメルン王は、三ヵ国の王のままであったが、敵対したハンザに対して、課税を強化するようになり、デンマークの貴族や農民の不評を買っていた。また、海峡税をめぐって、ハンザがカルマル連合に対して経済封鎖を行ったため、北欧各国は打撃を受けていた。王国内の不満が高まり、スウェーデン、ノルウェーで貴族や農民の反乱が起こる。エーリク・ア・ポンメルン王は最終的に一四三九年にデンマークとスウェーデンの両参事会から廃位され、彼の甥《おい》であるクリストファ・ア・バイエルンが各国の王に承認される。

一四四八年にクリストファ・ア・バイエルン王が急死すると、デンマークとノルウェーはホルシュタインのオルデンブルク伯クリスチャン（クリスチャン1世）を連合王として選出した。しかし、スウェーデンは有力貴族ボンデ家出身のカール・クヌートソンを選出する。だが教会と対立関係にあり、有力貴族のオクセンシェルナ家とヴァーサ家を敵に回して、一四五七年に王位を追われた。クヌートソンはのちに二度王位に返り咲くが（一四六四〜六五、六七〜七〇）、王、貴族、教会の権力争いがこのような結果を生み出したのである。

先述したようにフィンランドのオーボ司教はスウェーデン王選出に参加する権利を得てお

り、奇しくもこの一連の争いに加わっていた。一四五七年に当時のオーボ司教マグヌス・オーラヴソン・タヴァストがスウェーデン王選出のためにスウェーデンに赴くことになっていたが、儀式に間に合いそうにないという理由でクヌートソン側が勝手に事を進めようとした。しかし、クリスチャンはオーボで選考を行うことを命じたため、オーボ司教はスウェーデン王の選出に参加。教会と対立関係にあったクヌートソンに反対する権利を得たのである。以上のような王権争いの結果、同年六月にクリスチャンがスウェーデン王として正式に選出された。

「古き怒り」戦争の時代

この時期はフィンランドが戦場になった時期でもあった。

一四七〇年代にノヴゴロド公国などを吸収し、拡大したモスクワ大公国の軍隊が、カルマル連合期の一四九五〜九七年に東側国境を越えて南フィンランドのハメにまで進出してきたからである。それに対抗してスウェーデンの軍隊も東側国境を越えて反撃する。

のちに「古き怒り」と呼ばれるこの戦争の背景には、スウェーデンの有力な貴族であり反カルマル連合派でフィンランドを支配していたスチューレ一族を追い出すために、デンマークのハンス王がモスクワ大公国と締結した同盟の存在があった。

フィンランドのハメ、サヴォ地方は戦場となり、荒廃した。この戦争の結果、国境線は移動しなかったが、一四七〇年からスウェーデンの摂政にあたる「王国統治者」に就いていたステーン・スチューレ（老）（一四四〇～一五〇三）はその地位を退いた。だが、一五〇一年にスチューレは再び「王国統治者」として権力を手に入れる。スチューレ一族の繁栄は一五二〇年まで続いた。

さらに、スウェーデンで一五二〇年に「ストックホルムの血浴」と呼ばれる事件が起こる。これはスチューレ一族と近い聖職者、ストックホルム市長などをはじめとするドイツ人市民たちがストックホルムの城内で虐殺された事件である。デンマークとスウェーデン間の連合王をめぐる争いに決着をつけるものであった。この事件をきっかけにカルマル連合は形骸化する。さらに、「ストックホルムの血浴」で父を殺害されたグスタヴ・ヴァーサがデンマーク軍と戦い、一五二三年に彼がスウェーデン王に即位したことでカルマル連合は終わりを告げた。

なお、一六世紀、グスタヴ・ヴァーサ（在位一五二三～六〇）の治世から、グスタヴ2世アードルフ（在位一六一一～三二）、娘のクリスティーナ（在位一六三二～五四）が活躍した一七世紀にかけての時代はヴァーサ朝と呼ばれる。スウェーデンが中央集権国家としての道を歩んだ時期である。

カルマル連合が崩壊したこの時代、北方七年戦争（一五六三～七〇）に代表されるようにスウェーデンはデンマークともしばしば戦火を交えた。カルマル連合崩壊後の一六世紀から一九世紀初頭まで、両国は北欧の覇権をめぐる戦いを繰り広げた。フィンランドの農民はそのたびに戦場に駆り出されたが、ヴァーサ朝時代のフィンランドは人口が三〇万人を突破し、スウェーデン東部の州として発展していった。

Ⅲ「長き怒り」から「大いなる怒り」の時代へ

一六世紀半ば、スウェーデンがバルト海の対岸にある北エストニアまで勢力範囲を伸ばすようになると、ロシアとの緊張関係が高まった。一五七〇～九五年、スウェーデン、ロシア間で戦争が行われた。主な戦場はフィンランドであり、フィンランド湾沿岸や国境付近の住民が殺害され、畑を焼き払われたりするなど大きな被害を被った。住民らは自分たちの命と領土を守るため、ゲリラ活動を展開する。フィンランドでは先述した一四九〇年代の戦争「古き怒り」に対して「長き怒り」と呼ばれる。

一五九五年にスウェーデン、ロシア間でタユッシナ講和条約が締結され、四半世紀に及んだ戦争は終わった。この条約でスウェーデン（フィンランド）とロシアの国境線を再画定し、フィンランド湾から北極海まで東側国境線が引かれることとなった。

戦争は終わったものの、貴族と軍人両方からの搾取に耐えかねたフィンランドの農民は蜂起する。一五九六年から翌年にかけて起こった農民蜂起は、「棍棒《こんぼう》戦争」という名称で知ら

タユッシナ講和条約後（1595年）

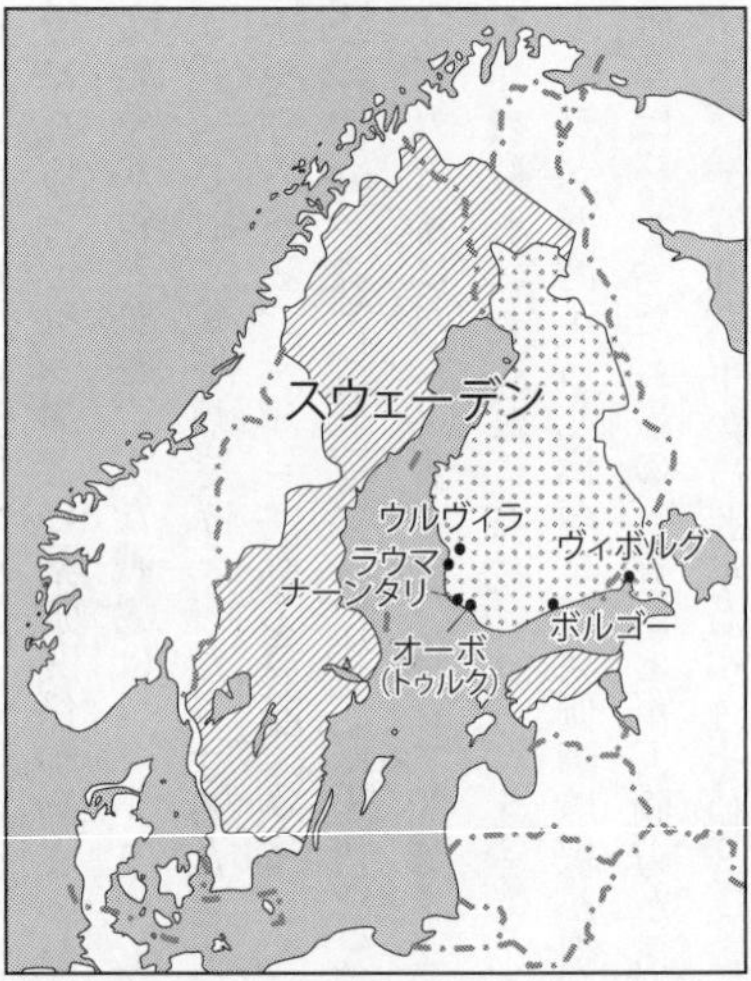

注記：点で記された領域がフィンランド．地図内の一点鎖線は現国境
出典：p.19と同じ

れる。武器を持っていない農民が棍棒を持って戦ったからである。前年に蜂起の罪で牢獄に送られた農民の首謀者ヤーッコ・イルッカが脱獄し、中心的役割を果たした。ポホヤンマーで始まったこの蜂起はオーボやサヴォ、ハメ地方へと徐々に広がっていった。この蜂起で三〇〇〇人もの農民が殺害される。

蜂起は失敗したが、こうしたフィンランドの農民を王権争いに利用しようとする動きが見られた。

当時のスウェーデン王シーギスムンド（ジグムント3世〈在位一五九二～九九〉）はポーランド王・リトアニア大公の位にも就いていた。彼はポーランドにいながらスウェーデン国王の責務を担っていた。

しかし、スウェーデンに宗教改革の波が及ぶと彼の立場が危うくなる。一五二八年にスウェーデンで初めてフィンランドのオーボ司教がローマ教皇の承認なしで選出され、一五三六

スウェーデン王シーギスムンド（1566〜1632）

年にはスウェーデンの教会はルター派（福音派）の教会であると宣言。さらに、スウェーデン王家はルター派、つまりプロテスタントに属することになった。

しかし、シーギスムンドは熱心なカトリック教徒であり、ルター派への改宗を拒んだ。一五九九年にスウェーデン議会はウップサーラの宗教決議、すなわち国王はルター派でなければならないというルールに違反したという理由でシーギスムンドの廃位を決定した。その後、摂政として実質的な王の役割を果たしていたカール公が一六〇四年に王として正式に即位し、カール9世（在位一六〇四〜一一）を名乗る。一方で、シーギスムンドは廃位に納得せず、スウェーデン王位を主張し続けたため、ポーランドとの関係が悪化していった。

この権力争いはフィンランドにも影響が及んだ。フィンランドはシーギスムンドの拠点でもあったからである。彼はクラウス・フレミングという軍指揮官をフィンランドに送り込み、対してカール9世は農民たちを保護下に置くことを約束した保護状を発布し、フィンランドの農民を味方につけようとし、農民蜂起を支援した。

結局、王権争いはカール9世の勝利に終わったが、スウェーデンの権力争いのなかにフィンランド農民も登場していた。

スウェーデン絶対王政時代の到来へ

一七世紀、スウェーデンは、戦争による領土拡大によってヨーロッパのなかで大国の仲間入りを果たす。その立役者がグスタヴ2世アードルフ（在位一六一一～三二）である。グスタヴの治世下、スウェーデンはバルト海地域の広範囲を領土とした。他方で、軍の人員確保のため、農民は戦争のたびに徴兵された。フィンランドでも多くの農民が徴兵され、その数はグスタヴ治世下で延べ一六万人にも達したとされる。フィンランドの農民はスウェーデン本国の農民よりも多く課税され、徴兵され、苦難の時期にあった。

グスタヴ2世アードルフが王位に就く以前の一五六一年、先述したようにスウェーデンはエストニアの都市タリンと北エストニアを占領し、九五年にはロシアとの間で締結したタユッシナ条約によって、フィンランド東部を手に入れていた。また、カレリアとイングリア（カレリア地峡に隣接したサンクトペテルブルクを含む地域）も支配下に置き、徐々に領土を広げていく。さらに一六一七年、モスクワ公国との領土争いに決着をつけたストルボヴァ条約によって、スウェーデンはフィンランド東側地域を征服後、南と西に膨張していく。

一六一一年に、弱冠一七歳で王位に就いたグスタヴ2世アードルフは、一三年にスカンディナヴィア半島南東部に位置するカルマル地方をめぐってデンマークと争ったカルマル戦争を終結させたが、その後周辺国と次々に戦うことになる。一六三〇年には、一八年から始まっていた三十年戦争にプロテスタント側に立って参戦したが、一六三二年、グスタヴ2世アードルフはライプツィヒで戦死してしまう。

グスタヴ２世アードルフは国内政治を整備し、機構を整えた王でもあった。その影響はフィンランドにも及んだ。先述したフィンランド総督という職が設置されたのは彼の治世下である。その任に長期間就いたペール・ブラーへが中心となり、フィンランドの行政機構や、郵便網も整備されたことはすでに触れた。

グスタヴ２世アードルフの死後、娘のクリスティーナ（在位一六三二〜五四）が六歳で国

ストルボヴァ条約後（1617年）

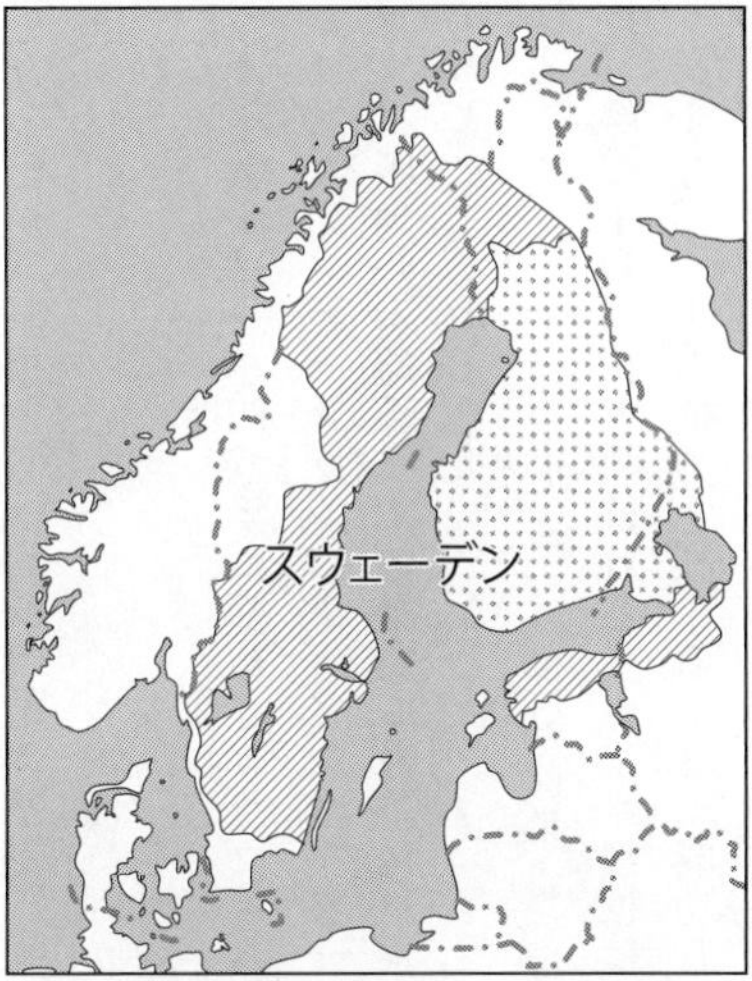

注記：点で記された領域がフィンランド．地図内の一点鎖線は現国境
出典：p.19と同じ

オウラス・マグヌス《海図》1539年
Kansalliskirjasto

王となったが、宰相オクセンシャーナが実質的に政治を担った。三十年戦争の最中にスウェーデンはデンマークとも争い、バルト海に浮かぶ防衛上重要なゴットランド島の獲得に成功した。

三十年戦争は一六四八年に締結されたウェストファリア条約によって終結したが、この条約によって、スウェーデンは北ドイツまで領土を拡大した。一六六〇年までにはスカンディナヴィア半島の南端部まで領地を広げ、スウェーデンの領土は過去最大になり、総人口は二五〇万人にまで達する大国になった。

スウェーデンでは一七〜一八世紀前半までカール11世（在位一六六〇〜九七）の治世を中心に、絶対王政時代と呼ばれる。カール11世は、権力を増大させてきた貴族の土地を王領地へと戻すなど、王の権力を高めることに成功した。デンマークでも絶対王政が強くなるなか、両国はスカンディナヴィア半島南端のスコーネをめぐって一六七五〜七九年に戦った。さらに一七〇〇〜二一年までバルト海の覇権をめぐって起こった「大北方戦争」でも対立陣営で戦った。

スウェーデンが戦争に明け暮れていたこの一七世紀、実は「小氷河時代」とのちに評される寒冷な気候が続き、農作物の不作が続いていた。フィンランドでは、一六九七年までに飢饉で一五万人が犠牲になったとされる。

また、この時期にスウェーデンは、デンマークを含めたほかのヨーロッパ諸国と同様に海外に活路を求めた。アフリカ大陸の一部、のちにカリブ海諸島にも触手を伸ばすが、特に北アメリカ東部のデラウェア川沿いに植民したことは知られる。その入植者の多くはフィンランド出身であったという。

大北方戦争と「大いなる怒り」の時代

一七〇〇年から二一年まで続いた大北方戦争は、北欧の勢力図を変えた大きな戦争となった。

この戦争はバルト海の覇権をめぐって、領土を広げるスウェーデンに対抗してロシア、デンマーク・ノルウェー、ポーランド、ザクセンが協同して戦ったものである。一六九九年にこれらの国々は反スウェーデン同盟を結び、翌年一月からスウェーデンとの戦いを始めた。ドイツもこの反スウェーデン同盟にのちに参加する。この時期、スウェーデンは「大国」の地位を得たものの、人口はほかの大国と比較すると少なく、一七世紀の終わりで三〇〇万人ほどであった。

大北方戦争は当初、スウェーデンが優位な立場だったが、一七〇九年のポルタヴァの戦いで敗北し、不利な立場に追い込まれた。一七一〇年にはロシア軍がフィンランドを攻撃し、ヴィボルグを占領した。軍を指揮していたスウェーデン王カール12世はオスマン帝国に一時亡命し、態勢を立て直そうとしたが、一七一八年にノルウェーで戦死した。

一七一三〜一四年には、フィンランドの大部分はロシア軍の占領下に置かれた。このロシア占領時代、すなわち一七一三年から二一年までの時代は、のちに「大いなる怒り」の時代と呼ばれる。

この時期、フィンランドではロシア兵による略奪、暴行、殺人が頻繁に起こり、スウェーデンに逃がれる者もいた。その数は数千人とも言われ、主に貴族、牧師や裕福な商人らが逃亡したことで、フィンランドにおける統治機構が揺らいでいく。

やがてロシア軍の規律も改善し、治安は回復したが、フィンランド東部では状況が改善せず、ロシア軍の略奪は続いた。農民たちはゲリラ攻撃で対抗したが、村民全員が殺されたケースもあったという。また、捕らえられた農民は奴隷としてロシア本国に連行され、建設作業に従事させられたり、海外へ売り飛ばされたりした。一方で、このロシア軍の蛮行はスウェーデン側によって、反ロシアを煽《あお》るプロパガンダとして利用された。

絶対王政の終わり

カール12世の死後、スウェーデン王は妹のウルリカ・エレオノーラ（在位一七一九〜二〇）、ウルリカの夫フリードリヒ（在位一七二〇〜五一）に代わり、絶対王政の時代は終わりを告げ、政党政治の時代に移っていく。

きっかけは一七一九年に制定され、二〇年に改定された統治章典である。ここでは王の権限の制約が記載され、議会法も一七二三年に改定されて、議会が政治を動かすようになっていく。

その一方でロシアとは、一七二一年にニースタット（ウーシカウプンキ）条約を締結し、ひとまず講和に至った。この条約でスウェーデンはロシアにフィンランド領の都市ヴィボルグ（ヴィープリ）を含むカレリア地峡を割譲した。この地域はのちに「古フィンランド」と呼ばれて、ロシア帝国時代にフィンランドに返還されることになるが、第二次世界大戦後にソ連領となる。また、バルト海沿岸にあるエストニア州、リヴォニア州（現ラトヴィア東北部からエストニア南部）もロシアに割譲される。

結局、スウェーデンは、デンマークの一部が残ったものの、大国としての地位を失うことになった。

ニースタット条約後（1721年）

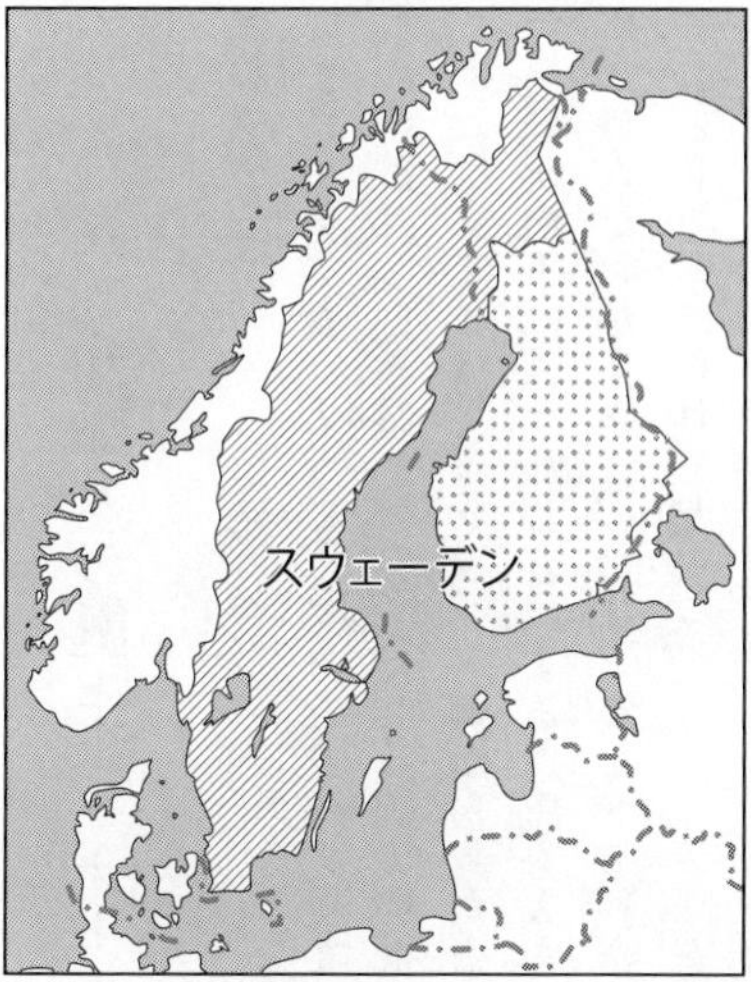

注記：点で記された領域がフィンランド．地図内の一点鎖線は現国境
出典：p.19と同じ

Ⅳ　知識人の誕生——オーボ王立アカデミー設立

宗教改革とフィンランド語

いままで見てきたように、フィンランド史ではスウェーデン統治時代に起こったフィンランドの苦難は「古き怒り」「長き怒り」「大いなる怒り」といった表現で強調されてきた。だが、これはあくまでフィンランド側から見たものである。その一方でフィンランドがスウェーデンの統治下に入ったことによる恩恵も大きかった。それは多岐にわたるが、フィンランドに知識人たちが生まれ、フィンランドの独自性について考察する土壌が育まれたこともその一つとして挙げられるだろう。

フィンランドにおける知識人の活躍は、一六四〇年のオーボ王立アカデミー設立以降、顕著になるが、それ以前も宗教界を中心に存在した。そのなかで第一に名前を挙げたいのが、オーボ司教であったミカエル・アグリコラ（一五一〇？～五七）である。アグリコラは宗教改革期の一五三六年にヴィッテンベルク（現ドイツ）に留学した経験を持ち、後世に「フィンランド語の父」と呼ばれる人物である。

ここで少しフィンランドの宗教改革について触れておきたい。フィンランドは、一三世紀頃にスウェーデンの統治下に置かれると、ほぼ同時にカトリック文化の影響下に置かれた。

一六世紀に入りヨーロッパ大陸で宗教改革が起こると、スウェーデンもその影響を受け、王がプロテスタントのルター派に改宗すると、スウェーデン、フィンランドの住民もプロテスタントに改宗した。

フィンランドで進められた宗教改革では、ほかの国々と同様にこれまで使用されてきたラテン語ではなく、土着語、すなわち現地で使用されている言語での聖書の翻訳が奨励された。アグリコラはフィンランド語への聖書翻訳に取り掛かり、一五四八年に新約聖書、さらに賛美歌や詩篇などをフィンランド語に訳していった。

また、一五四三年にアグリコラはフィンランド語の文法書である『ABCの本』を出版した。この本はフィンランド語の文法の基礎を記したものとして活用されていく。しかし、アグリコラはあくまで聖職者として知られた存在であり、フィンランド語の基礎を築いた立役者としての名声は一九世紀まで待たなければならなかった。

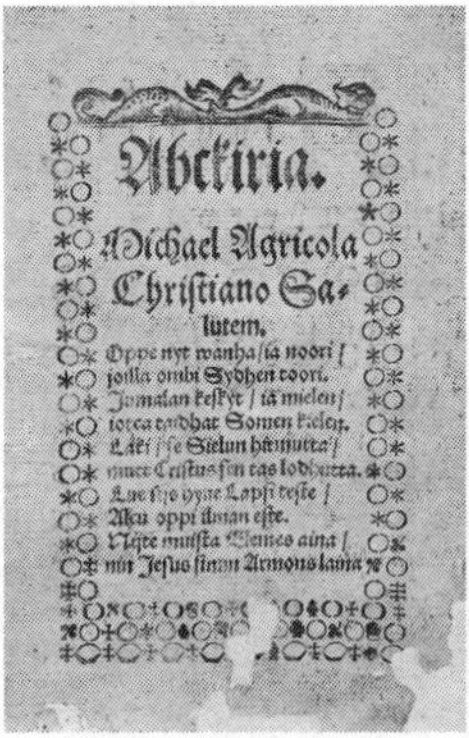
Abckiria.
Michael Agricola
Christiano Sa-
lutem.
Oppe nyt wanha ja nuori /
joilla ombi Sydhen toori.
Jumalan keskyt / ja mielen /
iotca tedhat Somen kielen.
Läki / se Sielun hätuitta /
mutt Christus sen tas lodhutta.
Lue sijs ynne Lapsi teste /
Alcu oppi ilman este.
Nijte mwista Wenes aina /
nin Jesus sinun Armons laina.

M・アグリコラ『ABCの本』（1543年）　Kansalliskirjasto

オーボ王立アカデミー設立——知識人の輩出

アグリコラの時代は聖職者が教育に携わることは例外ではなかった。一六四〇年に、オーボに王立アカデミーが設立され、教育の現場は教会から高等教育機関へと移っていく。

一六三二年に設立されたエストニアのタルト大学をモデルに設立された王立アカデミーの目的は、フィンランド人の牧師および役人養成であり、授業は当初ラテン語で行われた。教授陣はスウェーデンのウップサーラから派遣され、学生は当初九〇人ほどであり、その学生の三分の一はスウェーデン出身であった。スウェーデン統治時代の六〇〇年間に、王立アカデミーで五〇〇〇人以上の学生が学んだが、その多くは牧師家庭の出身であった。だが、農民出身の学生数も徐々に増加していく。ちなみに王立アカデミー設立以前は、裕福な家庭の学生はドイツに留学する者が多く、一五世紀頃はパリやプラハの大学で学ぶ者も現れてくる。

王立アカデミーはフィンランドがロシア統治下に入ると一七一四年に閉校されたが、二二年に再び活動が開始された。

このオーボの王立アカデミーから多くのフィンランド人知識人が誕生する。

ダニエル・ユスレニウス（一六七六〜一七五二）は、一七一二年に王立アカデミーのヘブライ語およびギリシャ語教授に就任する（のちに神学教授）。

一七〇〇年にラテン語で書かれた彼の論文『新旧のオーボ』はフィンランドの歴史を描いた作品として知られる。この本でユスレニウスは、フィンランド人を旧約聖書に登場するマゴグ（肥沃な三日月地帯北部に居住していた人びと）に主導されてフィンランドの地にたどり着いた民族であると主張した。フィンランド語は旧約聖書に出てくるバベルの塔でバラバラになった言語の一つであり、ヘブライ語とギリシャ語の同系言語であったとも主張した。また一七〇三年に発表した『フィンランドの防衛』もまたフィンランドについての歴史書とみなされる。

一七三四年にユスレニウスはボルゴー（ポルヴォー）の司教に転身するが、彼が描いた世界観は宗教色を帯びたものであり、フィンランドをキリスト教世界に位置づけながら、フィンランドの独自性を強調したものであった。このような宗教色を帯びた一種の民族的な主張はフィンランドに限ったことではないが、フィンランドの独自性がこの時期に主張されたことは注目に値する。

ちなみにスウェーデン本国でも一六世紀から一七世紀にかけてスウェーデン人は旧約聖書に出てくる「ノアの箱舟」のノアの末裔であり、かつ神に選ばれたゴート族の末裔であるという「ゴート主義」が存在した。

ヘンリク・ガブリエル・ポルタン（1739～1804）　オーボ王立アカデミー修辞学教授．15歳で王立アカデミーに入学し，才能を発揮．歴史学，地理学，言語学，民俗学など多才な研究者であり，「フィンランド史の父」と呼ばれることになる

人文学の分野では、一七七七年にオーボ王立アカデミーの修辞学教授に就任したヘンリク・ガブリエル・ポルタン（一七三九～一八〇四）がいる。彼はユスレニウスのもとで学び、「フィンランド史の父」とのちに評された人物である。一

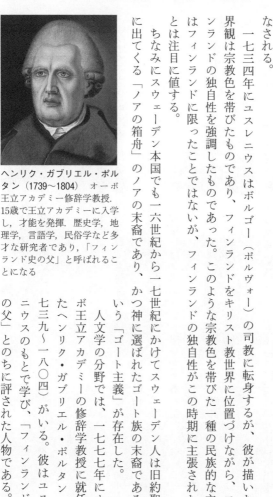

七六六～七八年に彼が発表した『フィンランドの詩について』は、後述するロシア統治期におけるフィンランド詩の採集ブームの先駆けとなった。一七七〇年代にはオーボ王立アカデミーの文学サークルであるアウロラ協会が創立されたが、ポルタンはその創立メンバーの一人であった。

多様な研究者とフィンランドの言語状況

オーボ王立アカデミーは自然科学の分野でも研究者を輩出するようになった。アメリカ探検を行った冒険家であり、カール・フォン・リンネのもとで学んだ植物学者ペール・カルム（一七一六～七九）は、スウェーデンで活躍した人物として知られるが、両親は大北方戦争期にフィンランドからスウェーデンに避難したフィンランド出身者であった。

数学者ヤコブ・ガドリン（一七一九～一八〇二）はストックホルムの王立科学アカデミーの会員に推挙された人物である。ガドリンはオーボ王立アカデミーで初の天文学教授になり、のちに物理学教授になるが、晩年はオーボ司教となった。彼の息子ユーハン・ガドリン（一七六〇～一八五二）も科学者であり、特に鉱物学者として名声を得た。

思想家も誕生した。アンダシュ・シデニウス（一七二九～一八〇三）は先述したペール・カルムのもとで学んだが牧師となり、のちに議員としても活躍した人物である。シデニウスは急進的な改革主唱者として名を知られ、自由貿易、出版、信仰の自由を主張した。一八世紀にはヨーロッパからもたらされた啓蒙思想も、フィンランドの知識人に大きな影響を及ぼしていた。

このようにフィンランドから知識人が育っていくなかで、一七七一年にスウェーデン語の新聞が創刊され、七六年にはすぐに廃刊されたものの初のフィンランド語の新聞も創刊される。

では当時のフィンランドの言語状況はどうであったか。

スウェーデン統治時代、役人や貴族がスウェーデンからフィンランドに移り住むようになり、フィンランドでの公用語はスウェーデン語となった。

主な公的文書はフィンランド語にも訳され、地域によっては役人や牧師はフィンランド語を用いた。だが、一六三〇年からオーボをはじめとして都市部に設立されていったギムナジウムや、一七六〇年代からスウェーデン本国を皮切りに徐々に設立された初等学校では、スウェーデン語が教育言語であり、軍隊でもスウェーデン語が使用された。ドイツ語も商業言語や一部の貴族間の言語として都市で、大学では主にラテン語が使用されたが、次第にスウェーデン語の論文も発表されるようになった。

ロシア対スウェーデン

先述したように一七一八年のカール12世の死後、スウェーデン政治は絶対王政から議会中心へと転換していく。その中心人物にアルヴィド・ホーン（一六六四～一七四二）がいた。彼はフィンランド出身の政治家であったが、特にフィンランドを重視した行動は見られなかったとされる。

ホーンはスウェーデンの官僚組織の代表である王国参事会議長として、ロシアを中心とした周辺諸国との友好関係を重視した。他方で、ロシアに対抗しようとする勢力「ハット党」（「帽子」の意味）が台頭すると、ホーンの派閥を縁なし帽をかぶったことから「キャップ（メッサ）党」と呼び、臆病者と批判した。フィンランドの多くの農民は、ロシアからの領土奪還を旗印に掲げるハット党を支持していく。

ハット党が権力を握ると、スウェーデンはフランスの資金援助を得て、一七二一年に失った領土奪還を目的として四一年にロシアに戦いを挑む。だがロシアが戦いを優位に進め、フィンランド南部に侵攻し、一七四二～四三年にはフィンランドのほぼ全土を占領する。

この戦いで権力を握ったロシアのピョートル大帝の娘エリザヴェータ女帝は、フィンランド人に対してスウェーデン軍を支援せず、またロシアに抵抗しなければ、フィンランドをスウェーデンから分離した国家にすることをほのめかした。結局、フィンランド人からはそうした行動はなく、一七四三年にオーボで講和条約が締結され、戦争は終結した。この条約でスウェーデンはサヴォンリンナ、ラッペーンランタなどの都市があるフィンランド南東部をロシアに割譲した。しかし、フィンランド本体はスウェーデンに返還された。

ロシアの支配下にあったフィンランドでは、この占領期間を「小さな怒り」の時代とのちに呼んだ。先の「大いなる怒り」の時代と対比して名付けられたものである。ただ「大いなる怒り」の時代のような大規模な略奪や暴行は発生しなかった。

当時、ほとんどのフィンランド人はロシアに忠誠を誓い、スウェーデン統治期と変わらない生活を送った。そのため、スウェーデン側がフィンランドの返還後、フィンランドの防衛を強化するとともにフィンランド人の処遇を改善することでフィンランド人の心をつかまなければならなくなった。

グスタヴ3世の治世とアンヤラ盟約

その後、スウェーデンではキャップ党が再び議会の大多数になる。しかし、一七七一年に王位に就いたグスタヴ3世（在位一七七一～九二）は、翌七二年にクーデターを起こし、議会から再び権力を奪還、議会は国王の召集があったときのみ開催されることになった。グスタヴ時代（一七七二～八九年）と呼ばれた間、議会はわずか三度しか開かれなかった。グスタヴ3世は議会機能を無視したわけではなかったが、議会の権限を制限し、国王の権力を強固なものにする。

グスタヴ3世は、一七七二年に政体法を定めた。政体法とは憲法に相当するもので、これ以降フィンランドはこの法律を独立後の一九一九年まで維持することになる。

グスタヴ3世は他の国王と異なり、フィンランドを訪問するなどフィンランドに友好的であった。ノルウェーへの進出失敗後、東へ目を向け、ロシアに奪われた土地の奪還をめざして、一七八七年に勃発したロシアとオスマン帝国間の戦争に翌年参戦したが、成果は得られなかった。

この戦争の最中の一七八八年、フィンランド駐在の一一二名の将校がフィンランド南部の町アンヤラ（現コウヴォラ）で、国王に対して身分制議会の設立とロシアとの講和を要求する「アンヤラ盟約」をとりかわした。署名した将校の一部はその前にロシアの女帝エカチェリーナ2世に書簡を出し、ロシアに忠誠を誓う代わりにフィンランドのスウェーデンからの分離を求めていた。だが、グスタヴ3世がこの動きを察知したことを知り、要求を撤回、国王に謝罪する。七〇名以上が死刑を宣告されたが、実際に処刑されたのは一名だけだった。彼らの多くはキャリアを断たれ、ロシアに亡命した者もいた。

この一連の事件については、かつてフィンランド独立の芽吹きという解釈もあったが、現在では王の政治独占に対する貴族の反乱との見方が強い。

アンヤラ盟約は失敗に終わったが、貴族たちの王に対する不満はくすぶり続けた。一七九二年にストックホルムのオペラ座で開催された仮面舞踏会の最中にグスタヴ3世は貴族のユーハン・アンカルストレームによって拳銃で撃たれ、重傷を負い、二週間後に落命する。

他方でグスタヴ3世の時代、世界では革命が起こっていた。

一七七五年に始まったアメリカ独立戦争に対して国王自身はイギリスを支持していたが、フランスがアメリカを支持したため、結局中立の立場をとった。スウェーデンはロシアに対抗するためにフランスとの関係を強化したからである。

一七八九年にフランス革命が起こったときにはむろん王政を支持したため、革命には反対の立場をとった。ちなみに『ベルサイユのばら』でも知られている、フランス駐在のスウェーデン人ハンス・アクセル・フォン・フェルセン（フェルゼン）伯爵は、グスタヴ3世の寵臣であった。グスタヴ3世はフェルセンを使ってフランス国王一家救出にあたらせたが、失敗に終わる。スウェーデンは反フランス革命という目的のもと、一七九〇年に長年戦ってきたロシアと講和した。

スウェーデンからロシアへ

さて、フィンランドは一八〇九年から一〇〇余年、スウェーデンからロシアの統治下に入る。そのきっかけは、一八〇八〜〇九年に戦われたスウェーデンとロシアによる「フィンランド戦争」であるが、それには前史としてナポレオン戦争があった。

ヨーロッパではフランス革命後、ヨーロッパ制覇をめざしたナポレオンが一八〇四年に自らフランス皇帝に即位した。その後、ヨーロッパ諸国との間で戦いを繰り広げ、一八〇五年にフランスと対仏大同盟との間で戦争が始まると、フランスに対してスウェーデンも参戦。

戦火はバルト海沿岸にまで広がり、フランス軍が攻勢を強めていった。

一八〇六年六月にロシア皇帝アレクサンドル1世とフランスのナポレオン1世が東プロイセンで会談を行い、翌月ティルジット条約を結んだ。この条約は、前年のナポレオン戦争の一つであるイエナの戦いで勝利したナポレオン1世がロシア、プロイセンに強要した条約として知られる。この条約で、ナポレオン1世はロシア皇帝に対してイギリスへの大陸封鎖令に従うなら、見返りにロシアのトルコへの領土要求を支持すると告げた。

次に、フランスはイギリスへの大陸封鎖令を完全なものにするために、スウェーデンを説得する必要があった。スウェーデン国王グスタヴ4世アードルフは、ナポレオン嫌いであり、フランスに対抗できるイギリスの支援を必要としていたため、大陸封鎖令に従うつもりはなかった。それゆえ、ナポレオン1世はロシアにスウェーデンの船の出入港を禁止するように要求した。ロシアは一八〇七年から〇八年にかけてスウェーデンにたびたび警告を送ったが、スウェーデンは応じなかった。対して、ナポレオンはスウェーデン領であったフィンランドを攻撃するようにロシア皇帝に求めた。ロシア皇帝はフランスの要求を呑み、一八〇八年二月、国境を越えて進撃し、戦争が始まった。

この「フィンランド戦争」では、国境付近だけではなくフィンランドの広範囲にわたって戦いが繰り広げられた。スウェーデン軍が勝利する局面があったものの、三月にはロシア軍はヘルシンキを、続いてオーボも占拠した。五月にヴィアポリも陥落し、ロシア軍が完全に優勢となった。劣勢になったものの、スウェーデンはフランスと軍事同盟を結んだデンマークが攻撃してくることを警戒し、フィンランドに兵を大量に投入することはなかった。
戦争は一八〇九年九月一七日にハミナで締結された講和条約をもって終結し、スウェーデンはフィンランドをロシアに割譲する。この条約によって六〇〇年にわたるスウェーデン統治時代が終わりを告げたのである。

他方で、フィンランドを失ったスウェーデンはノルウェーを手に入れることになる。一八一四年にナポレオン戦争の講和として締結されたキール条約で、デンマークからノルウェーが割譲されることが決まったからである。ノルウェーではそれに反対する動きが起こり、独立宣言も出され、憲法まで起草された。だが、最終的にノルウェーはスウェーデンとの同君連合下に置かれた。それはノルウェーが独立する一九〇五年まで続いた。

このように北欧諸国が再編成されるなか、フィンランドは北欧から切り離され、ロシア帝国の一部として次の一世紀余りを過ごすことになる。

第2章　ロシア帝国下の「大公国」——19世紀〜第一次世界大戦

一八〇九年からのロシア統治時代、フィンランドは「大公国」として一定の自治を保障され、一世紀もの時間をかけて独立への基盤を築いていく。大公国時代のフィンランドには外交、軍事に関する決定権はなく、またロシア帝国の政治情勢によって統治政策が変わり、自治が制限された。

一世紀ものロシア統治はまた、フィンランドを北欧世界と切り離すことを意味し、ヨーロッパとの関係も変化していく。

このロシア統治期はフィンランド史のなかでしばしば、「ロシア統治時代初期」「自由化の時代」「『ロシア化』政策の時代」「独立期」と大きく四つに分けられる。本章でもこの大きな枠組みからロシア帝国統治時代のフィンランドの歩みを追う。

まずロシア統治時代における「誤解」について触れておきたい。

日本では、この時期のフィンランドは「ロシアの圧政に苦しんでいた」「独立を切望していた」と見られることが多い。だが、ロシアがフィンランドの自治を厳しく制限したのは一

フィンランド大公国の領域の変容（1809〜1917年）

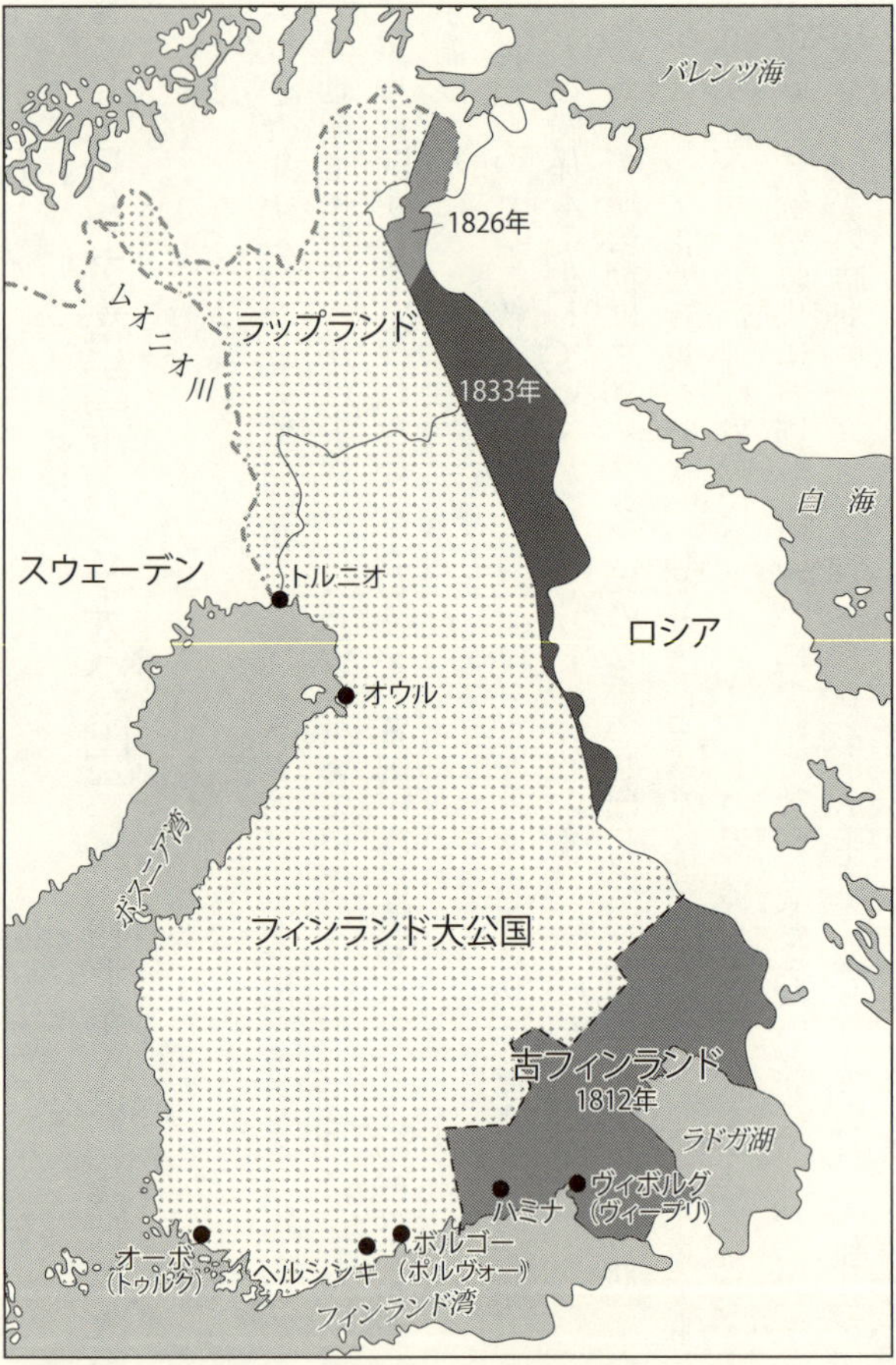

註記：1812年はロシアからの割譲，26・33年は国境修正による獲得
出典：ハッリ・リンタ＝アホ他『世界史のなかのフィンランドの歴史』（明石書店，2011年）を基に筆者作成

八九〇年代からであり、統治期間の三分の一ほどである。それまでは広範囲の自治を長く享受していた。フィンランド人は「ロシアの圧政」にずっと苦しんだわけでもなく、独立を志向したわけでもない。むろん、研究者によってこのロシア統治時代の解釈は異なるが、本書ではロシア帝国統治の時代にこそ、フィンランド人が自らのアイデンティティを模索することができたと見る。

では、ロシア統治期にフィンランドはどのような道を歩んでいったのかを順を追って見ていきたい。

I 「寛容」な初期統治——異なる制度の容認

ボルゴーでの身分制議会の召集

「ロシア統治時代初期」の始まりは一八〇九年である。

ロシア皇帝アレクサンドル1世は、フィンランド戦争の講和条約を締結する直前の一八〇九年二月、ヘルシンキから約五〇キロ離れたボルゴー（ポルヴォー）にフィンランドの身分制議会を召集した。この議会には各身分から選ばれた代表者たちが集った。アレクサンドル1世は三月一五日、ここで身分制議会の議員に対してスウェーデン統治時代と変わらない地位を直接約束する。議会も議員の地位も保障するという皇帝の宣言は、当時のヨーロッパの

ボルゴー議会の召集（1809年3月） エマニュエル・シェルニングの絵画《ボルゴー議会の開催》1812年

知識人階級の共通語であるフランス語で行われ、新たに任命されたフィンランド総督によってスウェーデン語に訳され、伝えられた。

議員以外のフィンランド人にとっても、従来の身分の保障、特に貴族にとって彼らが持つ特権の維持、法律の自由などの保障は重要であり、ロシアの統治はおおむね歓迎された。さらにアレクサンドル1世は、一七七二年にスウェーデン王グスタヴ3世治世下で制定された政体法の維持も宣言した。

スウェーデンでは、奇しくも三月にグスタヴ4世アードルフへのクーデター（クーデター後、王は退位）が起こり、政情が不安であり、貴族たちの忠誠心が身分を保障してくれたロシアへ移ったのも不思議ではない。

また、信教の自由が約束されたこともフィンランド人にとって重要であった。フィンランド人の多くがルター派であり、ロシア正教会への強制改宗の可能性を恐れて戦争時にスウェーデンに亡命する牧師もいたからである。

三月二九日、アレクサンドル1世はフィンランド大公国の設立を宣言した。スウェーデン統治時代から続く身分制議会の各身分（聖職者、貴族、市民、農民）の代表者は皇帝への忠誠を表明し、議会では混乱なくスウェーデン統治からロシア統治へ移行した。

つまり、九月に正式に講和条約が締結される前に、フィンランドは実質的にロシア帝国の統治下に入ったのである。そして、ロシアとは異なる政治制度を持ったまま、フィンランドは帝国に組み込まれていった。

統治システム――セナーッティ（大公国評議会）の設置

フィンランド大公国はロシア皇帝が兼任したフィンランド大公が頂点に就いたが、フィンランド総督が実質的な舵取りを担った。フィンランド総督は軍隊も管轄することになったが、軍事および外交の決定権はロシア皇帝にあった。身分制議会召集前の一八〇八年一二月に初代総督として、ヨーラン・スプレングトプッテン（一七四〇〜一八一九）が任命される。

一八一六年にはスウェーデン統治時代からの身分制議会とは別に、セナーッティ（大公国評議会、元老院とも訳される）が設置され、総督がセナーッティの議長も兼ねた。セナーッティには最高裁判所の役割を果たす司法部と内閣にあたる経済部が設置され、貴族、平民出身のフィンランド人一四名のメンバーが中心となって運営を行った。セナーッティがフィンランドの行政を仕切ったが、重要事項に関しては皇帝（＝大公）の承認を得なければならなかった。

また、フィンランド大公国機構の一部は、ロシア皇帝の宮廷やロシアの中央政府に近いサンクトペテルブルクに置かれ、そこにフィンランド国事委員会長官という職が設けられた。フィンランド総督はフィンランドで決定すべき案件をフィンランド国事委員会長官経由で皇帝に伝えるという流れができた。フィンランド国事委員会長官はサンクトペテルブルクの宮殿に出入りでき、直接皇帝と話し合う権利を得るなど、ほかのロシア帝国の統治下に置かれた国とは別格の待遇を受ける。なお、この職はフィンランド人から選出された。

フィンランドの議会制度はスウェーデン統治時代とほぼ変わらないまま続くことになったが、一八六三年まで身分制議会は召集されることはなかった。ロシア語の強制は一九世紀終わりまで特になく、サンクトペテルブルクへの伝達はフランス語やドイツ語もしくはロシア語に翻訳された。フィンランド内の行政でもロシア語は使用されなかった。

フィンランド領土への「配慮」もあった。一七二一年および四三年のロシア、スウェーデン間の戦争で、ロシアが獲得した旧フィンランド領、通称「古フィンランド」がスウェーデンを牽制する意図でフィンランドに返還されたのである。古フィンランドの主要都市ヴィボルグ（ヴィープリ）は交易と工業で発展した都市であり、サンクトペテルブルクに近かった。

その一方で、スウェーデン統治下で育んできた民主主義思想、言論・出版の自由は、その

ロシア帝国によるフィンランド大公国統治図（統治初期）

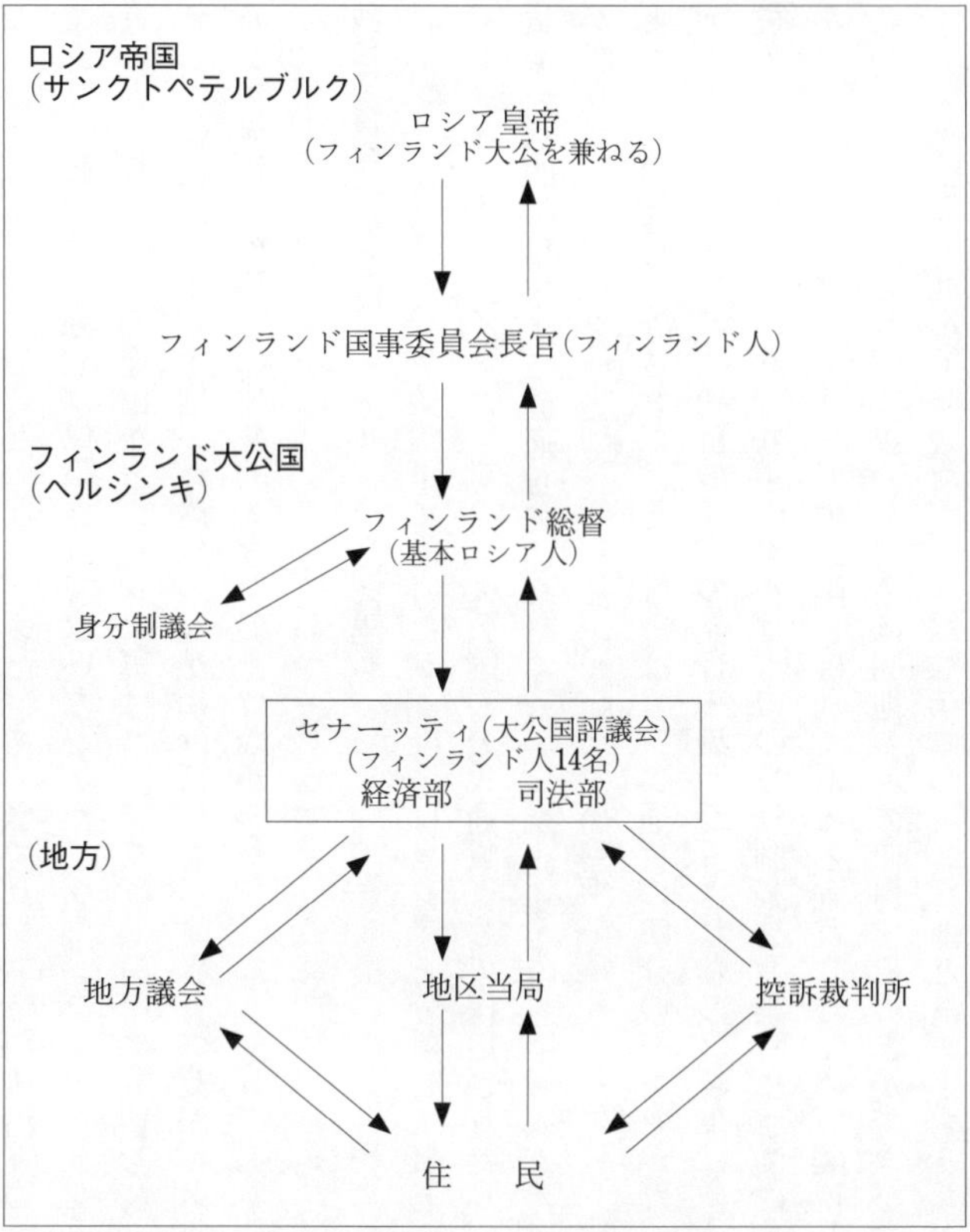

出典：Heikkonen, Esko, Matti Ojakoski and Jaakko Väisänen（2013）*Muutosten maailma 4 : Suomen historian käännekohtia*, Sanoma Pro Oy: Helsinki, s. 10 の図を基に筆者作成

時々によって制限されることになる。また、あくまでロシア帝国統治下のフィンランド大公国であり、政治的な独立は保障されてはいなかった。フィンランドがサンクトペテルブルクに近いという地政学的理由から、ロシア軍はフィンランド沿岸に駐留し続けた。

新しい統治国に不安を抱いた農民のなかには抵抗を示す者もいたが、スウェーデン統治からロシア統治への移行に比較的大きな混乱はなかった。

独自通貨発行の容認と「トルッパリ問題」

フィンランドはロシア統治下に入ったが、経済はロシアと分離して扱われた。

ロシア・ルーブルがフィンランド大公国の公式通貨として採用されたが、スウェーデンの通貨も一八四〇年代まで流通していた。一八一一年にオーボ(トゥルク)にフィンランド銀行が設立され(一八一九年にヘルシンキに移転)、六〇年にはフィンランド独自の通貨マルッカとペンニの発行が許された。その価値はロシア通貨の四分の一でしかなかったが、ロシア統治下でフィンランドに独自の通貨の発行・流通が許されたのは特筆に値するだろう。

税金については、一八〇九年のボルゴーでの身分制議会召集時にすでにアレクサンドル1世がロシア帝国とフィンランド大公国とは別であると宣言したため、関税など一部例外はあったが、フィンランド内で集めた税金は同地のみに使用することができた。

インフラ整備も進んでいった。一八六二年にヘルシンキとハメーンリンナ間にフィンランド初の鉄道が開通すると、徐々に拡充され、七〇年にはヘルシンキとサンクトペテルブルク間も開通した。また、一八五六年にフィンランド南東部にあるサイマー湖と「古フィンランド」の主要都市ヴィボルグを結ぶサイマー運河が開通し、交易路として活用されていった。

フィンランドの人口も飛躍的に増加していく。一九世紀に入ると八〇万人を超していたが、一八一二年のロシアによる「古フィンランド」返還で一〇〇万人を超える。

当時、ほとんどは農民であったが、農地を持たない小作農「トルッパリ」から教区の仕事も担うほど政治力を持つ農民まで、その経済レベルはさまざまだった。一八六〇年代頃から、農業にも機械が導入され、トルッパリ以下貧農の労働の必要性が低下し、環境が悪化する者たちが急増した。これは「トルッパリ問題」と呼ばれ、半世紀を経てフィンランド独立後の一九一八年に法律が制定されるまで続いた。

首都ヘルシンキの誕生

フィンランド大公国では首都はオーボに置かれ、商業はバルト海沿岸を中心に発達していった。ただし、一八五九年まで地方での商売の開業は厳しく規制されており、オーボやヘルシンキといった大都市でのみ外国の商品を扱うことができた。

「古フィンランド」がフィンランドに返還された一八一二年、首都がオーボからフィンランド湾のヘルシンキに移転された。スウェーデンからの影響を弱めるためである。

ヘルシンキは当時人口が数千人足らずの小さな町にすぎなかったが、サンクトペテルブルクを模して都市計画が策定された。ロシア皇帝の任命によって、ドイツ人建築家カール・ルドヴィック・エンゲルが一八一六年から設計を始め、ヘルシンキ中心地にセナーッティ、大聖堂といった建造物が立ち並ぶようになる。

一八二七年九月、オーボで町のほとんどが焼失する大火事が起こる。その影響で翌年の一八二八年にはオーボ王立アカデミーがヘルシンキに移転し、アレクサンドル帝政大学と名称を変更した（現ヘルシンキ大学）。大学が移転したことでヘルシンキの人口は徐々に増加していったが、一八五〇年の時点ではまだ二万人足らずだった。

スカンディナヴィア主義とナショナリズム

一九世紀、北欧諸国では諸国間の連帯および統一をめざすスカンディナヴィア主義という思想が文芸運動から生まれ、次第に政治的動きへと発展していった。フィンランドでもスカンディナヴィア主義に共鳴した知識人がいた。その代表的知識人がアードルフ・I・アルヴィドソン（一七九一〜一八五八）である。

オーボ王立アカデミーで教えていたアルヴィドソンは、ペンネームでスウェーデンの新聞にロシア帝国政府に対して批判的な記事を寄稿したことが発覚したため、一八二一年に大学の職を追われ、結局スウェーデンに亡命する。アルヴィドソンは亡命先のスウェーデンからフィンランド人に対して、スカンディナヴィア主義の啓蒙を続けた。

しかし、アルヴィドソンらフィンランドの知識人が描いたスカンディナヴィア主義はほかの北欧諸国の知識人、特にスウェーデンの知識人のそれとは温度差があった。スウェーデンにとってフィンランドはかつての領土であり、フィンランドを含めたスウェーデンとしてスカンディナヴィア主義を構想し、フィンランドの独自性を尊重していなかったからだ。アルヴィドソンの亡命後、フィンランドでは独自性を主張しづらくなり、スカンディナヴィア主義運動は下火になっていく。

他方で、ナポレオン戦争後にヨーロッパに広がったナショナリズムがフィンランドに浸透するには時間がかかった。

一八四八年は「諸国民の春」と呼ばれる一連の民族運動がヨーロッパで広がった。フランスでは二月革命が、続いてオーストリア、プロイセンでも三月革命が起こり、既存の体制を崩壊させるまで発展した。ハンガリー、イタリアなどでも民族運動が広がっていくなど、従来の君主制が揺らぎ始めていた。だが、この時期フィンランドでは大学生らが五月に「花の日」を祝するために独立後に国歌となる「我が祖国」を歌い、ロシア皇帝ニコライ1世に乾杯するなど、牧歌的な行動がほとんどだった。「諸国民の春」のようなナショナリズムの動きはフィンランドでは生まれていなかったのである。

しかし、ロシアは海外の動向がフィンランドに影響することを懸念した。それゆえ、一八四八年の革命以降、フィンランドでの検閲を強化し、政治文学の輸入禁止などの措置を講じるなど、ナショナリズムの高揚と革命の波がフィンランドに及ばないようにした。一八五〇年四月には検閲はより厳しくなり、宗教と経済の本以外のフィンランド語での出版は禁止された。この検閲は一八六〇年に廃止されるまで続いた。

アレクサンドル2世による「自由化の時代」

フィンランド史のなかで、一八五〇年代後半から七〇年代にかけてのロシア統治時代は広範囲の自治を得たことから「自由化の時代」とも表現される。この時代は政治、経済、社会の多方面で独立の礎《いしずえ》を築いた時代でもあった。

「自由化の時代」の立役者は、一八五五年にニコライ1世の後を継いだロシア皇帝アレクサンドル2世である。アレクサンドル2世は一八六一年の農奴解放令をはじめとする近代化を進めた皇帝として知られるが、フィンランド大公国でも改革を推し進めていった。

そのきっかけは一八五三年から五六年までロシアとオスマン帝国、イギリス、フランスの間で戦われたクリミア戦争である。フィンランドでは「オーランド戦争」とも呼ばれる。オスマン帝国を援助したイギリスとフランスの艦隊が一八五四年にスウェーデン、フィンランド間に位置するオーランド諸島を攻撃したからである。艦隊はボスニア湾沿岸の都市やヴィアポリ要塞も攻撃したので、フィンランド人は艦隊を相手に戦った。結局、ロシアは敗北したが、フィンランド人の働きぶりにアレクサンドル2世は喜んだという。

クリミア戦争の敗北から、ロシア本国では近代化が進められ、戦争で貢献したフィンランドに対しては自治をより広範囲に認める措置をとった。たとえば、外国の商品の扱いを大都市でのみ認め、地方での商売開業を厳しく規制していた禁止令が、一八五九年に撤廃され、商業が自由化された。一八七九年には職業の自由が宣言され、世襲の仕事から別の職に移動できる可能性が広がった。

いまでもヘルシンキ中心部にあるセナーッティントリ（元老院広場）の真ん中にアレクサンドル2世の銅像が立っているが、この像からは「自由化の時代」をもたらしてくれた皇帝への感謝が見えるだろう。

この自由化について、フィンランドの歴史学者ヘンリク・メイナンデルは、ロシアはフィンランドをロシア自由主義のための「ショーウィンドウ」にしたと記している。当時同じくロシア帝国支配下のポーランドはロシアにたびたび反乱を起こし、鎮圧されていたが、フィンランドではロシアに対する目立った暴動は起こっていなかった。

ロシア皇帝アレクサンドル2世（1818～81）

ユーハン・W・スネルマン
（1806〜81）　スウェーデン語ではなくフィンランド語をこの地の言語にと主張．フェンノマンの代表的存在．死後，ナショナリストのカリスマに．ヘルシンキのフィンランド銀行前の銅像は広く知られる

フェンノマンとスヴェコマン

クリミア戦争やポーランドの反乱後の一八六三年、ロシア皇帝はフィンランドの政治安定を図るために、半世紀ぶりにフィンランドの身分制議会を召集した。それ以来、この身分制議会は五年に一度、一八八二年からは三年ごとに召集されるようになる。議会が定期的に開かれると、政治グループが生まれる。その大きな勢力としてフィンランド語を公用語にすることを目的とし、フィンランド語の「農民文化」を自分たちのアイデンティティの源とみなす「フェンノマン（フィンランド人気質）」が登場する。

その代表的存在は、ユーハン・W・スネルマン（一八〇六〜八一）である。スネルマンは大学でヘーゲル哲学を学び、週刊誌の編集の仕事などを経て、一八四三年に内陸にあるクオピオの中学校校長を務めた。彼は言論活動のなかで、支配階級や知識階級の人間自らがスウェーデン語からフィンランド語へと使用言語を変えるべきだと主張する。一八四四年にスネルマンは知識階級に向けてスウェーデン語新聞『サイマ』と、フィンランド語住民を啓蒙する目的でフィンランド語新聞『農民の友』を発行したが、『サイマ』は一八四六年に検閲にかかり発禁処分を受けている。

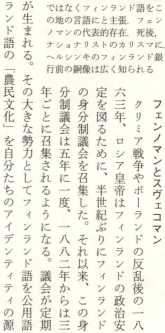

一八五五年に改革推進派のアレクサンドル2世が皇帝に就くと、スネルマンへの風当たりは徐々に弱まり、五六年にアレクサンドル帝政大学教授に任命される。さらに、一八六三年には大臣に任命され、経済部門を担当した。スネルマンは金融改革などさまざまな改革を実行し、後述する一八六七年の飢饉の際、経済援助対策を講じた。一八六三年から六八年までセナーッティの副議長も務めた。

フェンノマンたちは一八六〇年代にフィン人党を結成し、政党活動を展開する。スネルマンはフェンノマン運動、ひいてはフィンランドのナショナリズム運動の「カリスマ」となり、死後も担ぎ上げられる存在となった。のちの話になるが、独立後の一九二三年にはフィンランド銀行前に彼の銅像が建てられ、銀行の通りがニコライ通りからスネルマン通りへと名称が変更されたほどである。

フェンノマンに対抗して、スウェーデン語話者の権利を代弁したのが「スヴェコマン」である。スヴェコマンもフィン人党に対抗する形で一八七〇年にスウェーデン人党を立ち上げ、政党活動を進めていった。両者は言語問題をはじめとしてしばしば衝突した。

「緑の黄金」による工業の進展

一八六九年に、新たな議会法が基本法として承認された。これにより、法案提出の権利は規定されなかったが、議員によるフィンランド大公への請願権を活用した立法活動が保障され、議員たちはその権利を行使することによって、大公国の自治をより確立していった。経済に目を向けると、一八六〇年代からフィンランドでは工業化が進んだ。

先述したように、スウェーデン統治時代から森林資源は「緑の黄金」と評され、林業は外貨獲得に主要な産業であった。当初は、森林の荒廃を防ぐため製造業での蒸気ノコギリの使用が禁止されていたが、一八五七年に解禁されると、森で伐採した木を川で運搬するために製材工場の多くが河口で操業されるようになる。ヨーロッパ全体の産業化の発展によって製材工場は栄えた。また、一八七〇年頃から製紙工場も多く建てられるようになる。ちなみに、多くの産業ではフィンランド人ではなく外国人が起業するケースが多かった。

一八七〇年のサンクトペテルブルクとフィンランドをつなぐ鉄道路線の開通は、ロシアへの輸出に大きな貢献を果たした。これによって、フィンランドのロシアとの経済的なつながりが強固になっていく。

このように、「自由化の時代」にフィンランドは事実上の国家としての機能を備えていく。その一方で一八六七年から翌年にかけて寒冷な気候が続き、飢饉が起こった。フィンランドは近代化していくなか、人口の一割弱にあたる一五万人が飢えや病気で死んでいった。

II　フィンランド民族文化——独自言語とカレリアニズム

フィンランド語の推進――スウェーデン語系の主張

一八五〇年代後半から七〇年代にかけての「自由化の時代」に、フィンランドでは議会法の制定や地方行政機構の整備など政治機構の整備や文化の進展が見られた。

それと並行してスウェーデン語を話すフィンランド人、いわゆるスウェーデン語系フィンランド人の間でフィンランド語への注目が強まる。当時、彼らは大公国の人口の二割にも満たなかったが、六〇〇年にわたるスウェーデン統治時代の影響によって貴族や聖職者、大学教授などほとんどの知識人はスウェーデン語を母語としていた。大多数が話していたフィンランド語は「農民」の言葉であり、支配言語はスウェーデン語だったのである。そのような支配者層がフィンランド語に注目したのは、フィンランド独自の文化を模索する動きと密接に結びついていた。

「我々はもはやスウェーデン人ではない、さりとてロシア人にはなれない。フィンランド人でいこう！」という有名な言葉がある。

先述したスカンディナヴィア主義者アルヴィドソンが発したとされ、フィンランドのナショナリズムを語るうえでその後何度も繰り返される言葉である。フィンランド人知識人らが、かつての統治国スウェーデン、現在の統治国ロシアとは違うフィンランドの独自性を模索する動きがこの言葉には表れている。むろん、フィンランド人としての自覚は、六〇〇年にわたる長きスウェーデン統治時代にすでに一部の知識人の間で論じられてきた。だが、本格的に話題とされ、何をフィンランドの独自性とするのか議論となったのはロシア帝国統治期に入ってからであった。

議論を通じて、フィンランド人らしさを代表するのは「フィンランド語」であるという思想が生まれる。ロシアとの違いは言語や信教面で明白であったものの、スウェーデンとの違いを風習や慣習では見出すことは難しく、言語のみ明確に異なっていたからだ。ここに、フィンランド語を中心とした「フィンランド民族文化」の確立が目標とされる。

民族文化を確立しようとする動きは当時、フィンランドに限ったことではない。デンマークではドイツ的なるものとの訣別をめざすナショナリズムが生まれている。身近な「他者」の存在によって自己を確立しようとしたのである。

ロシア統治期のフィンランドで生まれたナショナリズムは、ヨーロッパ、とりわけドイツの民族ロマン主義の影響を受けて発展した。特にドイツの哲学者ヨハン・ゴットフリート・ヘルダーが唱えた「一民族一言語」という思想の影響は強く、フィンランド民族とフィンランド語が対《つい》として考えられた。

「フィンランド民族文化」を確立させようとする運動は、フェンノマンの構成メンバーであるスウェーデン語系フィンランド人が先導した。彼らはまず教育言語に目をつけた。スウェーデン統治時代に設立された大学ではラテン語とスウェーデン語が教育言語であり、エリート層は必然的にスウェーデン語系フィンランド人であった。そこを改善することで、フィンランド民族の自覚が高まると考えたのである。

言語令——大公国の言語としての容認

すでに、一八四三年に初等教育を行う民衆学校では、フィンランド語の授業が行われていた。また、フェンノマンの尽力により、フィンランド語の中等学校（八年制）が一八五八年に開校されるなど、フィンランド語による教育は全土に広がっていった。一八六六年には教育令が出され、民衆学校を六年制の初等教育機関とするなど制度面でも初等教育の充実化が図られていった。

また、一八六三年に召集された身分制議会でフィンランド語をスウェーデン語と同等の地位にする言語令が可決された。二〇年間の猶予期間が設けられたが、この言語令によってフィンランド語は大公国の言語として認められたのである。

この言語令をめぐっては、「言語闘争」と呼ばれるフィンランド人の間での論争が起こっている。特にスヴェコマンはスウェーデン語の使用を継続しないと北欧との連帯、すなわちヨーロッパとのつながりを保つことができないと主張し、フィンランド語話者が高等教育機関に入学すると、教育レベルが落ちるとも主張した。こうした指摘は二〇世紀に入っても起こったが、民族問題には発展しなかった。フィンランド語を話そうと、スウェーデン語を話そうと、彼らは自分たちをフィンランド人だと自覚していたからである。

このようにフィンランド語を軸としてフィンランド民族としての自覚は芽生えていったが、そのまま独立へとつながったわけではない。本章の冒頭で述べたように、一九世紀末に自治を制限する法令が出されるまでフィンランド人は自治を享受しており、ロシアからの独立を強く考えていたわけではなかった。

また、フィンランド語重視の動きの前提には、ロシア帝国の「容認」があったことに留意しなければならない。スウェーデンと幾度も戦火を交えてきたロシアは、統治下のフィンランドを文化的にもスウェーデンから「分離」することを第一と考え、ロシアへ「接近」させることで、統治を容易にするという思惑があった。それゆえ、大公国内でのフィンランド語使用は推奨されたのである。

一八七四年には教育水準の向上を目的に、フェンノマンが中心となって「民族啓蒙協会」を設立する。この協会はスウェーデン語話者にも開かれていたが、実際にはフィンランド語教育の推進を図る活動が中心だった。一九世紀末には五万三〇〇〇人もの会員を集めるほど大きな団体に成長した。

研究者たちの活躍

一方で、国際的に活躍するフィンランド人研究者がこの時期に育っていった。

たとえば、薬学教授イスラエル・ヴァッサー（一七九〇～一八六〇）である。彼はアレクサンドル帝政大学教授を経て、一四七七年に北欧で最初に設立された、権威あるスウェーデンのウップサーラ大学の教授に就任した。

アドルフ・エーリク・ノルデンショルド（一八三二～一九〇一）は、ノルウェーから北極海、ベーリング海を通り、太平洋まで航海することに成功した探検家である。彼は航海の途中で日本にも立ち寄り、明治天皇に謁見もしている。彼の航海記は、のちに『ヴェガ号航海記一八七八～一八八〇』として邦訳もされた。歴史学者ユリヨ＝コスキネン（一八三〇～一九〇三）はフィンランド史研究の先駆者であり、一八六九年に『フィンランド民族史の教科書』を著した。

法律分野でも専門家が登場した。その代表的存在がレオ・メケリン（一八三九～一九一四）である。彼は大学教授でもあり、ノキアの創業メンバーであった。メケリンについて特筆すべきは、法的な解釈からフィンランドの自治の正当性を出版物や国際会議などを通して諸外国に訴えたことである。そのため、メケリンは一九〇三年に、スウェーデンへの亡命を余儀なくされたが、一年後に帰国を許された後、セナーッティの重要ポストで活躍することになる。

アドルフ・エーリク・ノルデンショルド（1832～1901）
北極海を通る北東航路を初めて走破した探検家．ロシア帝国によって大学を追われ，スウェーデンに渡りのちに帰化．1893年にスウェーデン科学アカデミー会員となる

トゥルク・ロマン主義からヘルシンキ・ロマン主義へ

ロシア統治下のフィンランドにおける文化運動はフィンランド語推進運動と重なりながら、オーボ王立アカデミー発の「トゥルク・ロマン主義」と呼ばれる運動、そこから「ヘルシンキ・ロマン主義」と呼ばれる運動へと発展していった。

トゥルク・ロマン主義とは、人びとの間で謳い継がれてきた民俗詩から自民族の起源を明らかにできると考え、民俗詩の採集を推奨した運動である。

その立役者は、スカンディナヴィア主義者として先に掲げたアルヴィドソンである。アルヴィドソンらオーボ王立アカデミーの知識人たちは雑誌を出版したり、詩を発表したりしてフィンランド民族文化を模索した。一八二一年にアルヴィドソンがスウェーデンに亡命したことでこの運動は一時期下火になるが、二八年に大学がオーボからヘルシンキに移転したことで、ヘルシンキで再び開花した。

ドイツの民族ロマン主義の影響を受けたヘルシンキ・ロマン主義者らは、先述したドイツの哲学者ヘルダーが主張したように、人びとが口伝えで残してきた民俗詩に民族の歴史を見出せると考え、いわゆる口承詩の採集を行った。

口承詩を吟じる人を村々に訪ねての詩の採集は、すでにスウェーデン統治時代から行われてきたが、知識人の養成が本格化されたこのロシア統治時代に盛んになった。その過程で、フィンランド民族文化を象徴する叙事詩『カレワラ（*Kalevala*）』が誕生する。

『カレワラ』の編纂とその影響

『カレワラ』の編者エリアス・ロンルート（一八〇二～八四）はフィンランド語を母語としたフィンランド人である。ヘルシンキのアレクサンドル帝政大学で民話および医学を学ぶかたわら、フィンランド語およびフィンランド文化の啓蒙を目的に設立された土曜会の会員として活躍した。一八三〇年に設立された土曜会はフェンノマンの旗手となるスネルマンや国民的詩人となるユハン・ルドヴィグ・ルーネベリ（一八〇四～七七）なども参加していた会であり、ヘルシンキ・ロマン主義を代表する会であった。会では口承詩の採集が奨励された。

エリアス・ロンルート（1802～84）『カレワラ』の編者．フィンランド語家庭出身であり，高等教育を受けるためにスウェーデン語を学ばなければならなかった．19世紀初頭，初等教育だけがフィンランド語で学ぶことができた

ロンルートは大学卒業後、フィンランドの中心に位置するカヤーニで巡回医師をしながら詩を吟じる人を訪ねてはその詩を書き留めることを続けた。一八三一年にフィンランド文学の興隆を目的に設立されたフィンランド文学協会の助成金を受け、三五年に叙事詩『カレワラ』を出版。四九年には三五年版を大幅に修正、加筆した新版が刊行される。その新版が現在、『カレワラ』とし

て読まれているものである。

『カレワラ』は全五〇章からなる。大気の処女イルマタルの膝に小鴨が卵を産み、その卵が割れて天地が創造される話から始まり、生まれたときから老人の姿をした不滅の詩人で呪《じゅ》術《じゅつ》を使うヴァイナモイネンを中心に物語が展開する。なかでも、乙女アイノがヴァイナモイネンの妻になることを拒んで魚になる話、色男レンミンカイネンが黄泉《よみ》の国に流されるが、彼の母が呪文で息子を生き返らせる話、怪力を持つクッレルヴォの復讐の話、富を生み出す秘器サンポをめぐる戦いの話などが有名である。

現在では、「国民文学」として認知される『カレワラ』であるが、出版当初は「素朴すぎる」という理由などからフェンノマンからも人気がなく、批判さえあがった。だが、フィンランド文学協会が『カレワラ』の翻訳に助成金を出したため、スウェーデン語版、フランス語版、ドイツ語版などが次々に刊行され、海外で評判となっていく。フィンランドでも徐々に受け入れられるようになり、一八八〇年代にはフィンランド民族文化を象徴する存在にまでなった。

カレリアニズム――民族ルーツの模索と芸術運動

『カレワラ』はフィンランドのさまざまな芸術に大きな影響を与えるようになり、カレリアニズムと呼ばれる「フィンランドのルネサンス」時代を生み出した。カレリアニズムはフィンランド民族のルーツを模索し、過去にフィンランドの「黄金時代」を見出す民族ロマン主義運動と呼ばれる芸術運動であった。

　編者ロンルートは『カレワラ』の骨子となる主な叙事詩のほとんどをロシア・カレリア地方に住む口承詩人から得ていた。そのため、ロシア・カレリアがフィンランド民族文化の揺《よう》籃《らん》の地とみなされていく。芸術家らはロシア・カレリアをめぐり、そこからインスピレーションを得た作品を発表した。

　一八八〇年代に頂点を迎えた芸術運動カレリアニズムには、作曲家ジャン・シベリウス（一八六五～一九五七）、作家I・K・インハ（一八六五～一九三〇）、国民的詩人エイノ・レイノ（一八七八～一九二六）、画家アクセリ・ガッレン＝カッレラ（一八六五～一九三一）など現在でも知られている多くの芸術家が参加した。

ジャン・シベリウス（1865～1957）　フィンランドを代表する作曲家．交響詩「フィンランディア」（1899年）は祖国愛を駆り立てるとされ，ロシア政府から演奏禁止に．他にも「クッレルヴォ」「ポホヨラの娘」などでも名高い

　カレリアニズム運動にはフィンランド人以外の芸術家も参加することがあったが、この芸術運動では個々の芸術家がフィンランド民族文化や自然の美しさを作品に昇華することで、フィンランド人の民族的自覚を刺激する役割を果たした。

　他方で、ロシア・カレリアはフィンランド

アクセリ・ガッレン＝カッレラ《アイノの物語》1891年

アクセリ・ガッレン＝カッレラ《サンポの防衛》1896年

大公国外に位置しているにもかかわらず、この地がフィンランド民族文化揺籃の地とされたことで、のちに生まれる膨張思想、「大フィンランド」に利用されていくことになる。

文学の興隆——スウェーデン語からの展開

「自由化の時代」にフィンランド文化は花開いたが、フィンランド語使用推進者らはスウェーデン語を母語としていたため、文化運動がそもそもめざしたフィンランド語の使用は実際には進まず、公共機関や議会などでは一八七〇年代まで使われなかった。このような言語状況のなか、フィンランドの文学はスウェーデン語による作品を中心に発展していく。フィンランドの文学は詩を中心に発展していくが、それらの詩もスウェーデン語で書かれていった。「土曜会」の立ち上げメンバーの一人であったルーネベリは、のちに国民的詩人としてフィンランド文学史にその名が刻まれる人物であるが、彼の詩もスウェーデン語で書かれた。一八三〇年に発表した詩集『詩』で描かれた、信心深く、厳しい自然のなかで農業を営む勤勉な農民パーヴォの姿は、フィンランド人のモデルとなった。

また、一八四八年に発表した一八〇八年のフィンランド戦争を戦った一兵士を題材にした詩集『旗手ストールの物語』は、のちのフィンランド文学に大きな影響を及ぼし、最初に掲載された詩「我が祖国」はのちにフィンランド語に訳され、独立フィンランドの国歌の歌詞となった。

ミンナ・カント（1844～97）
フィンランド語による著名な最初の女性作家．スウェーデン語でも戯曲を執筆し精力的な創作活動を展開．クオピオの彼女の家はシベリウスをはじめ芸術家が集まるサロンの役割を果たしていた

なお、ルーネベリの誕生日である二月五日は、「ルーネベリの日」として現在も祝われている。その日は国旗を掲揚し、「ルーネベリ・タルト」と名付けられたラズベリージャムがのったケーキを食べる習慣がある。

ツァクリス（ザカライアス）・トペリウス（一八一八～九八）は、ジャーナリスト、歴史学者でアレクサンドル帝政大学教授として活躍したが、小説を執筆したことでも知られる。彼もスウェーデン語で執筆した。一八七五年に発表したフィンランドの自然、民族、歴史を描いた『わが祖国の本』はベストセラーとなり、学校教科書にも採用された。また、児童向けの小説も数多く執筆し、日本でも『星のひとみ』『木いちごの王様』が翻訳されている。

初めてのフィンランド語小説として知られるのは、アレクシス・キヴィ（一八三四～七二）によって、農村に住む七人の兄弟の生活を生き生きと描いた『七人兄弟』（一八七〇年）である。キヴィは生前に評価されることはなく、精神を病み、三八歳で不遇の人生を終えた。

ミンナ・カント（一八四四～九七）は、女性初のフィンランド語作家であり、新聞記者としても活躍した。カントはノルウェーの劇作家ヘンリク・イプセンに影響を受けたとされる。

カントは女性の地位改善やフィンランド語の地位向上、禁酒問題といった社会問題にも取り組んだ。ほかにもユハニ・アホ（一八六一～一九二一）といったフィンランド語で執筆する小説家が登場し始めた。

フィンランド文学は、スウェーデン語文学を中心に生まれたが、北欧文学、ヨーロッパ文学、ロシア文学など近隣の文化の影響を受けながら独自の文学を模索するなかで発展していったのである。

コラム1

フィンランド語とスウェーデン語

本文で記したように、フィンランドは一三世紀以来、五〇〇年にわたりスウェーデンの一部であったため、長い間、スウェーデン語が公用語だった。その名残でスウェーデン語はフィンランド語と並んで国語（公用語）となっている。

現在、スウェーデン語を母語とするフィンランド人、すなわちスウェーデン語系フィンランド人は全人口の六％にすぎない。だが二〇〇〇年に施行された新憲法第一七条でも、裁判所および他の公的機関におけるスウェーデン語の使用の権利が保障されている。

ちなみに、サーミ人の言語（サーミ語）や「ジプシー」と呼ばれてきたロマ人の言語（ロマニ語）および彼らの文化の権利やフィンランド手話使用者の権利も保障されている。

スウェーデン語系フィンランド人は現在少数派であるが、スウェーデン語のテレビチャンネル、新聞、雑誌、政党（スウェーデン人民党）があり、教育もスウェーデン語のみで大学まで学ぶことができる権利を持つ。ただし、彼らのほとんどは周囲の環境ゆえにフィンランド語を解する。

なお、日本ではスウェーデン語（Finlandssvenskar）の直訳から「フィンランド・スウェーデン人」と表記されることがある。だが、民族帰属を表すといった誤解の恐れもあるので、本書では「スウェーデン語系フィンランド人」とした。スウェーデン語は一三世紀以来、フィンランドで使用され、スウェーデンから移住してきた者だけがスウェーデン語系フィンランド人の祖先ではないからである。また、フィンランド語系住民との結婚も行われているからである。本文で触れたように、スウェーデン語を母語とするフィンランド人がフィンランドのナショナリズムを牽引してきた歴史があり、彼らにスウェーデンへの帰属意識はない。ただし、オーランド諸島の住民などの例外はある。

誰がスウェーデン語系フィンランド人であるかを判断することは難しい。外見で判断できることはまずない。名字で判断できる場合が時折ある。だが、一九三〇年代の改姓キャンペーンのときのように愛国心を示すためにフィンランド語風の姓に変えた人や、結婚によって姓が変わることもあるので、名前だけでの判断も難しい。

長期にわたる支配言語だった歴史から、スウェーデン語を母語とするフィンランド人には有名人が多い。画家のアクセリ・ガッレン＝カッレラ、作曲家のジャン・シベリウスをはじめとするロシア帝国統治期に活躍した芸術家のほとんどがスウェーデン語系フィンランド人である。

政治家も、古くはユーハン・W・スネルマンやグスタヴ・マンネルヘイム、近年ではアレクサンデル・ストゥッブもそうである。ビジネス界にも多く、たとえばコンピューターのソフトフェアLinuxカーネルを開発したリーナル・トーバルズもスウェーデン語を母語としている。

バス停留所標識「ヴァイナモイネン通り」 上がフィンランド語，下がスウェーデン語．55Aの右にある行き先は「コスケラ」と「フォルスビィ」と，言語でまったく違う

話は変わるが、フィンランドでは町の標識や駅名など人目に触れる看板は二言語で表記されている場合がほとんどである。トゥルクといった南西フィンランド沿岸の町では、伝統的にスウェーデン語系フィンランド人が多く居住し、スウェーデン語表記が先の場合もあるが、基本

的にはフィンランド語、次にスウェーデン語の順である。フィンランドに行く機会があったら、町の標識や駅名をチェックしてみてほしい。

なお、フィンランドで話されているスウェーデン語はフィンランド語式のイントネーション、つまり語頭にアクセントを置き、抑揚があまりない方式で話されている。スウェーデンでのスウェーデン語とはかなり違う。ただし、オーランド諸島は例外であり、スウェーデンに近い発音をする。それはいまもなお続く帰属意識の違いからくるものかもしれない。

芸術の開花

この時期はあらゆる方面の芸術が開花した時代でもあった。

建築ではヘルマン・ゲゼリウス（一八七四～一九一六）、アルマス・リンドグレン（一八七四～一九二九）、エリエル・サーリネン（一八七三～一九五〇）が共同で事務所を設立し、歴史に残る建築物を数多く設計した。たとえば、フィンランド国立博物館、彼らの住居で現在博物館になっているヴィドレスク、一九〇〇年のパリ万博でのフィンランド館などが挙げられる。

また、それぞれ個人でも多くの作品を残した。たとえばサーリネンは灯りを持った巨人像が特徴的なヘルシンキ中央駅を設計した。また彼はハンガリーのブダペスト、エストニアの

ヒューゴ・シンベリ《傷ついた天使》1903年

アルヴェルト・エーデルフェルト《岸辺で遊ぶ少年たち》1884年

タリンの都市計画にも携わるなど国際的名声を得た。

絵画でも多くの画家が輩出された。アクセリ・ガッレン＝カッレラは『カレワラ』の一連の絵を発表した。ヒューゴ・シンベリ（一八七三〜一九一七）、アルヴェルト・エーデルフェルト（一八五四〜一九〇五）、ペッカ・ハロネン（一八六五〜一九三三）らは、フィンランドを代表する画家とされる。

彼らの多くはパリやウィーンに留学し、ヨーロッパの芸術の影響を受け、帰国後に独自の画風を完成させた。そのなかには女性画家もいた。その代表的存在であるヘレン・シャルフベック（一八六二〜一九四六）の展示会は、二〇一五年に日本初の個展として、東京藝術大学大学美術館を皮切りに日本各地を巡回した。

人口増と労働者階級の誕生

一九〇〇年にはフィンランドの人口は二六六万人に達した。この一〇〇年間で一八〇万人以上増えたことになる。なかでもその伸びは地方で見られた。だが、人口増に見合うほど仕事はなく、職を求めて海外移民の道を選ぶ者たちもいた。その数は一八六六〜一九三〇年の間で三九万人と言われる。当時、海外移民はヨーロッパ各地で見られた現象であり、かつての統治国スウェーデンからは総計一二〇万人が移民として海外に渡ったと言われる。

フィンランド人の主な移民先は北アメリカ、オーストラリア、アルゼンチン、ロシア本国であった。なかでも北アメリカには一九世紀半ばから一九一四年までに三三万人が移り住んでいる。その大半はフィンランドに気候が類似するアメリカのミシガン州やミネソタ州だった。彼らの多くは肉体労働者として働き、独自の共同体を形成した。

他方でフィンランド国内では、一八九〇年代半ば、労働者らは自分たちの権利を求めて労働組合を結成する。この組合を母体として、一八九九年にフィンランド労働者党が結成され、一九〇三年にフィンランド社会民主党と名称を変更した。

この時期、スポーツ団体や禁酒協会、自警消防団、婦人会、青年会といった団体が次々誕生し、フィンランド人の多くがこのような団体に属した。

Ⅲ　ロシア化政策の時代——自治の制限へ

二月宣言の発布——特別な地位の剝奪

一八八〇年代から一九一四年の第一次世界大戦開戦までの時期は、『「ロシア化」政策の時代』と呼ばれる。これまで享受してきたフィンランド大公国の自治が制限され、ロシア帝国に組み込むための政策が実行されたからである。なぜこの時期にこのような政策が施行されたのか、それに対してフィンランドではどのような反発が起こったのだろうか。

「ロシア化」政策の時代は国際情勢の変化によって始まった。ロシア帝国は一八七一年に統一したドイツを警戒し、地政学的な観点から防衛を見直し、それがフィンランドの自治の制限にもつながったのである。

「ロシア化」はまず一八九〇年に施行された郵便宣言に見られた。スウェーデン統治時代からフィンランドは独自の郵便制度を維持していたが、これ以降、ロシア帝国の郵便制度に統合された。一八五六年から発行されていたフィンランド独自の切手も発行を終了する。

「ロシア化」政策は、一八九四年に死去したアレクサンドル3世の後を継いだニコライ2世の治世に本格化する。一八九八年にフィンランド総督に就任したニコライ・ボブリコフ（一八三九～一九〇四）は、フィンランド軍のロシア軍への統合、フィンランドにおけるロシア語の地位改善、ロシア人の役人への登用などフィンランドの自治を侵害する「ロシア化」政策を推し進めた。

一八九九年二月には、フィンランドに関係する法律は今後ロシアで制定できるとする二月宣言をニコライ2世が発布する。この宣言によってフィンランドの自治は制限され、これまでのフィンランドの特別な地位は剝奪された。

フィンランドではこの宣言の撤回を求め、数週間で五二万もの嘆願署名が集められた。一方で、新たな法律によって自分たちに土地が分配されるという噂を耳にした貧農層は署名しなかった。一〇五〇人もの英仏を中心としたヨーロッパの知識人らも二月宣言に対して反対の声明を出すなど、西欧での反響も見られた。署名した知識人のなかには、フランスの作家エミール・ゾラやイギリスの哲学者ハーバート・スペンサーもいた。フィンランドで集められた署名はロシア皇帝への嘆願書として提出されたが、ニコライ2世は「自分は怒っていない」とだけ告げ、受け取りを拒否した。

一九〇〇年には言語宣言が発布され、フィンランドの行政言語としてロシア語を導入することが決定された。一九〇一年には兵役法が制定された。これによって、一八七八年に創設されたフィンランド独自の軍が廃止され、フィンランド人はロシア帝国軍に徴兵されることになる。

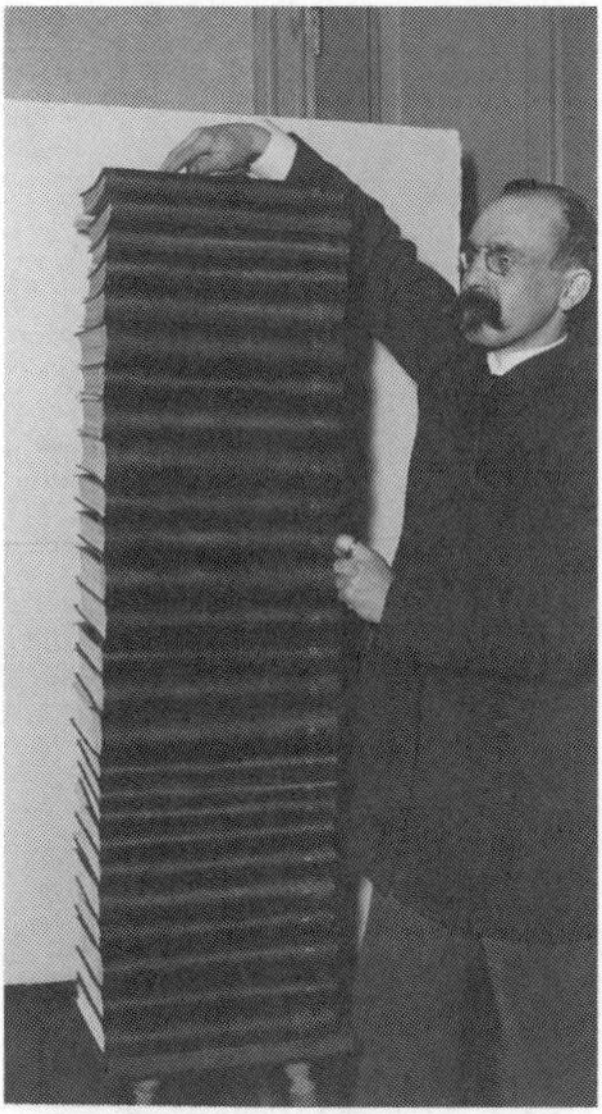

二月宣言撤回のために集まった署名
26冊もの冊子にまとめられ，サンクトペテルブルクまで運ばれた

このような「ロシア化」の対応をめぐって国内の意見は分かれた。フェンノマンは一九〇二年に老フィン人党と青年フィン人党に分かれるなど、政党も分裂した。老フィン人党はフィンランドの自治を守るためにロシアを刺激することを避けるべきだと主張し、「従順派」と評された。青年フィン人党は旧来の党員の取り組み方に不満を抱き、より急進的な方法でフィン

ランド語およびフィンランド文化の地位改善を求める集団となった。スヴェコマンの大半も青年フィン人党の路線であった。

また、青年フィン人党とスヴェコマンの支持者で構成された「護憲派」は、ロシアがフィンランドの政体法を犯していると訴えた。その指導者的存在が、先に挙げた法学者メケリンであった。

エウゲン・シャウマンのポストカード　フィンランド総督を暗殺し英雄となった彼は，多くのプロパガンダのアイコンに使われた

また兵役を拒否することで抵抗の意を示した一般のフィンランド人もいたが、シベリア流刑に処せられた者も出た。

実際の行動をもって抵抗すべきだと考えた積極的抵抗派も誕生した。彼らは「アクティヴィスティ」と呼ばれ、スウェーデンやドイツに接触し、支援を求めた。

フィンランド人青年エウゲン・シャウマン（一八七五～一九〇四）は、単独で行動し、一九〇四年六月にフィンランド総督ボブリコフを暗殺し、その場で自殺した。アクティヴィスティは彼の葬儀をロシアに抵抗する象徴として利用した。

日露戦争と大ストライキ

一八九九年の二月宣言に始まった一連のフィンランドの自治への侵害は、ボブリコフの暗殺によって一時期停止したが、事態は好転しなかった。しかし、五年後の一九〇四年二月に勃発した日露戦争が、フィンランドに一筋の希望をもたらす。

戦時中、フィンランドのアクティヴィスティはロシア帝国の専制政治に反対する組織、つまり反ツァーリズム組織との連携を目的に、九月から一〇月にかけて開催されたパリ会議に参加した。パリ会議ではポーランドやラトヴィアなどロシア帝国支配下に置かれた地域から八つの政党が集結し、ロシアの専制政治の打倒や民族自決権を確認した。

ここで、アクティヴィスティはロシア帝国内でのロシア・カレリアとフィンランドとの連邦制という構想を掲げた。過激派とされたアクティヴィスティさえフィンランドの独立はこの時点ではまだ想定していなかったのである。

一方、この会議にも関わった日本陸軍の明石元二郎《あかしもとじろう》大佐は、日露戦争時に日本政府の莫大な資金を使って対ロシア諜報工作である「明石工作」を行っていた。明石はロシア帝国内の反政府組織と共謀する。フィンランドの積極的抵抗勢力の一員であるコンニ・シリアクスもその工作に関係していた。しかし、この工作はロシア政府打倒には直接には結びつかなかった。

一九〇五年九月五日に日露間でポーツマス講和条約が締結され、日露戦争は終わった。この戦争は、ロシアがアジアの小国日本に敗北するほど弱体化していたことを世界に知らしめ、その後の国際情勢を変化させる出来事でもあった。アクティヴィスティはこのロシアの敗北を好機ととらえた。

日露戦争中の一九〇五年一月、サンクトペテルブルクで日露戦争の中止や労働者の法的保護などを要求した労働者の行進にロシア軍が発砲し、多くの死傷者が出た。いわゆる「血の日曜日事件」である。六月には、のちに映画にもなった戦艦ポチョムキンでの水兵の反乱が起こるなど、ロシア政府への反発が広がり、一〇月に始まったモスクワでのゼネストから第一次革命が勃発する。

一〇月末から一一月にかけて、フィンランドでも二月宣言の撤回を目的とした大ストライキが全土で行われた。鉄道網は麻痺し、工場は稼働を停止した。ここで大きな活躍をしたのが労働者階級であり、彼らの支持政党である社会民主党であった。さらに、一〇月三一日にセナーッティは総辞職をすることでロシア帝国に抗議の意を示した。

他方、一〇月二六日にはスウェーデンのオスカル2世がノルウェー王を退位し、スウェーデンとノルウェーの連合が正式に解消された。この時期、ノルウェーは「独立」を達成したのである。

身分制議会の廃止、普通選挙の実施

二月宣言の撤回を目的とした大ストライキは、指導者側であった資本家たちがフィンランドにおける政体法の回復を要求したのに対し、社会民主党側は議会改革の要求もしていた。社会が大きく変わるなか、従来の身分制議会は現実に沿うものではなくなっていたからである。フィンランドでは階級の垣根を超えて、ロシア化に対抗する必要があり、党派を超えて議会改革が要求されるようになる。

一院制の議会　1907年5月に開会された

ロシア帝国内での反乱に加えて、日露戦争の敗北など国内外の騒乱に疲弊したロシア皇帝はフィンランドの要求を呑んだ。その結果、一九〇六年七月に議会法が制定される。

この議会法によって身分制議会が廃止され、代わって定数二〇〇名の一院制議会が創設された。そして、翌年三月に初の普通選挙が実施される。この選挙では二四歳以上の男女に参政権が認められた。フィンランドは当時イギリス領であったニュージーランド、イギリスから独立したオーストラリアに次ぎ、三番目に女性参政権を実現したが、被選挙権を女性が獲得したのはフィンランドが初めてであった。ただし投票は立候補者ではなく政党に行うものだった。この普通選挙の実現によって、有権者は一気に一〇倍の一三〇万人に増え、そのうちの九〇万人近くが投票した。

他方で、参政権については除外項目も設けられた。たとえば、市民権のない住民には認められなかったためユダヤ人やタタール人、ロマには参政権は与えられなかった。当時、市民権はキリスト教徒に限られていたからである。少数民族でもサーミ人には市民権があったので参政権は認められていたが、帰化していないロシア人には与えられなかった。また、二年間税金が未納のままの住民や犯罪者、さらには軍役についている者にも参政権が付与されなかった。軍役中の者への投票制限は第二次世界大戦期に廃止されるなど、参政権の除外項目は時代を経るに従って変化していく。

フィンランドの歴史学者ミンナ・ハルユラの研究によると、一九〇七年の初の普通選挙時に参政権から除外された人口は約一〇万～二〇万人で、選挙人口のうち一〇～一五％にあたるという。しかし、それ以前の身分制議会の選挙では全人口の八％の男性しか参政権がなかった。参政権拡大によって八五％以上の成人が投票権を得たこの選挙法は、その意味では画期的な出来事であった。

選挙実施に伴い、政党活動が盛んに行われた。前年の大ストライキの結果一九〇六年七月に、言論・集会・結社の自由が基本法として制定されたことも追い風となった。

選挙結果は、社会民主党が二〇〇議席中八〇議席を獲得し、第一党となった。以下、フェンノマンの穏健派である老フィン人党が五九議席、フェンノマンの改革派にあたる青年フィン人党が二六議席、スウェーデン語系フィンランド人を支持基盤に持ち、スヴェコマンの流れを汲《く》むスウェーデン人民党が二四議席、自営農を支持基盤に結成された農民人口同盟が九議席（うちポホヤンマー青年フィンランド青年同盟一議席。一九〇八年に農民同盟に統合）、キリスト教労働者党は二議席だった。この選挙では六二人の女性が立候補し、うち一九名が男性議員一八一名とともに当選した。

議会では、「ロシア化」政策時代にシベリアに三年間流刑された青年フィン人党のペール・エヴィンド・スヴィンフッヴド（一八六一〜一九四四）が議長に選出されるなど、新たな時代に対応する準備を整えていった。

第二次「ロシア化」政策

新たな議会が創設されたものの、ロシア皇帝には大きな権限が残されたままだった。普通選挙の翌年である一九〇八年にニコライ2世が議会を解散させた。ロシア皇帝はロシアでの革命の波がフィンランドに及ばないように議会に圧力を加えるため、フィンランド大公国の最高責任者である皇帝の権限を行使したのである。

さらに暗殺されたボブリコフの後継者として、一九〇九年に元軍人のF・A・ゼイン（一八六二〜一九一八）がフィンランド総督に就き、「ロシア化」政策が本格的に実行されることになる。

たとえば、一九〇五年の大ストライキ後に就任した議会を擁護するセナーッティの閣僚は罷免され、ロシアへの忠誠心が高いロシア軍所属のフィンランド人将校が新たに任命された。また一九〇九年から徐々にフィンランド人に代わってロシア人がセナーッティに任命されていった。一九一〇年には、ロシア帝国議会でロシア帝国の法律がフィンランドにも適用される法案が成立する。これによって、フィンランド内の法案はすべてロシア帝国国家評議会で討議されることになった。これは、フィンランド議会の自治の権利が失われたことを意味する。

その後も議会はほぼ毎年解散させられ、意見も表明できないようになっていく。さらにロシア側はセナーッティのメンバー二名を議会に諮ることなく任命するなど、議会を無視する行動に出た。セナーッティはロシア帝国の出先機関と化した。ロシア国内の革命の動きもあるなか、ロシアはフィンランドの自治を奪うことでフィンランドをロシアに組み込もうとしたのである。

一九一二年には「平等法」が施行された。この法律はロシア人にフィンランドでの市民権を与え、上級役人の地位に就くことも可能にさせるものであった。議会が機能せず、行政もロシア人の手に渡ることは、フィンランドの自治が終わったことを意味する。この法律に対して激しい抵抗運動が起こった。穏健派であった老フィン人党議員らも抗議のために議員を辞職した。

一九〇八年以降の一連の「ロシア化」政策は、一八九九年の二月宣言と区別するために、第二次「ロシア化」政策とも言われ、フィンランドの自治がいよいよ厳しく制限されていった。

「ロシア化」政策時代の文化――『攻撃』と「フィンランディア」

「ロシア化」政策時代には芸術方面からも反ロシアの表現が見られた。なかでもエートゥ・イストの絵画『攻撃』（一八八九年）は有名である。擬人化された白いドレスのフィンランドの乙女から、双頭のワシ、すなわちロシアが法令全書を奪おうとしている絵はロシア批判を芸術で表現したものである。

音楽では、二月宣言の同年にシベリウスの「フィンランディア」が初演された。フィンランドそのものを意味するこの交響曲は、聴く人の心に残る金管楽器とティンパニの重々しい印象的な響きで始まり、「フィンランディア賛歌」と名付けられた美しい旋律で盛り上がっていく。この曲はロシアの圧政から独立に向けて闘争するフィンランド人を表現したものととらえられ、フィンランド人の愛国心を強くかき立てた。

のちになるが、一九四〇年の冬戦争時には、主旋律の「フィンランド賛歌」に歌詞が加えられ、合唱曲として歌われるようになった。現在、この曲は独立記念日である一二月六日に

エートゥ・イスト《攻撃》1889年

フィンランドで演奏される定番となっている。

オスカル・メリカント（一八六八～一九二四）は、日本ではあまり知られていないが、ピアノ曲「夏の夜のワルツ」や「ポホヤの乙女」などで知られ、当時フィンランドではシベリウス以上に人気があった作曲家であった。息子アーレ・メリカント（一八九三～一九五八）も作曲家として名を馳せた。

また、二月宣言の翌年の一九〇〇年にパリ万国博覧会が開催された際に、ロシアとは別にフィンランド館が設置され、ガッレン＝カッレラ作の『カレワラ』を題材としたフレスコ画などが展示された。このフィンランド館は好評を博し、フィンランド芸術をヨーロッパ中に伝える役割を果たした。

Ⅳ　革命下の独立宣言——レーニンの独立承認

皇帝退位、ケレンスキー政権の成立

一九一四年七月、第一次世界大戦が勃発するとロシア帝国も参戦し、ドイツ、オーストリアと戦った。戦争は長期化し、どの国の軍隊も疲弊し、食糧不足や武器の欠乏に苦しんだ。後方の都市や村でも人びとは飢え、厭戦《えんせん》意識が広まっていった。

第一次世界大戦勃発後、フィンランドでは一九一四年から一五年にかけて議会は開かれず、ロシア人からなるセナーッティが内政を担った。さらにフィンランド国事委員会長官もロシア人に取って代わられた。

フィンランドの防衛も強化された。ドイツ軍の攻撃を想定して、ペトログラード（サンクトペテルブルク）の防衛のためフィンランド南部沿岸に要塞、塹壕、防空壕が作られ、ロシアの「防波堤」とされた。バルト海沿岸の港にはロシアの軍艦が停泊し、フィンランド国内にも大勢のロシア兵士が駐留して、戦争の緊張感がフィンランド国内にも広がった。志願してロシア軍に入隊し、前線に送られたフィンランド人もいた。

その一方でフィンランドの独立をめざす動きも生まれていく。一九一五年から一六年にかけて、二〇〇〇人の若者が密かにドイツへ軍事訓練を受けに行き、そこから「イェーガー

ペトログラードで発行されたポストカード（1917年3月発行）　左はロシア二月革命に参画した市民．頭上には臨時政府代表のケレンスキー．右は民族衣装を着たフィンランドの民衆．頭上にはフィンランド総督スタホヴィッチ．ともに革命を起こそうと呼びかけている

（ヤーカリ）隊」という軍事組織が作られた。隊員の平均年齢は二三・五歳。以前の研究ではイェーガー隊は大学生の組織とされていたが、マッティ・ラックマンによると、大半が地方出身者で、時期によっては農民と労働者が上回った。ドイツは独立をめざす彼らを受け入れ、軍事訓練を行った。彼らは実際にドイツ側でロシア軍と戦い、実践を積み、きたるべき独立への戦いに備えた。

ロシア国内では、一九一七年三月にペトログラードの民衆が始めたストライキが全土に広がっていった。一七日にはロマノフ王朝最後の皇帝ニコライ2世が退位し、アレクサンドル・ケレンスキー（一八八一〜一九七〇）が率いる臨時政府が成立した。

この臨時政府は、フィンランドに対して一九一二年に発布された平等法などの「ロシア化」政策をすべて止めると宣言。臨時政府はフィンランドのセナーッティの刷新および議会の召集を奨励したため、フィンランドは一九一七年秋から新しい選挙への準備を進めた。

レーニンの権力奪取、独立への始動

ロシア革命勃発後も戦争は続いた。ロシアからフィンランドへの穀物輸出も止まる。一九一七年は不作だったという不運も重なり、穀物をロシアに依存していたフィンランドでは食料不足が深刻化し、値段が高騰した。食料は配給制となり、人びとは長い行列をつくり食料を買い求めるしかなく、闇市も横行した。この時期に週に四〇時間労働など労働者の権利を求めたストライキも起こっている。

新しい選挙を前にして、七月に議会で「権力法」が可決されていた。この法律はフィンランド議会が最高権力機関であることを宣言したものである。つまり、議会制民主主義に基づく政治を実行するという宣言であった。議会の第一党で過半数を握っていた社会民主党はケレンスキー臨時政府との共同作業を望まず、内政上の完全な独立を求めた。

一〇月に選挙が実施されると、社会民主党は九二議席と第一党を維持したが、過半数は確保できなかった。代わってフィン人党を中心としたブルジョア政党が与党の地位を得た。彼らが中心となり、ロシア政府との交渉に臨むことになった。だが、情勢は急変していた。すでにロシアでは十月革命が起こり、ウラジミール・レーニン（一八七〇～一九二四）が率いるボリシェヴィキが権力を握っていたからである。フィン人党をはじめとするブルジョア政党はボリシェヴィキとは行動をともにしたがらなかった。

社会民主党の左派らは、ロシアのボリシェヴィキとの連帯を模索する。一一月に「我々は要求する」と題名がつけられた綱領を掲げ、ゼネストを行い、八時間労働制および地方選挙権を臨時政府に要求していた。社会民主党は自警団である赤衛隊に公共の建物を占拠させた。フィンランド全土で広がったストライキは死者も出し騒然となったが、ボリシェヴィキが望んだ革命にまで発展することはなかった。

綱領を成立させるために社会民主党は農民同盟と手を組んだ結果、一一月一五日に労働者が望んだ八時間労働に関する法律が制定され、地方選挙法も制定される。この報を受けて、ストライキの大半は解除された。しかし、フィンランドはまだ混乱のなかにあった。ロシア軍は駐留したままで、ロシア革命の波がフィンランドにまで及ぶ不安が拭いきれなかったからである。

そのようななか、与党であるブルジョア政党らが中心となり、独立に向けて動き出す。

一九一七年一二月六日、独立宣言

独立の形をめぐって、国内では意見が統一していないなか、一二月四日、スヴィンフッヴドが率いる青年フィン人党を中心としたブルジョア諸政党は議会に独立宣言を立案した。対して社会民主党は、独立を宣言することには同意しつつも、穏便に独立を果たすために、レーニンらのソヴィエト・ロシアとの協議を主張した。

両者の意見は平行線をたどり、議会でその是非を問う投票が行われた。その結果、一〇〇対八八でソヴィエト・ロシアとの事前協議なしでスヴィンフッヴドらが提案した独立宣言を発することが決定される。

一九一七年一二月六日、スヴィンフッヴドはついにロシアからの独立を宣言し、以降、この日がフィンランドの独立記念日となる。翌日には新聞などを通して民衆もフィンランドの独立を知る。そして年末にフィンランド代表はペトログラードに行き、レーニンらと交渉し、ボリシェヴィキ政権から独立の承認を獲得する。

ボリシェヴィキ政権はなぜフィンランドの独立を承認したのだろうか。第一に、ボリシェヴィキの綱領にはすべての民族の自決権が謳われていたこと、第二にロシアに続いてフィンランドでも革命が起こり、その結果、ロシアとフィンランドはともに社会主義の国家を建設するだろうとするレーニンの目論見があったとされる。

このボリシェヴィキ政権の独立承認を受けて、その後、すぐにスウェーデン、フランスが、続いてデンマーク、ノルウェー、ドイツがフィンランドの独立を承認した。しかし、イギリスとアメリカは、フィンランドが交戦中のドイツに付くのではと警戒し、一九一九年五月まで独立を認めなかった。

このように一九一七年一二月、フィンランドは独立した。だが、第一次世界大戦中の宗主国ロシアの混乱、飢えと失業率の高いなかで達成したものであった。社会不安は、元貴族など社会階層の高い人、資本家、富農といった「持てる者」と、労働者や貧農など「持たざる者」の溝をさらに深め、その対立は独立早々、敵対関係にまで発展することになる。

第3章　揺れる独立国家フィンランド――内戦～1930年代

一九一七年一二月六日、フィンランドはロシアからの独立を宣言し、年末にはロシアのボリシェヴィキ政権も独立を承認した。だが、国内では「持てる者」と「持たざる者」の分裂が埋まらず、国民同士が殺し合う内戦へ発展する。

フィンランドの内戦にはドイツ人、ロシア人、スウェーデン人といった外国勢力も加わり、また、第一次世界大戦末期という状況が重なり、さまざまな思惑が絡み合う戦いになっていった。

内戦の火種は、一九世紀末の「ロシア化」政策に対して、資本家と労働者の対応の違いにあった。第2章で触れたように、一八九九年の二月宣言の撤回を求めた一九〇五年の大ストライキでは、指導者側であった資本家たちはフィンランドにおける政体法の回復を要求していた。それに対して労働者の支持を集めていた社会民主党は、時代に合わなくなった身分制議会改革の要求をさらにしていた。要求の差異から両者の間で緊張が高まり、前者が白衛隊、後者が赤衛隊と呼ばれる自警団を結成する。

一九〇六年七月末、前年にロシアで起こった第一次革命に連動して、ヘルシンキからほど近い要塞島ヴィアポリ（スヴェアボリ、のちのスオメンリンナ）に駐屯していたロシア軍兵士らが反乱を起こした。「ヴィアポリの乱」である。この反乱に、フィンランドでの革命実現をめざした一部の赤衛隊が加わり、それを制止しようとした白衛隊と衝突し、死者が出る騒ぎにまで発展していた。両者の亀裂は徐々に広がり、独立後の政治をめぐって決定的なものとなっていく。

一九一七年一二月六日の独立宣言は、政治体制が決められていないまま行われていた。さらに、独立宣言後も第一次世界大戦の影響による失業や食料不足といった社会不安は解消されずにいた。新政府自体はロシア革命がフィンランドに飛び火するのを恐れ、革命勢力を警戒していた。

労働者らはフィンランド内の社会的分裂を「階級闘争」と位置づけ、新政府に対立姿勢をとり続ける。ただし、労働者たちは一枚岩だったわけではない。法に従いつつ社会格差をなくそうとする勢力と、ロシアに続いて革命を起こそうとする勢力とに分裂していった。社会民主党の左派は革命勢力につく態度を表明した。

当時、フィンランドには自国の軍隊はなく、ロシア帝国時代にあった警察も機能していなかった。加えて、白衛隊、赤衛隊の二つの自警団が牽制し合う状況にあった。両者の衝突はもはや避けられなかった。

I　内戦――国を二分した赤衛隊と白衛隊の戦い

独立宣言から一ヵ月後の内戦勃発

一九一八年一月九日、白衛隊と赤衛隊の間で最初の軍事衝突がヘルシンキ北東に位置するニッキラで起こった。その後も小競り合いが続くなか、一三日にレーニンが一万挺のライフル銃と一〇門の大砲を赤衛隊に譲渡することを約束する。

一方、政府はロシア帝国軍で活躍したカール・グスタヴ・マンネルヘイム（一八六七～一九五一）を軍事委員会の新しい代表者に招き、一月二五日に白衛隊を政府軍であると宣言する。

マンネルヘイムは伯爵家出身のスウェーデン語を母語とするフィンランド人である。実家の経済的破綻によって軍人の道を選択。紆余曲折したものの、一八八九年にロシア帝国陸軍に所属すると才能を発揮し、軍のなかで出世していった。日露戦争、第一次世界大戦にはロシア兵として参戦。しかし、一九一七年九月にオデッサで病気休暇をとり、一二月に、フィンランドに帰国する。その後、軍事的手腕を見込まれて、白衛隊の指揮官として招かれ、一九一八年一月一六日に正式に総司令官に任命された。マンネルヘイムが率いることになった白衛隊の目的はロシア軍の国外追放、赤衛隊の武装解除であった。

本格的な内戦は、白衛隊が政府軍であると宣言し、それに憤った赤衛隊によって一月二七日夜から始まった。内戦勃発直後は赤衛隊が優勢であった。フィンランド駐留のロシア軍が撤退する際に、武器を赤衛隊に譲り渡したからである。赤衛隊はまた、ペトログラードからの武器の調達も可能だった。

十分な武器を手にした赤衛隊は、トゥルク（オーボ）、タンペレ、ヴィープリ、ヘルシンキなどの主要都市を含むフィンランド南部の大半を瞬く間に制圧した。その後、革命政権である人民委員会を樹立し、人民委員会こそがフィンランドの新政府であると宣言する。しかし、マンネルヘイムが率いる白衛隊は徐々に攻勢に転じ、赤衛隊を追いつめていった。

白衛隊の総数は八万から九万、赤衛隊の総数は約八万四〇〇〇人（そのうち四〇〇〇人がロシア人義勇兵だったとされる）。両隊とも軍事教育を受けた者はほとんどおらず、軍服もなく、隊員は赤または白の腕章を付けることでそれぞれの所属を示していた。白衛隊の構成員が地主、都市の役人、資産家であったのに対し、赤衛隊の構成員は指導者層を除くと都市の労働者と地方の貧農だった。両陣営とも職業軍人はほぼいない。

そのなかでマンネルヘイムは司令官の任命や兵の徴募、軍事訓練など軍の強化に努めた。また、マンネルヘイムは反対したが、政府はドイツ軍の支援を受け入れる。政府はドイツの力を借りてでも早期に決着をつけたかったのである。

外国軍の参加——ロシアの義勇兵、ドイツ・バルト師団

戦場は主にフィンランド南部の都市だったが、内戦の転換点は三月半ばから四月初めまでの内陸部の工業都市タンペレでの戦いであった。史料によって多少人数は異なるが、双方で三万人以上の兵士が参加し、うち二〇〇〇人の犠牲者が出たという。激しい戦闘の結果、白衛隊がタンペレから赤衛隊を駆逐し、これをきっかけに形勢は逆転する。

カール・グスタヴ・マンネルヘイム（1867〜1951）　伯爵家出身のスウェーデン語系フィンランド人．ロシア帝国陸軍で軍歴を積み，十月革命後フィンランドに戻り，内戦期に白衛隊を率いて勝利をもたらす．摂政に就任するも初代大統領選で敗北．1920〜30年代は慈善活動や長期のアジア旅行をした．第2次世界大戦時には総司令官としてフィンランド軍を率いた．1944年8月の継続戦争中に大統領に就任，ソ連との休戦条約を締結する．フィンランドの危機を何度も救い，冷静な判断を下してきたカリスマは，いまもフィンランド人の尊敬の対象である

この内戦には外国勢力も参加していた。第一次世界大戦中、最大一〇万ものロシア軍がフィンランド南岸地域に駐留していたが、一九一七年にロシアで二月革命が勃発すると、三月初旬には七万五〇〇〇人ものロシア兵がフィンランドから撤

退した。彼らは直接戦闘に加わらなかったものの、撤退する際に赤衛隊に武器や食糧を渡したことはすでに触れた。なかには少数ながら義勇兵として赤衛隊に参加したロシア兵も存在した。

レーニンが率いるボリシェヴィキ政権は、三月三日にドイツとの講和であるブレスト＝リトフスク条約によって、フィンランドに残っていた二万五〇〇〇人のロシア軍を撤退させた。

スウェーデンは、一九一八年二月終わりに内戦の調停を図ろうとしたが失敗した。結局、一一〇〇人のスウェーデン人が義勇兵として白衛隊側に加わった。

注目すべき点はドイツ軍の参加である。第2章で触れたドイツで軍事訓練を受けていたアクティヴィスティの一派であるイェーガー（ヤーカリ）隊が、一九一八年二月にフィンランドに帰還し、白衛隊に加わった。さらに、政府の要請によって、四月には九五〇〇人（一万二〇〇〇人の説もある）のドイツのバルト師団がフィンランド南西部に到着し、白衛隊に合流する。白衛隊の勝利は目前だったが、ドイツ軍の参加によって戦局は早まり、五月五日に最後の赤衛隊の要塞が陥落する。そして、五月一六日にマンネルヘイムは白衛隊の勝利宣言を行った。

四ヵ月にわたる内戦の勝敗の分かれ目は兵の組織力の差だった。双方の兵士は素人集団であったが、白衛隊はマンネルヘイムに加えて、ドイツで軍事訓練を受けたイェーガー隊の将校らが中心となって組織を再編成する。戦力を整え効率的に戦うことが可能になった白衛隊が、勝機をつかんだのだ。

ただし、この内戦は両陣営とも女性や子どもたちも銃を手に取らざるを得なかった。フィンランド国民全体が内戦に巻き込まれた結果、その後、長い期間、大きな傷として残っていく。

白衛隊　SA-kuva

赤衛隊の集団墓地にて．母と亡き息子

また、内戦期間はロシアがドイツと平和交渉を行っている最中だったため、各国の思惑が内戦に投影された。ソヴィエト・ロシアにとってフィンランドはペトログラードに近く、緩衝地帯としての重要性があった。ドイツにとってもロシアを牽制するうえで重要であった。先述したように、三月三日にロシアとの間でブレスト＝リトフスク条約が締結されるが、それを遵守するよう圧力をかける狙いもドイツにあった。

裁判と虐殺の発覚

内戦の勝敗が明らかになると、赤衛隊の指導者らはロシアのカレリア地方に亡命し、一九一八年八月にモスクワで共産党政権を樹立する。一方、捕まったほとんどの赤衛隊の兵士は収容所に送られた。その人数は四万とも八万とも言われ、あまりの多さに、ヘルシンキ湾に浮かぶ海の要塞スオメンリンナも収容所として利用された（一九九一年に世界遺産に認定）。

その後、裁判によって五五〇〇人に死刑宣告が、九〇〇〇人に終身刑が言い渡されたが、翌年の恩赦によって大半は釈放された。しかし、彼らは一九一九年春まで参政権が剝奪された。

内戦の犠牲者は三万から三万八五〇〇人といわれる。うち三分の一が戦闘ではなく、収容所の劣悪な環境で栄養失調になったり、世界的に流行していたスペイン風邪が原因だった。

また、内戦後に「白のテロル」「赤のテロル」と呼ばれる、それぞれの陣営での虐殺が行われた。前線の戦闘行為ではなく、復讐だった。こうした虐殺により一万人が処刑されたと主張する研究もある。この内戦は、二万人もの戦災孤児も生み出した。

フィンランドでは、一九一八年一月から五月までの内戦についてロシアからの解放を導いた「解放戦争」という用語が採用され、一般に広まった。白衛隊側にとってはフィンランドの独立を確実なものにし、ロシア軍をフィンランドから追い出した戦争であったからである。そのため、赤衛隊の戦死者が教会の墓地での埋葬を拒否されるなど、敗者は肩身の狭い立場に追いやられた。

その後、フィンランド社会では内戦の話題はデリケートなものであり、公に語られることは少なく、小説や映画といった芸術の場でその悲惨さは伝えられていく。内戦の歴史的調査は冷戦終焉後の一九九〇年代に入ってからようやく本格化することになる。

東カレリア遠征と「大フィンランド」

ロシアでもフィンランドでも内戦が続いていた一九一八年三月、「東カレリア遠征」と呼ばれる白衛隊の義勇軍によるカレリア地方占領が行われた。

二月にアクティヴィスティが中心となって結成されたカレリア委員会によって、「イレデンタ」すなわちフィンランド東側国境の外に位置するロシア・カレリア地方の編入が話し合われる。その結果、白衛隊の義勇軍が宣戦布告なしでこの地方に踏み入り、レポラ（レボルイ）、ポラヤルヴィ（ポロソゼロ）といった主要都市を占領したのである。

この遠征は、「近親民族」が居住するフィンランド域外のカレリア地方を含めた「大フィンランド」という国家を実現させようとする試みであった。さらに白衛隊総司令官マンネルヘイムが布告を発布し、この遠征を「命令」した。

しかし、「近親民族」感情を抱いていたのはフィンランド人だけであった。実際のカレリアにはカレリア人以外にロシア人やイングリア人などが居住し、ロシア文化圏に属していたからである。遠征は現地の住民の支持を得られず、ボリシェヴィキの抵抗も受け、さらに、ムルマンスクに上陸していたイギリスを中心とした連合軍との関係悪化にもつながった。

こうした状況にありながらも、遠征は何度か試みられ、大フィンランドとしての独立国家構想を最終的に断念したのは一九二〇年のことだった。だが、「大フィンランド」という思想自体は独立フィンランドで生き続けることになる。

その一方で、一九一八年三月一日にソヴィエト・ロシアは、赤衛隊が支持する革命政権の人民委員会との間で「社会主義国間条約」と呼ばれる友好条約を締結した。この条約はフィンランドの革命政権とソヴィエト・ロシア間の「友好・兄弟愛の強化」を謳ったものであり、友好の印にソヴィエト・ロシアは北極海に面したペツァモをフィンランドに割譲することを約束していた。この条約締結はレーニンがフィンランドに配慮した結果であった。

フィンランドの革命政権が内戦に敗れたことでこの条約は無効になったが、一九二〇年一〇月にほぼ同じ内容のタルトゥ条約がフィンランド政府とソヴィエト・ロシアの間で締結されることになる。

II　共和国建設へ——「憲法」制定、領土問題

共和制か君主制か——新国王招聘の挫折

内戦終結後の一九一八年五月一八日、新たに設けられた摂政にスヴィンフッヴドが就任し、新政権が発足した。摂政は君主の任務を代行する職として設けられ、のちの大統領職の前身とされる。一九一九年に新たな統治章典で大統領職が設けられ消滅する。第2章で記したように、スヴィンフッヴドは「ロシア化」政策時代にシベリアに三年間流刑された経験を持つ青年フィン人党所属のナショナリストであり、保守派のカリスマ的存在であった。

次に決めるべきことは国の統治形態であった。当初、議会ではフィンランドに君主制はそぐわず、新たな革命を引き起こす危険性もあるとして共和制が支持された。政権内でも共和制支持者がいた。だが、最終的に君主制が支持される。それは弱い共和国では内戦が再び起こるという恐れからだった。新国王のもと、内戦でバラバラになった国をまとめていこうという意見が最終的に通ったのである。

フリードリヒ・カール・フォン・ヘッセン（1868〜1940年）　フィンランド国王候補とされたドイツ皇帝ヴィルヘルム2世の義弟

フィンランドはドイツが戦争に勝利することを前提にしていたため、一九一八年一〇月、ドイツの支持を取り付けるためにドイツ皇帝ヴィルヘルム2世の親戚であるヘッセン公フリードリヒ・カールをフィンランド国王として迎える計画が策定された。

王冠の作製など王を迎える準備を整えていたが、一九一八年一一月に第一次世界大戦はドイツの敗北により終結。ヴィルヘルム2世はオランダに亡命し、ヘッセン公招聘の計画は頓挫した。そこには、フィンランドがドイツ寄りであるならば独立を認めないとするイギリスとアメリカの意見もあった。

結局、ドイツも共和制となり、フリードリヒ・カールが丁重にフィンランド王の座を辞退したことで君主制の道は閉ざされた。フィンランドは、正式に共和制の独立国としての第一歩を踏み出すことになる。

新たな憲法と独立後初の選挙

一九一九年には新たな統治章典が制定され、スウェーデン時代からの政体法が廃止された。この統治章典では国民主権が謳われ、信教の自由や身体的自由、生命・名誉・財産の保護、法の下での平等といった権利、さらには無償の初等教育の権利、フィンランド語もしくはスウェーデン語のいずれかの言語を行政や司法の場で使用できる権利など、基本的な社会、文化的権利も明記された。

この統治章典に加えて、一九二二年の閣僚責任法、弾劾裁判所法の制定、二八年には〇六年の議会法が改正され、この四つの法律が基本法、すなわち憲法として位置づけられていく。

なお、この基本法には、内戦の影響から大統領には内政と外交ともに大きな権限が付与されることが明記された。任期も六年とされ、再任も無制限であった。大統領は、三〇〇人からなる選挙人から選出された（一九八二年と八八年のみ三〇一人）。選挙人は、議員などの政治家、有識者で構成された。

大統領の権力はほかのヨーロッパ諸国と比較すると強大であった。議会が可決した法律に対して拒否権を行使できることはもちろんだが、たとえば、議会の選挙結果にかかわらず、大統領は首相の任命も可能であった。大統領は外交儀礼にも代表として出席することになり、いわば国家の「顔」としての役割も担うことになる。

首相は議会で選出後、大統領が指名するとされたが、先述したように議会を無視して大統領が任命することができた。首相の権限は内閣を代表して内政を担うとされたが、大統領がそれを上回る力を持っていた。

議会は独立宣言以前からの機能を引き継ぎ、法案審議など立法機関としての役割を担った。ただし、先述のように大統領によって、可決した法律が拒否される可能性があった。

一九一九年七月の初代大統領選には内戦の英雄であり、一八年一二月一二日に摂政に就任していたマンネルヘイムが立候補した。だが、自由主義者で憲法制定委員会の委員長であったK・J・ストールベリ（一八六五〜一九五二）が勝利する結果となった。マンネルヘイムは社会民主党から右翼とみなされ、支持を得ることができなかったのである。

独立国としての政治体制も整い、一九一九年五月三日に第一次世界大戦後のパリでの講和会議であらためて独立が承認され、フィンランドは独立国家への一歩を歩みだした。

一九一九年三月に独立後初めての議会選挙が実施された。この選挙で比例代表制が採用され、それは現在まで続いている。

赤衛隊を支持したことにより内戦直後に社会民主党員は全員議席を剝奪されたが、この選挙で全二〇〇議席中八〇議席を獲得し、その多くは議会に復帰する。社会民主党は第一党となったが、その勝因は指導部を一新し、革命活動から距離を置いて議会政治を重視すると宣言して、内戦前のイメージを変えたことによる。

他方で、一九一八年八月にモスクワでフィンランド共産党が結成された。この党はフィンランド内で地下活動を行い、さらに社会民主党左派メンバーを取り込んでいく。一九二〇年には合法政党としてフィンランド社会労働者党を結成し、二二年の選挙で二七名の議員を当選させる。社会民主党はこの党とは明確に距離を置いていた。また、独立後、フィン人党が分離し、保守派は国民連合党を、リベラル派は国民進歩党を結成するなど政党再編も起こっていた。

領土問題——オーランド諸島と国際連盟の調停

一九一八年一一月に第一次世界大戦は終わったが、その戦後処理はフィンランドの領土に影響を及ぼした。それは東側境界とオーランド諸島である。

東側境界は、一九二〇年夏にボリシェヴィキとの間で交渉が始まり、先に少し触れたタルトゥ条約が締結される。この条約で不凍港を持つ都市ペツァモがフィンランドに割譲され、北極海への道が開かれた。また、東カレリア遠征で一時期占領したロシア・カレリアの都市レポラ、ポラヤルヴィを獲得することはできなかったが、カレリアはソヴィエト領内での自治権を付与されることになった。しかし、ソヴィエト・ロシアは条約締結直前にこの地にカレリア労働者コミューンを設立。一九二三年にはカレリア自治ソヴィエト社会主義共和国を建国する。フィンランドではこのソヴィエト・ロシアの行動に反発し、後述する「大フィンランド」運動が盛んになっていく。

他方でオーランド諸島は、複雑な歴史を持っていた。

スウェーデンとフィンランド間に位置するオーランド諸島は、その地理的位置から住民のほとんどはスウェーデン語を母語とし、フィンランド本土とつながりがほとんどなかった。だが、一八〇九年にフィンランドがロシア領となったときにフィンランドとともにロシア領に組み込まれ、大公国の一部となっていた。オーランド諸島はボスニア湾の入り口に位置していたため、地政学的に重要な拠点であり、要塞が築かれた。

一八五六年、ロシアと英仏トルコとの間で起きたクリミア戦争の講和条約によって、オーランド諸島の要塞化が禁止されたが（第2章でも触れたがフィンランドではクリミア戦争を「オーランド戦争」と呼ぶ）、第一次世界大戦期にロシアは条約に反して再びオーランド諸島に要塞を建設していた。

ロシア革命によって帝政が崩壊し、フィンランドの独立が射程に入ると、スウェーデンへの帰属意識が高いオーランド諸島の住民は、フィンランド独立直前にスウェーデン国王に帰属を求める請願書を提出した。

これに対してフィンランドは、オーランド諸島の離反を阻止しようとし、一九二〇年にスウェーデン語の使用権利の容認やオーランドの議会決定権を広範囲に認めるといった条件を含めた自治法を可決し、住民を懐柔しようとした。しかし、住民はこの案を受け入れず、帰属を決定する島民投票の実施をスウェーデン政府に依頼する。これによってフィンランドとスウェーデン間の緊張が高まったため、スウェーデン政府はこの問題を設立間もない国際連盟に委ねた。

国際連盟はオーランドに調査団を派遣し、調査を行った後、一九二一年にオーランドの主権の承認と自治の確約をフィンランドに求めた。この結果を受けて、両国間で話し合いがもたれた。六月には国際連盟理事会で決着が図られ、オーランド諸島のフィンランド帰属が確認されて、一九二二年一月二八日に国内法として新たなオーランドの自治法が可決された。

この法律を遵守するために、フィンランドはスウェーデン語をオーランド諸島の学校の教育言語として正式に認め、土地所有も地域住民に制限するなどの措置を講じた。

オーランド問題は一応の解決をみ、オーランド諸島の独自性が確立され、いまもそれは続いている。オーランド諸島はフィンランドに帰属するが、軍事、外交を除く自治権が保障され、非武装・中立化、公的機関でのスウェーデン語使用が決定されたのである。また、この法律は、オーランド諸島の文化や習慣の保存の確約にもつながった。なお、このオーランド問題の解決には当時、国際連盟の事務局次長であった新渡戸稲造《にとべいなぞう》が関わっていた。

新興国家の外交と日本

第一次世界大戦後、ヨーロッパでは多くの独立国家が誕生した。フィンランドは、同じ新興国であり隣国であるエストニア、ラトヴィア、リトアニアのいわゆるバルト三国およびポーランドと手を結んで、一九二二年に安全保障条約を締結しようとした。だが、ソヴィエト・ロシアの反対で失敗に終わる。その後フィンランドは、一九二〇年に加盟した国際連盟を軸に自国の安全保障を模索していくことになる。

日本は一九一九年五月にフィンランドを国家として承認し、九月に両国は外交関係を樹立した。日本にも公使館が設置され、一九二〇年に初代臨時公使としてグスタフ・J・ラムステット（一八七三～一九五〇）が来日する。ラムステットはアルタイ語を専門とする言語学

グスタフ・J・ラムステット（1873〜1950）　ヘルシンキ大学教授．アルタイ語の専門家．著名な日本学者として知られ，公使として日本に駐在．日本語，モンゴル語，ツングース語に通じた．帰国後，朝鮮語の文法書を出版している

者で、世界語として創られたエスペラント語にも造詣が深かった。ラムステットは東京帝国大学で招待講師としてしばしば講義を行った。

当時、民俗学者の柳田國男やアイヌ語研究者の金田一京助など、のちに名を残す研究者たちがラムステットの講義を受けたとされる。また、森本覚丹《もりもとかくたん》はラムステットのフィンランド叙事詩『カレワラ』に関する講義を聴き、触発され、独学でフィンランド語を学び、一九三七年に日本語訳の『カレワラ』を出版した。なお、この日本語訳の『カレワラ』出版にはフィンランド政府が助成金を出している。ラムステットはエスペラント語を通じて作家の宮沢賢治とも親交を持つなど、日本の学問や文化に多くの影響を及ぼした人物でもあった。

また、ラムステットは日本に赴任する前に実施したモンゴルや東トルキスタンなどでの調査旅行の手記を一九四四年に出版しており、一九九二年に邦訳された（邦題『七回の東方旅行』）。

自作農の〝育成〟と政党政治の進展

一九二〇年代のフィンランド政治は、政党政治が確立していった反面、首相はいずれも短命だった。しかしいずれの政権でも内戦で分裂した社会を一つにすることを重視した政策をとった。その一つが先に挙げた赤衛隊への恩赦、もう一つが一九一八年の「トルッパリ法」すなわち小作農法である。トルッパリ法は小作農に農地を分配することを決めたもので、これによって小作農はこれまで借りていた農地を要求できるようになった。第2章で触れたように、トルッパリと呼ばれる小屋住み小作農と土地持ちの農民との間の貧富の差をなくすための法律である。

一九二二年には「レックス・カッリオ」と呼ばれる法律が施行された。これは土地政策に力を入れてきた農民同盟のキョスティ・カッリオ首相（一八七三〜一九四〇）の名をとったものだが、人びとが新たに入植するのを助けるために政府が土地を購入し、小作農や土地を持たない地方の人びとへの分配を定めたものであった。トルッパリ法とレックス・カッリオ法によって自作農が急増し、一九二〇年代終わりには一〇万人もの独立農民が新たに誕生する。

政党政治も順調に発展した。農民同盟が人口の七割を占める農民たちの利益を代弁し、順調に議席を増やしていく。貧農が支持する傾向にあった社会民主党は、一九二六年に一年ほどの期間であったが、党首ヴァイノ・タンネル（一八八一〜一九六六）を中心とした政権樹立に成功する。この政権でミーナ・シッランパー（一八六六〜一九五二）が社会政策副大臣に就任した。女性が副大臣に就任したのは初めてのことだった。シッランパーは、女性に被選挙権が付与された一九〇七年の初の選挙で社会民主党議員に選出されて以来、その後も含めると通算三四年間議員を務め、労働条件の改善や未婚の母とその子どもの地位向上に向けて積極的な活動を行った。

なお、この時期、スウェーデン語系住民が支持するスウェーデン人民党も常に一〇%ほどの一定の議席を確保することができ、彼らの利益を代弁することとなった。

独立国家の経済——急速に進む近代化

フィンランドの経済は第一次世界大戦期から低迷の一途をたどった。ロシア帝国が崩壊したため輸出が止まり、さらに独立後にすぐに内戦に突入したためである。

独立後の新政府は国内産業を保護するために、関税制度を新たに設けたり、国内企業への税の軽減措置をとったりするなどした。外国企業が国内の土地や森、地下資源などを購入することを禁じた法律も制定された。このような政策が功を奏し、フィンランドの工業生産量は第二次世界大戦前まで毎年八%近くまで上昇していった。

なかでも独立フィンランドの経済を好転させたのは、ロシア帝国時代から順調に成長していた製紙・パルプ産業である。森林産業団体は一九一八年に輸出カルテルを結び、製紙・パルプ、木材の価格や生産量を調整することで、互いの貿易促進を図った。輸出カルテルは他の北欧諸国の同業種カルテルとの協働も行っていく。さらに、ヨーロッパ、北アメリカ、南アメリカ、アジア諸国に販売支社のネットワークを構築することで販路拡大に成功する。

また、蒸気動力から電力へのエネルギーの移行に伴い、一九二九年、イマトラに水力発電所が建設され、新たに建設される工場の動力の供給体制を整えていった。鉄道網も整備されていき、電話などのインフラも整い出すなど近代化が進んだ。

一九二〇～三〇年代は、従来からの主要産品である紙・パルプ、木材の輸出が全体の八〇%を占めた。木材の輸出のライバルであったロシアが革命による混乱のため、輸出ができなかった間に海外との取引を増やすことに成功した。

独立前のフィンランドのＧＤＰは西ヨーロッパ諸国の平均以下であったが、独立以降毎年五%の上昇を続け、一人当たりのＧＤＰは第二次世界大戦前にはフランスやオランダに並ぶまで上昇した。

工業の発展は就業人口を大きく変化させる。圧倒的に多かった農業従事者は徐々に産業労働者となっていった。一九〇〇年初頭には労働者人口はまだ一〇万人だったが、第二次世界大戦前までには三〇万人に増加した。

北欧型福祉の導入

一九三〇年代から隣国スウェーデンでは「国民の家」と呼ばれる概念が登場する。これは、国家を一つの家に、国民をその家の住民にたとえることで国民の平等と協調、助け合いの精神を表現したものであり、スウェーデン社会民主党の政策でもあった。

フィンランドではそのような概念は当時定着していなかったが、社会民主党を中心に徐々に福祉政策を施行していった。

たとえば、女性の地位改善のための法律を見ると、一九二六年には職業上の平等に関する法律が施行され、女性は公的機関のどの役職にも就けるようになった。かつては禁止されていた教会の仕事も女性に開放される。一九三七年には女性の炭鉱労働が禁止され、出産給付金の支給、年金の支給が始まった。

妊娠期を含む子どもを持つ家庭を対象とする支援制度も整備が進み、相談ができる育児支援の保健師が駐在する拠点として、近年日本でも注目を集めている「ネウヴォラ（neuvola）」の原型が、一九二二年に設立された（ただし、それが地方自治体に展開したのは、法整備が整った第二次世界大戦以降である）。

教育の整備も進んだ。一九二一年に義務教育法が制定され、猶予期間が設けられたものの、七歳から一三歳までの子どもが義務教育を受けることになった。家庭の経済状況に左右されずにすべての児童が学校に通えるようになり、教育水準は上がっていった。

ノーベル文学賞受賞から映画産業の隆盛

第一次世界大戦終結から第二次世界大戦勃発前の時期、いわゆる戦間期にフィンランドではどのような文化が生まれたのであろうか。

文学は、フランス・エミール・シッランパー（一八八八〜一九六四）が赤衛隊に身を投じた貧しい農民を主人公にした内戦の物語『聖貧』（一九一九年）、少女シリヤの短く悲しい人生を扱った『夭逝《ようせい》』（一九三一年。四〇年に『少女シリヤ』という題名で邦訳）といった作品を発表する。これらの作品は、農民の生き方と自然の関係を見事に表現したと評価され、一九三九年にシッランパーはフィンランド初のノーベル文学賞を受賞した。

イルマリ・キアント（一八七四〜一九七〇）は生まれ故郷のフィンランド東部にあたるカイヌー地域を舞台にした作品『赤線』（一九〇九年）や『リューシュランタのヨーセッピ』（一九二四年）で知られる。

次に、ヨーロッパへの「同化」を目標にした文芸運動を取り上げたい。一九二四年に作家や詩人らが立ち上げた文芸運動「松明《たいまつ》を掲げる者たち」が盛り上がりをみせた。この運動は「ヨーロッパへの窓を開けよ」をスローガンに掲げ、ヨーロッパとの連帯、さらには「同化」を目標にした。彼らは運動名の雑誌を発行するなどの活動を続けた。

代表的なメンバーは、ジャーナリストのオラヴィ・パーヴォライネン（一九〇三〜六四）、作家ミカ・ワルタリ（一九〇八〜七九）、詩人カトリ・ヴァラ（一九〇一〜四四）、詩人P・ムスタパー（民俗学者マルッティ・ハーヴィオの詩人名。一八九九〜一九七三）である。しかし、

パーヴォ・ヌルミ（1897～1973）

ラブコメディ映画『みんなが愛する』1935年

参加者の政治的思想の違いから分裂し、一九三〇年半ばにこの文芸運動は終わりを告げる。

建築、デザインでは、アルヴァル・アールト（一八九八～一九七六）が建物の設計だけではなく、食器や家具の設計も手がけ、第二次世界大戦後も活動を続け、いまでもフィンランドを代表する建築家として知られる。

スポーツは一九二四年、パリ・オリンピックの陸上中距離競技で合計五個の金メダルを獲得したパーヴォ・ヌルミ（一八九七～一九七三）が「空飛ぶフィンランド人」と呼ばれ、国際的にも有名になった。彼は英雄として扱われ、肖像が硬貨や切手にも使われた。

一九二六年にラジオ国営放送が開始され、映画産業も黄金時代を迎えた。フィンランドでは一九〇七年に初めて短編映画が製作され、同年に映画会社「スオミ・フィルミ」（フィンランド・フィルムの意味）が設立されるなど、映画製作が盛んになった。一九三〇年代終わりには一年で二〇作が製作され、一つの映画で入場者が四〇万人となるなど、映画は戦間期における代表的な娯楽となった。

ラブコメディ映画『みんなが愛する』（一九三五年）は、俳優タウノ・パロ（一九〇八～八二）と女優アンサ・イコネン（一九一三～八九）が初めて共演した映画で、これ以降も多くの映画で共演を果たす。彼らはこの時期にフィンランドで最も愛された銀幕スターとなった。

Ⅲ　カレリア学徒会、純正フィンランド性運動

禁酒協会の隆盛

フィンランドでは独立以前から階級ごとにさまざまな活動組織が設置され、会合や研修を通して会員同士が絆を深めていった。

なかでも禁酒協会は一九世紀末から二〇世紀にかけて成長し、各地で禁酒協会が設立された。最大規模の禁酒協会である「禁酒の友」は最盛期の一九〇五年には四万一〇〇〇人の会員を擁した。このような禁酒協会を中心とした禁酒運動は、一九一九年に禁酒法を成立させるほど影響力を持った。禁酒法で有名なアメリカ合衆国憲法修正第一八条が施行される一年前のことである。

だが、アメリカと同様に禁酒法の効果はなかった。闇の酒場が開かれ、密造酒が作られ、エストニアなどの外国から密輸したりと、取り締まる警察とのいたちごっこが繰り広げられた。結局、一九三二年に禁酒法は廃止される。

禁酒協会とは別に、独立期の活動組織に特徴的な点は、ロシア帝国統治時代に政治グループとして登場した「フェンノマン（フィンランド人気質）」の思想が引き継がれた点である。加えて、内戦の勝者の白衛隊側の思想も受け継がれた。つまり、フィンランド語重視、反共産主義の思想である。それらを受け継いだ代表的な活動組織が三つある。以下、簡単に見てみたい。

カレリア学徒会

一九二〇年に締結したタルトゥ条約で、ロシア・カレリアでは自治が認められたが、ソヴィエト・ロシアが条約を反故にし、ロシア・カレリアはソヴィエト・ロシア連邦下の自治共和国となった。その中枢にいたのが内戦で亡命した赤衛隊の幹部らであった。

カレリア学徒会（Akateeminen Karjala-Seura：略称AKS）はそれらに激怒した東カレリア遠征の元義勇兵三人が一九二二年に結成した団体である。当初の目的は、ロシア・カレリアからフィンランドに逃れてきたカレリア難民の救済と教育であった。だが、次第に「近親民族」の連帯、さらには「大フィンランド」、すなわち近親民族が居住するロシア・カレリア

カレリア学徒会会員（1923年5月）　ユーハン・W・スネルマン像への行進出発前

を含んだフィンランドの建国を目標に活動を行っていく。

カレリア学徒会はヘルシンキ大学の男子学生を会員に取り込むことに成功し、最盛期には四〇〇〇人まで増え、学生団体の代表的存在ともなった。また、会からは政治家、大学教授といった多くの知識人を輩出する。女子学生は入会できなかったが、同年にカレリア女子学徒会の女子部としてカレリア女子学徒会（一九三八年にカレリア女性学徒会に名称変更）が別途設立された。

一九二〇年代に入ると、ヨーロッパでファシズム運動の動きが起こるなか、カレリア学徒会もその流れを汲んだファシズム組織と位置づける研究もある。しかし、カレリア学徒会は専制主義をめざした団体というよりは、右翼的性格を持った反共産主義の学生組織といったほうが正確である。

ロッタ・スヴァルド——一七万人の参加

カレリア女子学徒会よりも多くの女性が参加し、活躍

女性奉仕団体ロッタ・スヴァルド（1942年2月） 小さなロッタとヘルシンキのロッタ誌編集部で　SA-kuva

した団体にロッタ・スヴァルドがある。内戦時に白衛隊側の女性組織として兵士の身の回りの世話などをするために結成された。ロッタ・スヴァルドは内戦後、国内最大の女性奉仕団体に発展する。

名前の由来は、一八四八年に発表されたルーネベリの有名な詩『騎士ストールの物語』の登場人物である。詩でロッタは一八〇八年のフィンランド戦争で戦死したスヴァルド（スウェーデン語で剣を意味する）の妻で、夫の死後も戦場で負傷者の看護を行った女性として描かれていた。

一九三〇年代後半にはロッタ・スヴァルドには一七万人もの女性が参加したとされる。メンバーは灰色の制服着用時には飲酒や喫煙を禁止するルールを設け、規律を重視していた。また、募金活動を行ったり、応急手当などの講習会を定期的に実施したりした。会報誌も発行された。

八歳から一六歳までの女子は「小さなロッタ」に所属することができた。小さなロッタはガールスカウトのような存在であったが、ロッタ・スヴァルドと同様に、より愛国主義的な奉仕団体であった。なお、小さなロッタも同じ灰色の制服を着用した。

ロッタ・スヴァルドは、第二次世界大戦期には国防組織となり、兵士の後方支援を担うことになる。具体的には、前線の兵士に送る物資の手配や郵便業務、それらに関連する事務作業など銃後で活躍した。なかには前線に赴いて、兵士への食事の供給、洗濯といった身の回りの世話や、負傷した兵士の看護、亡くなった兵士の遺体輸送の手伝いを行うメンバーもいた。

純正フィンランド性運動——「第一言語」への要求

純正フィンランド性運動は、内戦でバラバラになった国内の統一を図るためにフィンランド語を国家の第一言語に据えることを目標とし、フィンランド語を中心とした民族文化の発展と強固な国家の創造を目標としていた。

この運動は一九二三年に発足した純正フィンランド性連合、またカレリア学徒会の一部の会員を中心に進められた。カレリア学徒会自体もこの運動に参加するようになる。一九三〇年代半ばには、ヘルシンキ大学のフィンランド語化の実現を目標に活動が展開された。

独立以前、大学での教育言語はラテン語およびスウェーデン語であった。だが、独立以降、従来のエリート層であるスウェーデン語を母語とする学生の数より、フィンランド語を母語とする大学生の数が上回るようになっていった。大学はフィンランド語による講義を増やしたが、活動家たちはまだ不十分であるとしていた。彼らはエリート養成所である大学ではフィンランド語の講義が優先されるべきであり、さらには母語がフィンランド語である教授が優先して採用されるべきだと主張する。

この運動は学生運動でもあり、ナショナリズム運動でもあり、一九世紀からたびたび起こってきた言語闘争的側面も持ち合わせていた。

純正フィンランド性連合が一九三五年に行った改姓キャンペーンでは、七万四〇〇〇人以上が参加した。スウェーデン語風の名字をフィンランド語風に改名するものである。たとえば、「フォルスマン」という名字がフィンランド語風の「コスキミエス」に変更された。前年に法改正がなされ、姓の変更手続きが簡素化されたことも追い風となった。

しかし他方で、北欧とのつながりを維持していくためにもスウェーデン語は必要であるという意見もあり、ヘルシンキ大学の講義のフィンランド語化への動きに反対の声がスウェーデン語系フィンランド人、さらには北欧諸国の大学関係者から上がり、署名運動も行われた。

結局、純正フィンランド性運動は、一九三七年に国会で制定された新たな大学の言語法で決着がつく。この法律では、フィンランド語をヘルシンキ大学における唯一の行政言語としたが、スウェーデン語の保護も謳い、教員には両言語で指導する能力が求められることとなった。また、スウェーデン語話者の学生はスウェーデン語を大学で使用する権利が与えられた。この言語法以降、純正フィンランド性運動は勢いを失うが、フィンランド語化推進の考えは農民同盟の方針に残るなど、完全に消滅しなかった。

Ⅳ　ラプア運動と揺り戻し——ファシズムの影響

世界恐慌とラプア運動

カレリア学徒会や純正フィンランド性運動に見られるナショナリズム運動が盛んになるなかで、暴力的な反共運動として一九二九年の世界恐慌後に登場したのがラプア運動である。ラプアとは、事件が起こったフィンランド西部の小さな村の名前である。

一九二九年一〇月二四日にニューヨークのウォール街の株価大暴落「暗黒の木曜日」から始まった世界恐慌の影響は、フィンランドにも及んだ。木材と農作物の価格が下落し、失業者は一五万人まで膨れ上がった。この数は就労人口の一〇～一五％にあたる。政府は公共投資によって失業者の救済を試みたが、すぐに効果はでなかった。不況下に置かれた人びとの不満は、ソ連や共産主義者たち向けられ、ラプア運動が生まれていった。

この運動はイタリアのファシズム運動に影響を受けたとされ、「フィンランドのムッソリーニ」とも評された農民ヴィヒトリ・コソラ（一八八四～一九三六）を中心とした反共運動である。一九二九年一一月、フィンランド西部の小さな村ラプアで開かれた共産主義者の集会に参加した若者たちの赤いシャツを反共産主義の暴徒がはぎ取ったことをきっかけに、全国規模の反共産主義運動へと発展した。ラプアは内戦時に白衛隊の拠点ともなった地域で、保守的な考えが根強い地域であった。

ラプア運動が生まれた背景には、共産主義の「脅威」がフィンランド人の間で共有されたことがある。先述したように、内戦の勝者である白衛隊側は、内戦の原因を共産主義者の仕業だと主張していた。さらに、ソ連領カレリアに居住するフィンランド人の「近親民族」が共産主義下で苦しんでいるとみなしていた。

大衆、とりわけ農民の支持を得て全国規模に広がったラプア運動は、フィンランドの保守団体やブルジョア階級の支持を得ることに成功した。さらに、カッリオ首相が率いる農民同盟の単独政権を退陣させ、一九三〇年七月にはラプア運動に理解を示すスヴィンフッヴドが率いる保守派の連合内閣を発足させるほど影響を持った。

ラプア運動の象徴的な活動は、「農民の行進」と呼ばれる大規模な反共産主義運動のデモ行進である。一九三〇年七月、全国からヘルシンキに集まった参加者は一万二〇〇〇人の農民で、ムッソリーニが一九二二年に行ったローマへの行進を模倣したものであった。参加者はサッカースタジアム（現オリンピックスタジアム）に集結し、ラウリ・K・レランデル大統領（一八八三〜一九四二）の承認のもと、ヘルシンキのセナーッティントリ（元老院広場）までデモ行進した。広場ではレランデル大統領、スヴィンフッヴド首相、マンネルヘイムほか政府高官に迎えられた。そして、行進してきた農民たちの前で、ラプア運動の主導者であるコソラが演説を行った。

ラプア運動はこの行進にとどまらず、次第に過激化していく。共産主義者だけではなく自由主義者を拉致して森に連れて行き、暴力を振るうといった行動が見られるようになる。

ラプア運動の「農民の行進」(1930年７月)　「フィンランドのムッソリーニ」と評されたＶ・コソラを中心とした反共運動だった

一九三〇年一〇月一四日、ラプア運動者によって自由主義者で元大統領のストールベリ夫妻の誘拐事件が起こった。内戦終結後に国内の分裂を収拾するため、収容所に収監された元赤衛隊兵士に恩赦を与えたことから、ストールベリはラプア運動者の〝標的〟とされ、誘拐されたのである。ストールベリ夫妻はフィンランド東部の主要都市ヨエンスーで解放され、無事に保護されたが、この事件がラプア運動者によるものとわかると、ラプア運動は大衆の支持を一気に失った。

しかし、ラプア運動の思惑通り、ストールベリ夫妻誘拐事件の翌一一月に共産主義運動取締令が議会で可決され、二〇〇議席中二三議席を誇った共産主義系のフィンランド社会労働者党は公に活動ができなくなった。これはドイツでナチが政権を獲得する三年前である。共産主義者たちは地下活動をせざるを得ない状況に追い込まれたのである。

「家に戻れば罪に問わない」――マンツァラ蜂起

ラプア運動の過激派の動きは、共産主義運動取締令だけでは止まらなかった。一九三二年二月にマンツァラ蜂起と呼ばれる反乱を起こす。

この事件は、四〇〇人ほどの武装したラプア運動者がヘルシンキから五〇キロほど北に位置する町マンツァラに集結し、社会民主党の集会を妨害しようとしたことから始まった。警察が出動し、解散を命じたものの応じず、ラプア運動者はスヴィンフッヴド大統領に退陣を迫り、マンネルヘイムを中心とする新たな政府を要求した。対して、スヴィンフッヴド大統領はラジオで反乱者に家に戻るように呼びかけた。

「家に戻れば罪に問わない」というスヴィンフッヴド大統領の言葉をラジオ放送で聴いた蜂起者の大半は離脱した。一部はそれでも抵抗し続けたが、それもすぐに終結した。一〇二人が逮捕され、首謀者とされたアルツッリ・ヴォリマーには禁固二年六ヵ月の刑が、「農民の行進」で演説を行った反共指導者コソラにも半年の刑が科せられた。しかし逮捕者の大半が恩赦や執行猶予刑ですみ、禁固刑に科せられた者もすぐに釈放された。だが、この事件によってラプア運動は完全に大衆の支持を失い、一九三二年春には完全に終結した。

他方で、ラプア運動の指導者らは、五月には愛国人民運動という政党を結成する。この政党はラプア運動と同じく共産主義の排除、「大フィンランド」の実現も目標に掲げ、翌年一九三三年の選挙で二〇〇議席中一四議席を獲得する。これは、保守派の国民連合党の票を奪った結果であった。国民連合党はこの選挙で四二から一八へと大幅に議席を減らしたが、その後、党首ユホ・クスティ・パーシキヴィ（一八七〇〜一九五六）の立て直しによって、議席が徐々に回復していく。それに反比例して、愛国人民運動は徐々に議席数を減らしていく。また、他の政党との連携がうまくいかず、大きな勢力には成長しなかった。

ラプア運動への対応をめぐって、カレリア学徒会は内部分裂した。脱退した会員は全体の一割程度だったが、中枢メンバーが多かった。そのなかには第二次世界大戦後のフィンランド政治を牽引する若き日のウルホ・ケッコネン（一九〇〇〜八六）もいた。残った多数派のカレリア学徒会は愛国人民運動と連携し、より右翼的な活動を展開していく。

政治の「揺り戻し」、ソ連・北欧との関係改善

一九三〇年代初頭のフィンランドは、ラプア運動の過激化で極右運動を支持する声は小さくなり、反ソ意識から極左運動も支持を得られない状況にあった。政治は極端に右にも左にも寄らない「揺り戻し」という状況となる。中道の政権が続き、政情が安定していく。この揺り戻しは一九三三年から経済が上向きになり、恐慌から脱出できたことが大きな要因であった。

一九三一年から三七年までスヴィンフッヴドが大統領を務め、三七年に社会民主党、農民同盟、国民進歩党からなる連合政権である「赤緑政権」がカヤンデル首相、カッリオ大統領のもとに誕生した。左派の社会民主党の党カラーである赤、右派の農民同盟の党カラーである緑からこう呼ばれ、内戦の傷跡を埋めようと連携した。連合政権は多くの支持を得て、議会制民主主義が進展していく。

反共主義を掲げたラプア運動の高揚によって、フィンランドはソ連との関係が悪化していた。ラプア運動の終結から関係の改善を試み、その結果として一九三二年七月にソ連と不可侵条約を締結する。ソ連は一九二〇年代初頭から近隣諸国と不可侵条約を締結しており、同年にポーランド、デンマークとも条約を調印していた。しかし、のちにソ連がこの条約を一方的に破棄し、フィンランドに侵攻してくることになる。

北欧との関係に目を移すと、純正フィンランド性運動はスウェーデンとの連帯に水を差すものであったが、フィンランドとスウェーデンを含む北欧との文化的政治的つながりは依然として緊密であった。一九三五年にフィンランドは北欧諸国の中立主義への連帯を宣言し、翌年にはオスロ宣言に調印する。これは国際連盟規約第一六条に記載されている義務、すなわち加盟国が侵略された場合の軍事支援義務を留保するものであった。この宣言によって、自国を含めて周辺地域を中立に保つことで、有事の際に大国に翻弄されないようにする意図があった。

一九二〇〜三〇年代にかけて国内では右傾化が進み、暴力的な運動にまで発展したため民主主義の危機が訪れた。だがその後、揺り戻しがあり、結果的にフィンランドの民主主義制度は維持された。

多くの研究者は、フィンランドに民主主義が根付いた主な理由をロシア統治時代の大公国の遺産と分析する。つまり、独立以前から国家機能を備えてきた大公国時代の歴史こそが独立フィンランドの民主主義の基盤となったのである。

しかし、一九三三年にアドルフ・ヒトラーがドイツの首相に就任し、世界情勢は緊迫していく。フィンランドはそこから逃れるすべはなかった。そして、第二次世界大戦という未曾有の戦争にフィンランドも巻き込まれていくのである。

コラム2

酒好きの国と禁酒法

禁酒法といえば、「高貴な実験」と評されたアメリカの禁酒法（一九二〇〜三三年施行。正式名称は「アメリカ合衆国憲法修正第一八条」）が有名だろう。だが、ほぼ同時期の一九一九年から三二年までフィンランドでも禁酒法が施行されていたことは、あまり知られていない。ここでは歴史学者イルマ・スルクネンの研究を参考に、フィンランドの禁酒運動および禁酒法について見てみよう。

フィンランドでは、ロシア帝国統治時代の一八四〇年代からアルコールをめぐる問題が訴えられるようになり、七〇年代から社会問題となっていた。その背景には宗教的な強い倫理観があった。牧師の家庭出身で、『カレワラ』の編纂者エリアス・ロンルートも禁酒運動の賛同者であった。また多くの女性も参加し、作家ミンナ・カントもその一人であったことで知られる。

一八六六年には自家蒸留が法律で禁止され、酒類販売が許可制となるが、八四年に人びとのモラルとマナー、そして責任感の改善を目的とした「禁酒の友」が設立され、ほぼ同時期にタンペレ、ポリ、ハメ、ウーシマーといった南フィンランドの都市を中心に禁酒協会が設立され始める。会員以外にも賛同者は多く、一九世紀終わりの禁酒デモには一四万人が参加したとの記録がある。デモを先導した会員は主に労働者であり、社会運動参加へのリクルートの場でもあったという。

彼らにとってアルコールは貧困や生活の災いの元であった。啓蒙活動で著名な絵本として『トゥルミオラのトンミ』がある。幸せな家庭を築いていた農夫トンミが酒場に通うようになると、お金を使い果たし、家族に暴力を振るい、妻を殴り殺してしまう。トンミは捕まり、牢屋で鎖に足をつながれるところで話は終わる。この絵本は一八五〇年代に発行され、飲酒の害についての啓蒙活動に広く使用された。

独立後の一九一九年六月に、議会でアルコールの製造および販売を禁じる法律、いわゆる禁酒法が施行され、禁酒運動はここに実を結ぶ。しかし、アメリカと同様効果はなく、人びとは密造を行い、エストニアをはじめとする諸外国からの密輸も絶えなかった。レストランでも「強いお茶」と称して酒が提供され、警察の取り締まりは効果がなかった。

結局、一九三一年末に禁酒法廃止の是非を問う国民投票が実施され、廃止賛成が七〇%で、翌年二月に廃止された。フィンランド初の国民投票は、この禁酒法廃止の是非を問うものであった。ちなみに、二度目は、一九九四年のEU加盟を問うものである。

禁酒法の廃止以降、酒類の販売は国営のアルコール専売公社「アルコ」が担った。現在も一部の低アルコール飲料はスーパーマーケットなどで購入できるが、アルコール度数が五・六%以上の酒類はアルコでしか買えない。また、購入は一八歳以上の成人に限られ、購入の際は身分証の呈示が必要だ。なお、スウェーデン、ノルウェー、アイスランドでも「アルコ」に類似した店が存在するが、全面的な禁酒法が施行されたのはフィンランドだけである。

アルコは独占企業であり、また酒類の税率は高く、価格が高い。そのためフィンランド人は、海上が「免税」であることから、フェリー客船で呑み、スウェーデンのストックホルムやエストニアのタリンまで買い出しに出かけた。特にEU加盟前のエストニアは物価が安く、週末のフェリーや首都タリン市内のレストランは酔っ払いのフィンランド人で賑わった。

フィンランドの冬は寒さが厳しいだけでなく、緯度が高く日照時間が少ない。冬の暗さによる憂鬱な気分を解消するため、南欧に旅行する人もいるが、すべてのフィンランド人が旅行に行けるわけでもない。代わりにお酒を呑んで憂さを晴らす人も多い。

若者はビール、シードルや酎ハイのような甘い酒を好むが、ワインを嗜む人も増えている。フィンランドでは「フィンランディア」の銘柄で知られるウォッカのような強い蒸留酒が製造されている。だが、アルコールの度数に比例して税金が課されるので高額である。サルミアッキ（コラム『「世界一まずい料理」？　の現在』を参照）のリキュールも人気がある。

現在、アルコの品揃えは豊富になり、世界中のお酒を楽しむことができるようになったが、他国に比べ高額である。

第4章　二度の対ソ連戦争——第二次世界大戦下、揺れる小国

一九三九年九月、ドイツのポーランド侵攻から始まった第二次世界大戦。その間、フィンランドは二度にわたってソ連と戦火を交えた。

フィンランドでは、一九三九年一一月三〇日から四〇年三月一三日までの最初の対ソ戦を「冬戦争」、四一年六月二五日から四四年九月一九日までの二度目の対ソ戦を「継続戦争」と呼び、両者を一連の戦争とみなしてきた。

フィンランドはソ連と戦争する意思はなく、戦争に巻き込まれ、独立を維持するためにやむを得ず戦ったと解釈してきた。またこの二つの戦争について、激動の国際政治の流れのなかフィンランドの立場を「流木」にたとえ、戦争する道しかなかったという考えが戦後共有されてきた。

しかし、現在では、二度目の対ソ戦争時、つまり継続戦争ではフィンランドに領土拡張の意図があったことが明らかになっている。

なぜフィンランドは二度もソ連と戦ったのか、二度にわたる戦争はどのようなものであっ

たのか、これらの戦争はフィンランドに何をもたらしたのか。以上の観点から二つの戦争を見ていこう。

I 大戦前夜――ソ連の危機意識と領土交換要求

ソ連のドイツ不信とフィンランドへの提案

第二次世界大戦勃発の直前、ヨーロッパのなかでドイツの領土拡張が進むなか、一九三九年八月二三日、世界を驚かすニュースが伝えられる。反共を旗印にしていたドイツと共産主義を進めていたソ連との間で不可侵条約が締結されたからである。

この独ソ不可侵条約には秘密協定が付属していた。そこでは両国の勢力圏が規定され、ポーランド侵攻後の両国による分割、さらにはフィンランドやエストニア、ラトヴィア、リトアニアといったバルト三国がソ連の勢力圏下に置かれることが確認されていた。

一九三九年九月一日にドイツがポーランドに侵攻すると、ソ連も一七日にポーランドに兵を進め、両国でポーランドを分割、占領する。イギリス、フランスはドイツの侵攻に抗議、宣戦布告し第二次世界大戦が勃発する。ここからは国際関係学者の百瀬宏と軍事研究家の斎木伸生の論考を参考にしつつ、フィンランドがソ連と冬戦争に至る経緯を見ていきたい。

ソ連は、独ソ不可侵条約締結に至るまで、ドイツの領土拡張に強い不信感を抱いていた。

一九三八年春から秋にかけて、ソ連はバルト海の防衛強化のため、フィンランドに対して、オーランド諸島の再要塞化を非公式にだが提案していた。しかし、第3章で見たようにオーランド諸島は一九二二年に制定した自治法により非武装化されており、フィンランドは法を無効にしての再要塞化を認めず、ソ連の提案を断っていた。

さらに、一九三九年一〇月五日、ソ連はあらためてフィンランドに対して相互援助条約締結の交渉を求めてきた。

ソ連はすでに七日前の九月二八日、エストニアと相互援助条約を締結したのを皮切りに、フィンランドに交渉を求めた同日にはラトヴィアと、一〇日にはリトアニアと同様の条約を締結する。これら一連の条約は、ソ連軍による各国の主要港使用およびソ連軍の進駐承認を含むものであり、ソ連はバルト三国をドイツに対する「盾」とした防衛地帯を構築しようとしていた。

独ソ不可侵条約を締結したにもかかわらず、ソ連のドイツに対する不信は強かった。ソ連がフィンランドに条約締結と領土交換を求めたのは、フィンランド領を通過してドイツがレニングラード（サンクトペテルブルク、ペトログラード）およびソ連北部に侵攻することを恐れていたからである。

ソ連との領土交渉に向かうフィンランド政府代表団　中央がJ・K・パーシキヴィ

ソ連との交渉

ソ連と交渉にあたったのは、一九一八年の内戦終結後に首相を務めた経験を持ち、当時、駐ソ特命全権大使だったパーシキヴィである。パーシキヴィが率いるフィンランド政府代表団は一〇月一一日にモスクワに到着した。

翌一二日にスターリンが出席する会談で、ソ連はバルト三国と締結した条約と同様の条約締結をフィンランドに迫った。フィンランドは中立政策を理由にこの提案を拒否すると、ソ連は領土交換を提案する。それはソ連がロシア・カレリア地方のレポラ（レボルイ）、ポラヤルヴィ（ポロソゼロ）を割譲する代わりに、フィンランドに対してヘルシンキ近郊のハンコ岬の三〇年間租借、フィンランド湾東部諸島の譲渡、北極圏に位置するペツァモの国境線の後退、レニングラードに近いカレリア地峡国境線の北方への後退を求めるものだった。ソ連は、バルト三国に対してよりも寛大な条件をフィンランドに提示したつもりであった。

一〇月一四日に第二回会談が行われた。だが議論はまとまらず、結局パーシキヴィはソ連

1939年秋のソ連による領土要求

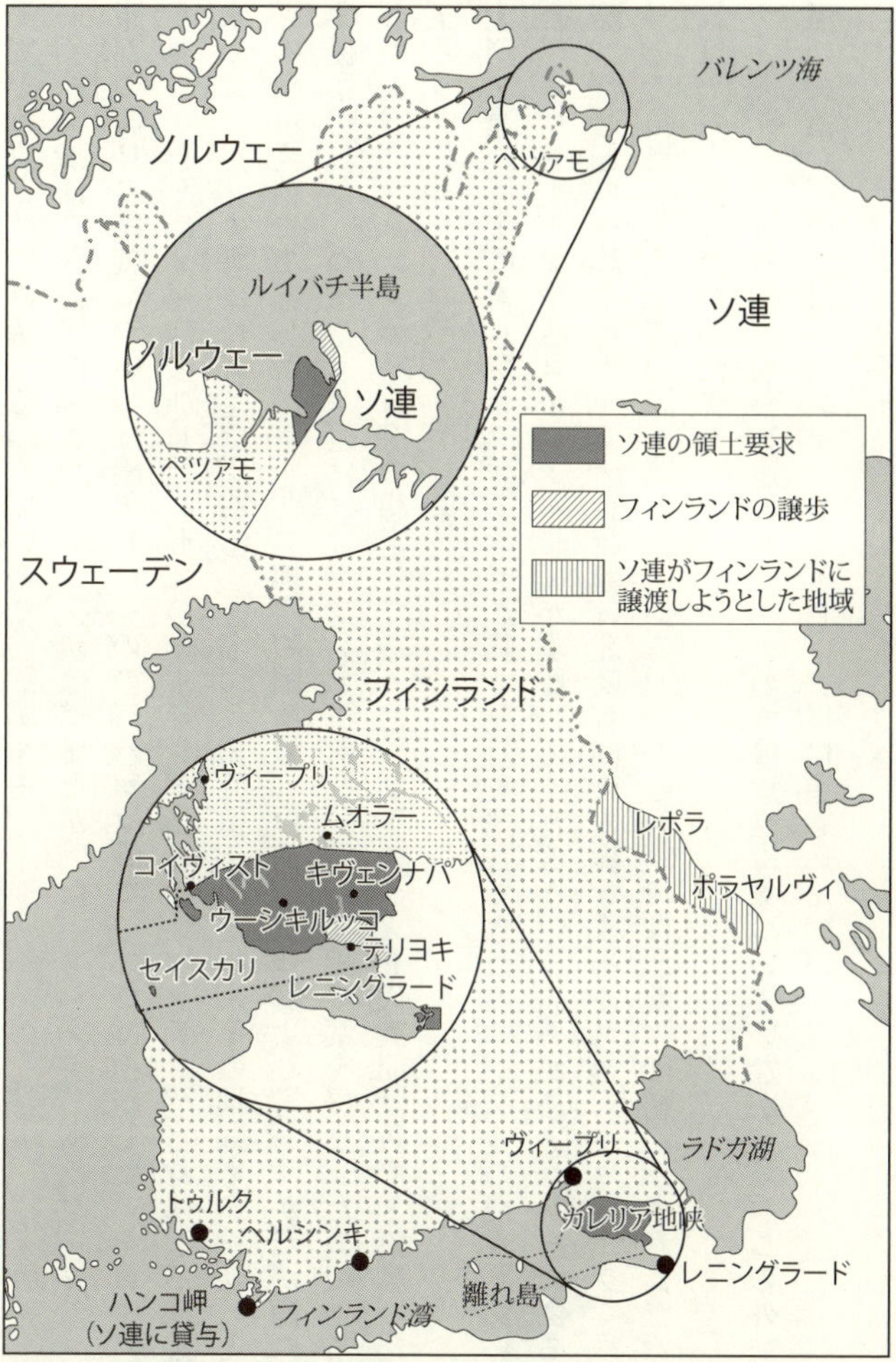

出典：ハッリ・リンタ＝アホ他『世界史のなかのフィンランドの歴史』（明石書店，2011年）を基に筆者作成

の提案を政府と直接協議するためにいったん帰国する。

一〇月二三日に会談は再開されたが、交渉は進まなかった。フィンランドはフィンランド湾東部の諸島の割譲については譲歩したものの、ハンコ岬については拒絶した。それに対してソ連は、新たにソ連は参加しない形でのオーランド諸島のフィンランド自身による武装化を求めた。ハンコ岬については、四〇〇〇名の兵力駐留と限定し、その期間もイギリスとドイツの戦争終結までとした。カレリア地峡の国境線も以前のソ連案よりもわずかだが南にずらす提案をした。つまり、ソ連はフィンランドに対して新たな譲歩案を提示したのである。

この提案はフィンランド政府の想定外であった。フィンランド代表団は政府と協議のため再び帰国する。

大国ソ連の提案に対してフィンランドが強く反対を主張できたのは、ソ連の侵攻があった場合、スウェーデンや西ヨーロッパ諸国が支援してくれるという思惑があったからである。実際、ソ連との交渉中にカッリオ大統領は北欧各国の支援を求めるため、スウェーデンに行き、その結果、北欧元首会談が開かれている。しかし会談では北欧の団結が示されただけで、それ以上の支援はなかった。

フィンランド政府は、当時ソ連のドイツへの危機意識に気づいていなかった。この外交的思慮の欠落が、のちにフィンランドを苦しい立場に追い込んでいく。

分かれる意見、交渉決裂

独ソのポーランド侵攻からソ連が条約締結をフィンランドに求めてくるなか、フィンランド軍の総司令官に任命されることになるマンネルヘイム（当時は助言役）はソ連のドイツへの危機意識を察していた。彼はソ連の要求に応じることを主張する。

マンネルヘイムはフィンランド軍がソ連軍に対抗できるほど強くないことを十分に認識し、戦争を考えた場合、ソ連の要求を呑まざるを得ないと考えたのである。代表団を率いた駐ソ特命全権大使パーシキヴィもマンネルヘイムと同様に、ソ連の要求に相当程度応じるしかないと考えていた。だが、フィンランド政府は、一度要求を呑むと、ソ連からさらなる要求がくることを恐れ、二人の意見を聞き入れなかった。

一一月三日にモスクワで再開された会談でも、両国の主張は平行線をたどった。フィンランドは国境線を若干北にずらすことと、ペツァモのルイバチ半島西側をソ連に譲渡するという譲歩案を提示したが、ハンコ岬についてはソ連の要求を拒否した。

翌一一月四日に、ソ連はハンコ岬の代わりに、その東方に位置するヘルマンソ、コー、ハスト、ブソの島々の割譲あるいは貸与を求めた。このソ連の譲歩案に対し、フィンランド代表団は政府の回答を待つ。

しかし、一一月八日に届いたフィンランド政府の回答は、ソ連案の全面的な拒絶であった。九日に会談は再開されたが、結局、両国間で一〇月五日から始まった交渉はここで決裂し、一一月一三日に代表団は帰国する。

II 「冬戦争」の勃発——侵略への抵抗と善戦

戦争の勃発、挙国一致内閣の成立

交渉決裂から約一〇日後の一一月二六日、ソ連の外相ヴィァチェスラフ・モロトフがフィンランド政府に覚書を送付した。そこにはカレリア地峡のマイニラ村でフィンランド軍が発砲したため、ソ連兵が死亡したとしてフィンランド政府に不満の意が記されていた。さらにソ連はフィンランド兵がソ連領に侵入したと主張したが、現在ではソ連軍が先に発砲したことが明らかになっている。モロトフの覚書はフィンランドを攻撃する口実だった。

外交交渉は三日後の一一月二九日には途絶え、翌三〇日の朝、突然ソ連空軍はヘルシンキを空爆、同時にソ連陸軍がカレリア地峡の国境線を越えて侵攻する。「冬戦争」と呼ばれる第一次ソ連・フィンランド戦争の勃発である。

翌一二月一日にはヘルシンキに加えて、カレリア地峡のヴィープリ、ヘルシンキから一〇〇キロほど北にあるラハティ、さらにハミナ、コツカなどフィンランド湾沿岸の都市への空爆も行われ、空陸両方から攻撃が続いた。ソ連は力ずくで緩衝地帯を確保しようとしたのである。

戦争開始直後の一二月一日、ソ連との交渉失敗の責任を取りカヤンデル内閣が総辞職し、同日にフィンランド銀行総裁のリスト・リュティ（一八八九〜一九五六）が首相に就任する。内閣にはソ連との交渉団の代表であったパーシキヴィが無任所相として、首相の経験があるヴァイノ・タンネル（一八八一〜一九六六）が外相として入閣し、カッリオ大統領とともに戦争の早期終結をめざした。

このリュティ内閣は、愛国人民運動を除くすべての党が参加した挙国一致内閣であった。リュティはソ連との対話再開を試みると同時に、国際連盟に仲介を依頼。戦争終結を模索する。しかし、ソ連はロシア・カレリア地方に傀儡《かいらい》政権を樹立し、その政権こそがフィンランドの正当な政府であると明言。リュティ内閣との交渉に応じる態度を見せなかった。

テリヨキ“傀儡”政権の樹立

傀儡政権は、ソ連がフィンランドへの勢力拡大を狙って一九三九年一二月一日に樹立された。首班は、内戦後にソ連に亡命した共産主義者の指導者オットー・V・クーシネン（一八八一〜一九六四）。「フィンランド人民政府」と称し、翌二日にこの政権が率いる「フィンランド民主共和国」が誕生する。カレリア地峡のテリヨキ（ゼレノゴルスク）に政権があったことから「テリヨキ政権」とも呼ばれる。テリヨキ政権は「フィンランド政府」として、フィンランド民主共和国誕生と同日の一二月二日にソ連との間で相互援助条約を締結した。

フィンランド民主共和国とソ連の相互援助条約締結（1939年12月2日） サインをするのはソ連外相モロトフ．後列右から傀儡政権代表オットー・クーシネン，スターリン，ヴォロシーロフ，ジダーノフらソ連首脳たち

代表クーシネンはスターリンによる粛清を生き延びた人物である。一九三五年以降、ソ連で行われた粛清はロシア・カレリアにも及び、かつて指導的存在として活躍したフィンランドの共産主義者も一掃されていた。クーシネンは数少ない生き残りであった。

ちなみに、クーシネンは第二次世界大戦後にソ連共産党の幹部に登りつめる。また、彼の娘ヘルッタ・クーシネン（一九〇四～七四）は、第二次世界大戦後のフィンランドで、フィンランド人民民主同盟の書記長を務めるなど同国の共産主義の「顔」となった。

話を戻そう。ソ連はテリヨキ政権を通じて、ソ連軍の攻撃はフィンランドの労働者階級を守るための攻撃だと訴えた。だがフィンランドの共産主義者とソ連との結びつきは弱く、フィンランドの労働者は傀儡政権よりもフィンランドを守るためにソ連と戦うことを選択する。ソ連の思惑は外れ、戦争は長期化する。

「冬戦争の驚異」——フィンランド軍の善戦

戦局は圧倒的にフィンランド軍が不利だった。四五万人のソ連侵攻軍に対して、フィンランド軍は三〇万余であり、最初から戦力に大差があったからだ。

フィンランド軍は武器が不足していたため、兵士に十分な装備が行き渡っていなかった。一部の兵士は軍服がなく、自前の服で戦わざるを得なかった。この「節約」スタイルは、国防に大きな支出を出せなかった戦前の首相カヤンデルの名をとって「カヤンデル・スタイル」と皮肉めいて呼ばれた。

しかし、この戦争はのちに「冬戦争の驚異」と呼ばれるほど、フィンランド軍が善戦する。その大きな要因は大きく三つあった。

第一に、ソ連軍の予測が甘かったことである。

圧倒的な戦力を持つソ連軍は、フィンランドを一ヵ月以内に占領する計画を立案していた。そのため冬季の装備が十分ではなく、積雪下の戦闘も経験不足であった。長期戦を強いられたソ連軍は戦術の見直しを迫られたが、一九三〇年代のスターリンによる粛清の影響で、指揮官が不足し、陣容の立て直しに時間を要していた。

第二に、フィンランド軍の周到な準備と巧みな戦術である。

冬戦争勃発前の一〇月、フィンランド政府は軍事再教育訓練のために軍を臨時召集するなど、すでに戦争に向けた準備を行っていた。マンネルヘイムは戦争回避を望んでいたが、起こり得る戦争のために政府を説得し、ソ連を刺激しないように軍の演習という名目で臨時召集していたのである。

また、冬戦争でフィンランド軍は、カレリア地峡のフィンランド湾からラドガ湖にかけて「マンネルヘイム・ライン」と呼ぶ防衛線を張ったが、その準備も戦争前から進めていた。マンネルヘイム・ラインには、コンクリート製の小型防御陣地であるトーチカや塹壕が設置されていたが、これは一九三九年六月からボランティアの力を借りて徐々に強化したものである。

なお、フィンランド軍には射撃の名手も多かった。なかでもソ連軍から「白い死神」と恐れられ伝説の狙撃手となったシモ・ヘイヘ（ハウハ。一九〇五～二〇〇二）は名高い。この戦争で彼は五四二名を射殺したが、これは史上最多の確認記録である。彼の生涯を記した本は日本でも翻訳されている（ペトリ・サルヤネン著、古市真由美訳『白い死神』）。

第三に地形と天候である。

主戦場となったカレリア地峡をフィンランド軍は熟知していた。また森林が広がるこの地域では、ソ連軍の戦車の移動は道路に限定されていた。フィンランド軍は道路を封鎖し、戦車の進入を阻止する。さらにスキー部隊を編成し、森のなかを自由に動き回り、ソ連軍を奇襲した。フィンランド軍は酒ビンにガソリンやタールなどを入れた「モロトフ・カクテル

冬戦争（1939年11月～40年３月）

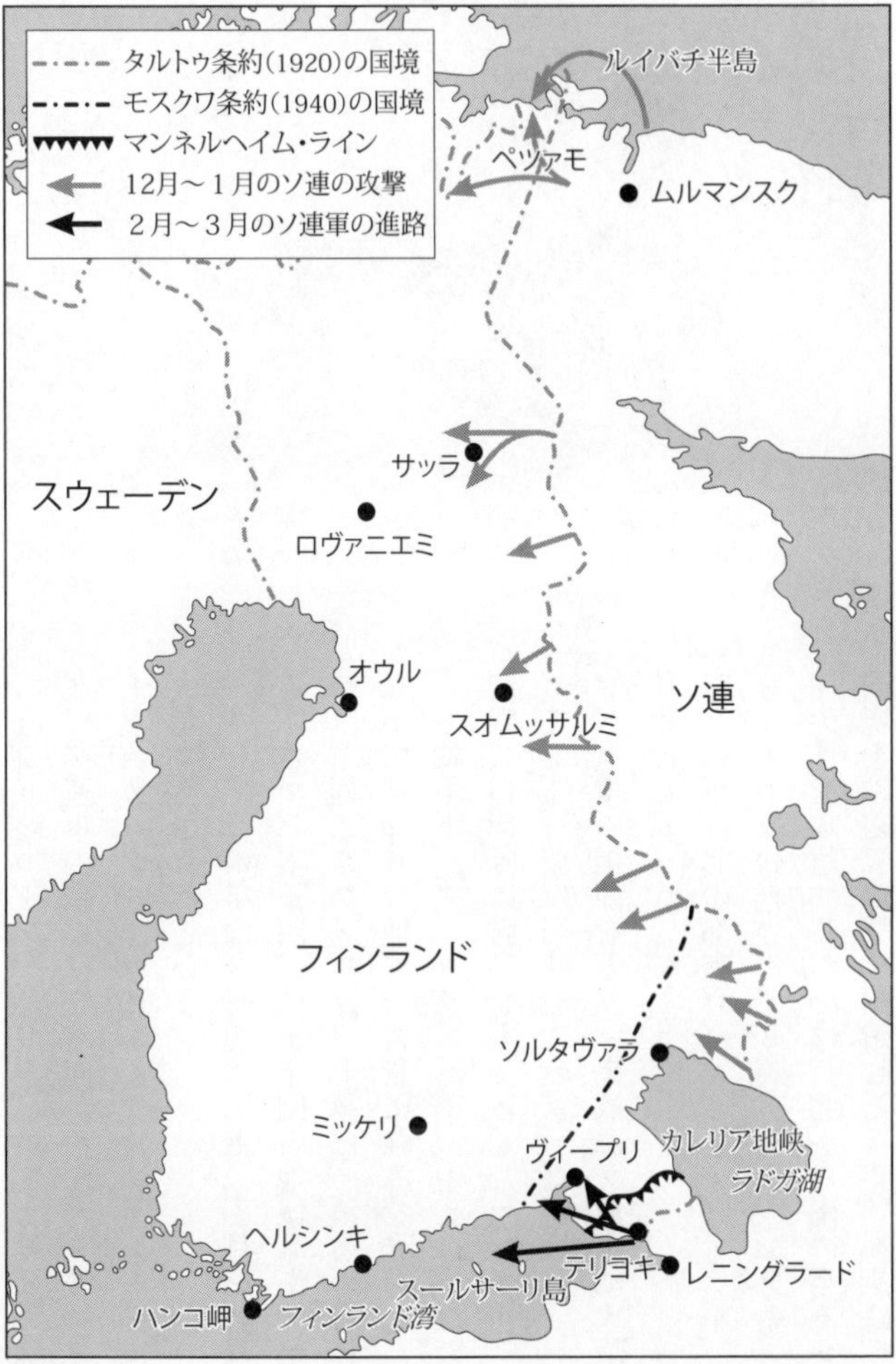

出典：デイヴィッド・カービー『フィンランドの歴史』（明石書店，2008年）を基に筆者作成

冬戦争での戦場（1940年2月6日） フィンランド軍スキー部隊，ラップランドのソ連国境近くマルカヤルヴィで．地の利を活かしたゲリラ戦でソ連軍に善戦　SA-kuva

（ソ連外相モロトフの名をとった）」と呼んだ火炎瓶でソ連軍の戦車に立ち向かった。この「モロトフ・カクテル」はのちにフィンランド国内で大量生産されたという。

また、この年は当時観測史上二番目を記録する寒さで、零下四〇度を下回る地域もあった。防寒に備えたフィンランド軍は、積雪の森林のなかで熟知した地理を背景に強みを発揮した。

冬戦争下、フィンランド軍の中心にいたのは、内戦で白衛隊に勝利をもたらしたマンネルヘイムである。彼は当時七二歳だったが、フィンランド全軍の指揮をとり、果敢にソ連軍に攻撃を仕掛けた。

ソ連軍は北の都市ロヴァニエミ、オウル、カレリア地峡のヴィープリ、首都ヘルシンキ、ミッケリを攻撃するために、北から南に至るまで国境を越えて攻撃を開始した。ミッケリはヘルシンキから北東へ約二一〇キロに位置するサイマー湖岸にある町で、フィンランド軍司令部が置かれていた。

フィンランド軍は一二月一二日にカレリア地峡のトルヴァヤルヴィで、一二月末から翌一九四〇年一月初めにフィンランド北東部のスオムッサルミでソ連軍を撃破するなど戦果をあげた。短期間で勝利すると見込んでいたソ連軍は戦術を変えざるを得ず、一九四〇年二月、六〇万もの兵士の増員を決断する。

冬戦争終結と「シス」の共有

ソ連のフィンランド侵攻を問題視した国際連盟はソ連を除名処分とした。だが、フィンランドが期待していた支援の軍隊はどこからも送られることはなかった。一九四〇年に入るとフィンランド政府はスウェーデン外務省を通じてモスクワとの和平交渉を試みた。だがソ連側は応じる姿勢を見せなかった。

フィンランド軍が勇戦するなか、二月に入るとイギリス、フランスをはじめとする連合国による軍事介入の可能性が囁かれるようになる。フィンランド政府はそれを背景にソ連側に和平交渉を求めた。

当初の予測を裏切られたソ連も戦争の長期化は避けたかった。日が経つにつれて、連合軍によるフィンランド救済の派兵の可能性が増すからである。

一九四〇年三月八日、モスクワでソ連とフィンランド政府代表団との間で休戦会談が開始された。この会談に至るまでの一連の和平交渉で活躍したのは、ロシア革命時に女性革命家として名を馳せた、スウェーデン駐在ソ連公使アレクサンドラ・コロンタイ（一八七二～一九五二）であった。

ソ連が休戦条約に応じたことは、ソ連の戦術が転換したことを意味する。先述したように、ソ連は一九三九年一二月にカレリア地峡に樹立されたフィンランド民主共和国を「フィンランド」とみなしており、スターリンはフィンランド本国を正式な国家として認めようとしなかった。冬戦争ではフィンランド民主共和国にフィンランドを併合することを目的としていた。だが、この時点でフィンランドと休戦条約を締結するということは、フィンランド本国を認めざるを得なかったことを意味した。つまり、フィンランドは自国の存在をソ連に認めさせたという点ではソ連に「勝利」したのである。

三月一二日にモスクワで講和条約が締結され、翌日に冬戦争は終結した。この条約で、フィンランドはソ連による領土、軍事基地の貸与、賠償金の要求を受け入れる。それはソ連が一九三九年に提示した領土交換以上のものであったことは言うまでもない。カレリア地峡をはじめソ連と国境を接する全国土の一〇分の一を割譲し、フィンランド政府が一九三九年の交渉で最後まで拒否したバルト海沿岸のハンコ岬をソ連に三〇年間貸与することにもなった。そして割譲地から四二万の避難民が国内に流入する。

冬戦争は小国フィンランドが大国ソ連に善戦したことから、「冬戦争の驚異」と呼ばれる。皮肉なことに冬戦争によって国内の連帯は高まり、内戦で分裂した国内が一つにまとまったという評価がある。フィンランド人の国民性を表現する言葉に「シス（Sisu）」がある。決してあきらめない心を意味するが、冬戦争によって「シス」が共有されたのである。

他方で、フィンランドの共産主義者らは冬戦争後の一九四〇年五月、フィンランド・ソ連平和友好協会を設立し、四万人もの会員を集めたことも見逃せない事実である。

III　ヒトラーへの接近——ナチス・ドイツからの支援

バルト三国のソ連併合とドイツへの接近

一九三九年一一月三〇日から四〇年三月一三日まで三ヵ月に及んだ冬戦争は、ソ連が一三万一〇〇〇人の犠牲者を出したのに対し、フィンランドは二万四〇〇〇人であり、フィンランド優位の戦いであった。

犠牲者のほとんどは前線の兵士であり、戦闘は主にカレリア地峡であったため、フィンランド本土は空襲を除けば大きく荒廃することはなかった。しかし、先述したように四二万人の避難民が流入し、彼らの住居の確保が喫緊の問題となり、政府はその対応に追われた。

戦争が終わってもフィンランドの危機が去ったわけではない。冬戦争が終結した翌月、つまり一九四〇年四月から六月にかけてノルウェー、デンマークは瞬く間にドイツに占領される。スウェーデンは中立をかろうじて保ったものの、ドイツ軍の領土通過を認めざるを得ない状況にまで追い込まれていた。六月にはバルト三国、すなわちエストニア、ラトヴィア、リトアニアがソ連に併合される。フィンランドの危機意識は高まっていく。

冬戦争では、スウェーデン、イギリスなど、さらには国際連盟も救援の手を差し伸べてくれなかった。その余裕さえ失われていたと言っていい。フィンランドはあらためてスウェーデンとの防衛協定締結を模索したが、ソ連の干渉によって実現しなかった。

フィンランドはバルト三国と同じ運命をたどらない対策を講じる必要に迫られていた。冬戦争の経験から、フィンランド一国ではソ連に対抗できないことは明白であった。フィンランドは独立維持のためにドイツに接近する。ドイツにとってもフィンランドは、ソ連を攻撃するうえで地政学的に重要な位置にあった。

一九四〇年八月、ノルウェー北部を占領していたドイツは、軍のフィンランド領内通過を求め、フィンランドはそれを受け入れる。その見返りとして、フィンランドはドイツから武器を調達する。その後フィンランドはドイツにニッケルとパルプ製品を、ドイツは穀物をフィンランドに輸出するなどの協力体制が布かれた。

すでに六月、フランスはドイツに降伏し、ドイツ侵攻に直面していたイギリスの支援は当てにできなかった。スウェーデンからの物資も十分な量ではなかった。それゆえ食糧支援をドイツに頼らざるを得なくなり、フィンランドのドイツ依存がますます高まっていく。ドイツの支援を受けるにあたって政府内で議論があったが、ほかに選択肢はなかった。冬戦争終結後、ソ連はペツァモのニッケル鉱山の一部を要求したが、ドイツはフィンランドにその要求を拒むように促すなど、ドイツの政治的発言は強くなっていった。

一九四〇年一一月にカッリオ大統領が病気を理由に辞任し、リュティ首相が大統領代行に就任する。この間ソ連は人名リストをフィンランドに送り、リスト上の人物は大統領として承認しないと圧力をかけていた。冬戦争期に外相だったタンネルはそのリストに入っていたが、リュティは首相であったもののリストには名前はなかった。なお、カッリオは一二月一九日にヘルシンキ中央駅で心臓発作に襲われ、この世を去る。

「バルバロッサ作戦」への参加要請

一九四〇年一二月、ドイツからソ連侵攻計画「バルバロッサ作戦」へのフィンランド軍の参加が要請される。翌一九四一年五月にはドイツ軍はフィンランド軍と直接接触し、交渉が行われた。その過程で、ドイツ軍のソ連侵攻時にフィンランド軍も動員することが確認される。また非ドイツ人武装部隊への参加も要請され、一二〇〇名のフィンランド人が義勇兵として参加した。ただし、フィンランド側には作戦の全体像は知らされなかったという。

ドイツへの接近はフィンランドと北欧諸国、ヨーロッパ諸国、アメリカとの関係を悪化させたが、フィンランドとドイツの軍事協力は進んでいった。

六月初旬、九万人の兵士からなるドイツの六個師団がフィンランド北部のラップランドに進駐し、ドイツ空軍もフィンランド領内の空港に到着した。ドイツ海軍はフィンランド海軍と協議し、エストニアのソ連海軍基地の周囲に機雷を敷設するなど、戦闘準備が整えられていく。

社会民主党左派、政党の枠を超えた和平派議員、そして知識人で構成された「六人グループ」といった戦争反対の勢力もあったが、フィンランド政府の動きを止める力はなかった。

Ⅳ 「継続戦争」による侵攻——大フィンランド構想の夢

旧国境を越える——大フィンランド実現へ

一九四一年六月二二日、ドイツ軍はソ連侵攻を開始する。さらにドイツは、フィンランドと同盟を締結したことを公言する。それに対して、フィンランド政府はすぐに中立であることを表明し、独ソ戦に参加していないことを強調した。だがドイツ軍がフィンランド北部ラップランドに進駐し、そこからソ連を攻撃したことは明白だった。ソ連はフィンランドの主張を信じることはなかった。

六月二五日、ソ連空軍はフィンランド各都市を空爆する。これをきっかけにフィンランドは翌二六日、ソ連に対して宣戦布告。フィンランド政府は、この戦争を冬戦争から続く防衛のための戦いであるとし、「継続戦争」と呼んだ。つまり、戦争はあくまでソ連の侵略戦争に対する防衛手段であり、独ソ戦争とは「別の戦い」であると主張したのだ。しかし、一方でリュティ大統領は、戦争開始後の最初のラジオ放送で、ドイツの軍事力が「我々の側で」戦っていると伝えていた。ドイツとの軍事協力を認めていたのである。

フィンランド軍はソ連に割譲した旧領土へと進軍し、八月にはカレリア地峡の主要都市ヴィープリを占領。九月に入ると一九四〇年のモスクワ条約で失ったすべての領土奪還に成功する。さらに、フィンランド軍は旧国境を越えて進軍を続けた。ラドガ湖北部および北西側に位置するソルタヴァラに到着し、ロシア・カレリア、通称「東カレリア」を占領した。

ロシア・カレリアの占領は、和平交渉時に有利に立てるからでもあったが、それ以上に内戦期に手に入れることができなかったロシア・カレリア獲得によるフィンランド領の拡大、つまりは「大フィンランド」の実現が念頭にあった。

すでに継続戦争が始まる直前に、フィンランド政府は歴史学者、地理学者といった専門家に依頼し、ロシア・カレリアがフィンランドの領土であるとドイツに証明する覚書を作成していた。また、戦争開始の翌七月には、マンネルヘイムが一九一八年の東カレリア遠征の際に出した誓約と同じ内容の布告、すなわち東カレリアの解放を謳った布告を出していた。フィンランドは継続戦争を通じて、「大フィンランド」の実現を企てたのである。

フィンランドのこうした行動の背景には、ソ連がドイツに敗北する可能性が高いという予測もあった。

ロシア・カレリアでの「同化」政策

フィンランド軍は一九四一年一一月の時点で積雪のために進軍を中止し、一二月にロシア・カレリアのラドガ湖とオネガ湖にまたがるスヴィリ川を越えたあたりを最大進出地として前進をやめ、塹壕を築き、占領地の防衛に重きを置く。この状況が一九四四年六月まで続くことになる。

占領前のロシア・カレリアの人口は約三〇万人であった。だがフィンランド軍がロシア・カレリアを占領した時点で、大半がすでにソ連に避難し、残った住民は八万五〇〇〇人だった。そのうち約六五％の人口を占めていたロシア人の多数は強制収容所に送られた。

フィンランド軍はロシア・カレリアでフィンランド語学校を建設するなどして、カレリア人、イングリア人などフィンランド人の「近親民族」の「同化」政策を行った。フィンランド語の新聞を発行し、ラジオ局を設置するなどの活動も展開した。一方で、共産主義者とみなした住民を強制収容所へ送り込んだ。

この継続戦争におけるフィンランド軍のドイツ軍への協力は明らかだった。イギリス、アメリカはフィンランドがドイツと組んだと見ていた。日独伊などの枢軸国側とされたフィンランドは自らの独立記念日である一九四一年一二月六日に、イギリスから宣戦布告される。ただしイギリスからの軍事行動は見られなかった。アメリカは、翌七日（アメリカ時間）に日本軍による真珠湾攻撃を受け、日独に宣戦布告したが、この時点ではフィンランドには宣戦布告していない。

ヒトラー（左）のフィンランド電撃訪問（1942年６月４日） マンネルヘイム（中央）の75歳の誕生日だった．右端はリュティ大統領

一九四二年六月四日、マンネルヘイム将軍の七五歳の誕生日にヒトラーがフィンランドを電撃訪問する。この事実は、ドイツとフィンランドとの関係をあらためて世界に知らしめるものであった。

その一方で、ドイツがフィンランド軍に要請したカレリア地峡からレニングラードへの攻撃をフィンランドは拒否し続けた。また、バレンツ海につながるムルマンスク道路の分断要請にも応じなかった。アメリカの宣戦布告を恐れたこともあるが、ドイツの要請に応じるとドイツとは「別の戦い」をしているという主張が崩れるからである。フィンランドはドイツとともにソ連と戦争を続けながら、他国には弁明を続け、この戦争に巻き込まれたと繰り返し主張していた。

戦局転換——戦争からの離脱の決断

一九四三年二月、戦局が大きく転換する。スターリングラードの戦いでドイツ軍が大敗を喫し、戦局が一気にソ連に有利に傾いたからである。

この情勢変化のなか、フィンランドの政治指導者らは戦争からの離脱を決断。早くも三月五日には国民連合党出身のエドウィン・リンコミエス（一八九四～一九六三）首相のもと、愛国人民運動を除く、国民連合党、社会民主党、農民同盟、スウェーデン人民党、国民進歩党の五つの党で新たな連立内閣を組閣し、アメリカを仲介役としてソ連と和平交渉を試みる。だが戦況が優位となったソ連はにべもなかった。

一二月にはスウェーデンを仲介役に再度和平交渉を試みた。だが、ソ連の要求を受け入れられず、休戦はかなわなかった。ソ連は、冬戦争時の条件に加えて、ペツァモと北極海への回廊地帯の割譲、ヘルシンキ近郊のポルッカラの租借など、より厳しい和平条件を課したからである。

その間ドイツは、フィンランドに穀物供給の中止をちらつかせ、自らの陣営にとどまらせようとした。

一九四四年二月、ソ連軍は首都ヘルシンキを空爆する。これを皮切りにフィンランドへの一斉攻撃を開始し、被害が広がっていった。フィンランドは和平を模索し、翌三月にモスクワで和平交渉を始めた。だがソ連は六億ドルの賠償金とドイツ軍の速やかな排除といったさらなる厳しい要求を突きつけたため、四月にフィンランドは要求を拒否し、交渉は決裂した。

六月六日の連合軍によるノルマンディー上陸作戦の三日後、つまり九日、ソ連軍はカレリア地峡に二六万の兵士を動員し、大規模な攻撃を始めた。ロシア・カレリアに築いた防衛ラインは一気に突破され、駐留していたフィンランド軍は五〇〜八〇キロ、つまり主要都市ヴィープリの北西まで撤退する。

この攻撃を食い止めるために、マンネルヘイムはドイツに救援を要請。ドイツ軍は対戦車擲弾《てきだん》をフィンランド軍に、さらには一師団および一旅団で構成された軍隊を送り込んだ。しかしこのドイツ軍到着前の六月二〇日にフィンランドはカレリア地峡のヴィープリを失う。

六月二二日、フィンランドを訪れたドイツのフォン・リッベントロップ外相とリュティ大統領の間でフィンランドが単独でソ連と講和しないとする旨の条約が締結される。その見返りはドイツからのさらなる武器援助である。しかしこの条約締結は、ドイツとは「別の戦い」をしているというフィンランドの主張を否定することになる。そのためフィンランド議会はこの条約締結を否決。最終的にはリュティ大統領が政府の代表ではなく「個人的」に条約に署名することで決着をつけた。この条約を知ったアメリカはフィンランドとの外交を断絶した。フィンランドは完全にドイツの支配下に入ったとみなされた。

条約締結から一ヵ月後にリュティは辞任を表明し、八月四日にフィンランド軍総司令官で

継続戦争（1941年６月～44年９月）

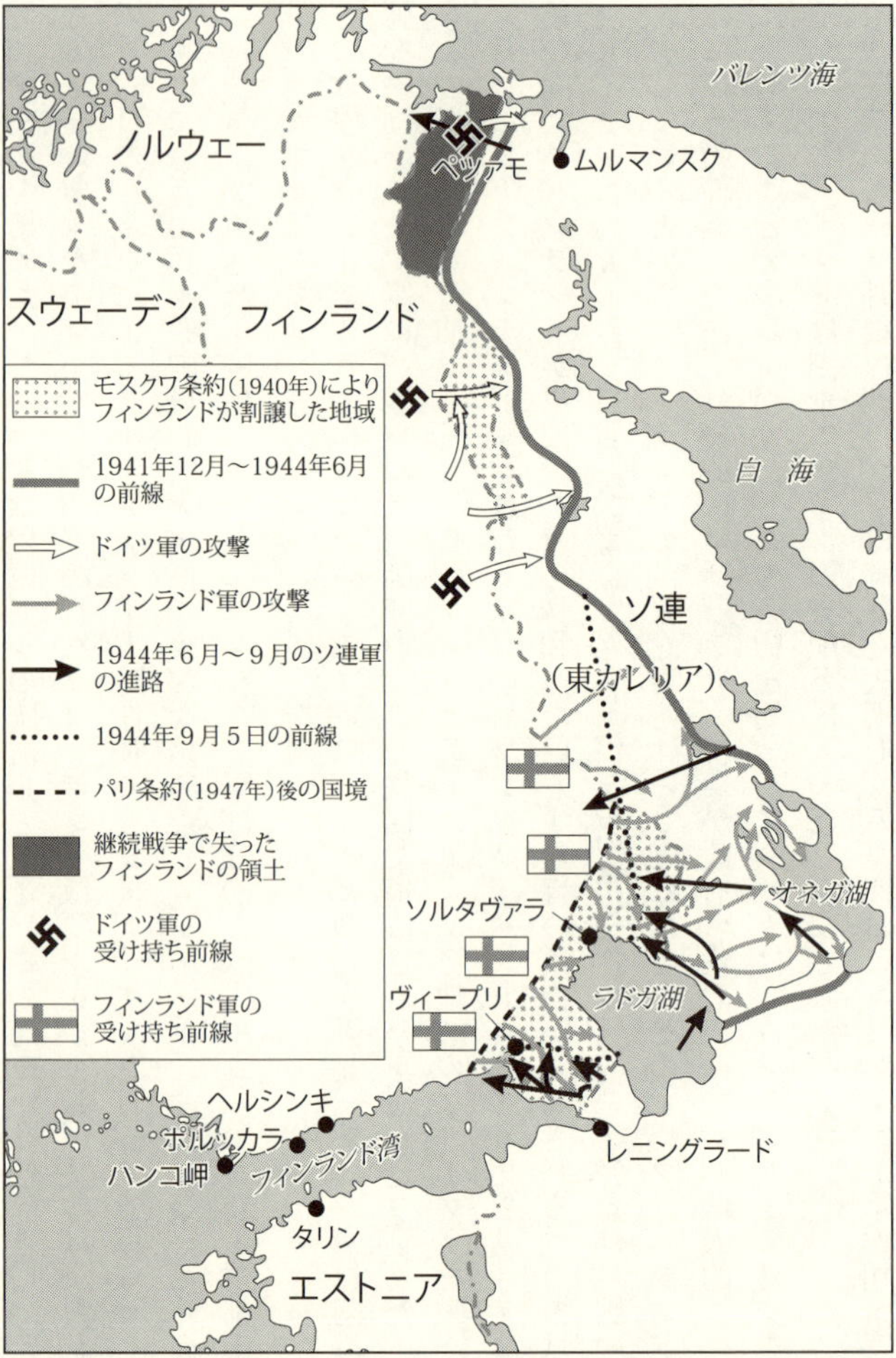

出典：ハッリ・リンタ＝アホ他『世界史のなかのフィンランドの歴史』（明石書店，2011年），デイヴィッド・カービー『フィンランドの歴史』（明石書店，2008年）を基に筆者作成

あったマンネルヘイムが大統領選挙人によって選出された。カリスマ的存在であるマンネルヘイムはフィンランドが危機に瀕するたびに担ぎ出されてきたが、今回は大統領として戦争終結の任に就いた。当時七七歳である。マンネルヘイムは大統領就任後すぐにソ連との和平交渉の道を探った。

九月四日に停戦に漕ぎつけ、一九日にはソ連との間で休戦条約が締結され、ようやく戦争は終わった。フィンランドの歴史学者ヴェフヴィライネンと百瀬宏によると、ソ連がなぜこの時期に休戦に応じたか決定的な史料はない。だが、ソ連にとって主たる課題はナチス・ドイツの殲滅であり、対フィンランド戦闘に当てていた精鋭部隊を中欧で戦われている対独戦闘に投入したかったためだとする。またフィンランドの亡命政権がスウェーデンに樹立されるよりは、親ソ的な政権がフィンランドにできることが得策と考えたのである。休戦条約についての詳細は次章で述べよう。

継続戦争におけるフィンランドの犠牲者は、不明者を合わせると六万六〇〇〇人で、負傷者は一四万五〇〇〇人に及んでいた。

戦時下の社会、北欧各国への子どもの疎開

第二次世界大戦を戦った多くの国と同様に、フィンランドでは男性が戦場に駆り出され、幼い子どもを持つ母親以外の女性は基本的に労働の義務を負うことになった。

たとえば市電の運転手などこれまで男性が占めていた職業である。また、内戦にそのルーツがある女性奉仕組織ロッタ・スヴァルドは兵士の世話やけが人の介護などの労働を担った。一九四四年には一九万人ものロッタ・スヴァルドと五万もの少女で構成された「小さなロッタ」が活躍し、国家防衛の任を担った。第3章で触れたように、彼女らは、銃後で活躍するのに加えて、前線で兵士の身の回りの世話や看護などに従事した。銃を手にとって戦うことはなかったが、二八七人が前線で戦闘の犠牲や病気、事故などが原因で亡くなったとされる。

不運なことに戦時中に不作が重なり、食糧不足が深刻化し、配給制が布かれた。また、戦火から子どもを逃すために、スウェーデンやデンマークに子どもを疎開させる動きもあった。一九三九年から四六年の間で三歳から七歳という学齢期前の八万人に及ぶ子どもたちがスウェーデンやデンマークに疎開する。

このような動きは北欧の「連帯」としても見ることができるだろう。そのうち、一万から一万五〇〇〇人の子どもたちは実の両親を亡くし、あるいは養父母に望まれて実の両親の承認を得て、養子になり、戦後も両国にとどまった。一方、帰国した子どもたちは、フィンランド語を忘れてしまったケースも多く、学業に支障が出たり、生活環境の変化に馴染めないなど苦労が続いた。

ナチス・ドイツの台頭による国際政治の動乱のなかで、フィンランドはソ連との戦争を余儀なくされた。冬戦争敗北後、フィンランドは生き残りをかけてドイツと手を結び、継続戦争によって割譲した領土を奪還、さらには「大フィンランド」実現のための領土獲得へと突き進んだ。だが、いずれも失敗に終わる。

二つの戦争がもたらしたものは国土の荒廃、多数の人命の犠牲、厳しい休戦条約であった。この代償はフィンランドにとって大きく、苦しい道のりを歩むことになる。同時にそれは外交政策の大きな転換にもつながっていく。

第5章　苦境下の「中立国」という選択――休戦～東西冷戦期

一九四四年九月一九日にソ連およびイギリスと休戦条約を締結したフィンランドは、敗戦国として復興に向かって歩み出すことになる。フィンランドは二度にわたる戦争で大きな痛手を負ったものの、独立を維持することはできた。しかし第二次世界大戦後、世界がソ連主導の「東」、アメリカ主導の「西」に分裂する状況下、フィンランドはどちらに付くかの選択を迫られることになる。

I　戦争の代償――領土割譲と自国での戦争責任裁判

休戦条約とその影響

休戦条約締結後、フィンランドはソ連軍による占領は免れたものの、連合国管理委員会がヘルシンキに設置された。この管理委員会はソ連の主導で、ソ連、イギリスの二ヵ国で構成されたが、委員はほとんどロシア人で構成されていた。連合国管理委員会は、休戦条約が履行されるかの監視を目的とした。

議長にはソ連のアンドレイ・ジダーノフ（一八九六～一九四八）が就任した。ジダーノフはスターリンの右腕といえる人物で、一九四〇年のエストニア併合を主導したことで知られていた。フィンランド側が警戒したのは言うまでもない。この連合国管理委員会のもと、一九四四年九月に二三ヵ条からなる休戦条約の履行が迫られていく。

休戦条約の主な内容は次の六点である。

1 一九四〇年のソ連との国境線の画定およびフィンランド北部に位置するペッァモのソ連への割譲
2 ハンコ岬からヘルシンキにより近いポルッカラへのソ連の海軍基地設置の容認、五〇年間貸与
3 ソ連に対して六億米ドルに相当する賠償金の支払い
4 反ソ・反共組織の解散
5 フィンランド軍の大幅な削減
6 ドイツ軍のフィンランド領内からの追放

以下、その具体的内容とフィンランド国内への影響について順を追って見ていこう。

領土割譲と反共組織の解散

1　一九四〇年のソ連との国境線の画定およびペッツァモの割譲

一九四〇年の国境線の画定とは「冬戦争」の休戦条約で取り決められた国境である。これによってフィンランドは国土の一〇分の一を失い、第4章で触れたように、そこに居住していた四二万人ものフィンランド人が国内に避難民として流入する。そのなかには、のちに大統領となるマルッティ・アハティサーリ（一九三七〜）もいた。

避難民の半数以上は農民で、フィンランド政府は引き揚げ者の生活のために国内の土地を分配する。一九四五年から土地改正法が施行され、主に南部の二八〇〇万ヘクタールの土地が計画的に避難民に提供された。また、再定住政策として開墾すると助成金や奨励金が支給される制度をつくる。避難民だけではなく、復員兵やその家族にも土地か農地にできるような森林が支給されることになる。

2　ポルッカラへのソ連海軍基地設置の容認、五〇年間貸与

ポルッカラはバルト海の要衝に位置し、冬戦争時にソ連が三〇年間貸与の権利を得たハンコ岬より九五キロほどヘルシンキに近い。東西対立を見越すと、バルト海の防衛はソ連にとって重要であった。この海軍基地設置は、世界がフィンランドはソ連の影響圏に入ったとみ

なす要因となった。なおオーランド諸島の非武装化は維持された。

3　ソ連に対して六億米ドルに相当する賠償金の支払い

賠償金の支払いは休戦調停後から一九五二年秋まで続いた。ソ連は賠償金の半額以上を鉄工品の受け取りで希望し、その納期は厳格に定められた。皮肉にもこの支払いは、造船業をはじめフィンランドの工業復興の足がかりとなる。

4　反ソ・反共組織の解散

国内に存在したファシストまたは反ソ的とみなされた四〇〇以上の組織、団体が解散させられた。極右政党である愛国人民運動はむろんのこと、カレリア学徒会、ロッタ・スヴァルドも対象となった。「大フィンランド」を志向する団体はここに公的には消滅する。

ラップランド戦争――対ドイツ戦

5　フィンランド軍の大幅な削減

休戦直後、フィンランド軍は武装解除に応じたように見せかけながら、ソ連軍の占領に備えて武器を隠匿した。そのためソ連の不信感は強く、フィンランド軍の大幅な削減が条項に盛り込まれた。

第二次世界大戦中、フィンランド軍の兵力は五三万人ほどだった。フィンランドの削減希望は六万八〇〇〇人（冬戦争終結から継続戦争勃発までの兵員数）だったのに対し、ソ連は三万七〇〇〇人（一九三九年一月時点の兵員数）までの削減を要求した。

最終的に陸軍は三万四〇〇〇人、海軍は四五〇〇人、空軍は三〇〇〇人に制限される。また、空軍は爆撃機の所有、使用が禁じられた。加えて、核兵器の所有、開発、実験も禁止された。

6　ドイツ軍のフィンランド領内からの追放

早急に対応を迫られたのは、フィンランド領内にいた二〇万人のドイツ軍への対応である。大幅に削減されたフィンランド軍にとってドイツ軍を撤退させることは容易ではなかった。

当初、フィンランド北部のラップランドに主に駐留していたドイツ軍は、自主的に段階を追って撤退していくことになっていた。だが、予定通りには進まず、抵抗を始め、フィンランド軍と衝突する。ドイツ軍は北上しノルウェーをめざし撤退する際、町に火を放ち、道路や橋を爆破するなどの破壊活動を展開。ラップランドの主要都市であるロヴァニエミの町は焼き尽くされている。

フィンランドでは、一九四四年一〇月から始まったドイツ軍撤退に伴う破壊活動およびドイツ軍とフィンランド軍との戦闘を「ラップランド戦争」と呼ぶ。ラップランド戦争は、翌一九四五年四月末のドイツ敗北直前まで続いた。この戦争はフィンランド軍、ドイツ軍合わせて約四〇〇〇〇人の犠牲者を出している。

戦争責任裁判——八名への裁き

第二次世界大戦後、日独は連合国の戦犯裁判によって裁かれたが、フィンランドが日独と大きく異なる点は、自ら戦争責任裁判を行ったことである。ここでは国際関係学者の百瀬宏による研究（『小国外交のリアリズム』）に依拠しながら、裁判の流れを概説したい。

当初、ソ連をはじめとする連合国管理委員会は「戦争責任者」の処罰を問う裁判開廷を、公的には要求していなかった。だが、フィンランド国内から、継続戦争期に反戦を訴え、投獄された「六人グループ」のメンバー、すなわち社会民主党左派や和平を唱えていた超党派議員によって、戦争責任者の処罰を議会で求める動きが出てくる。

また、フィンランド共産党の流れを汲むフィンランド人民民主同盟は東欧諸国で行われていた人民法廷、つまり、「粛清」も辞さないほどの厳しい裁判を通しての追及を要求していた。

パーシキヴィ首相が率いる政府は、当時の指導者を引退させることでソ連側の意向に応えようとした。つまり、裁判を行わずに戦後処理を行おうとしたのである。

結局、戦争責任問題は、一九四五年三月に行われた戦後初の総選挙の争点とされ、国民の審判を待つこととなった。

戦争前の一九三九年以来の総選挙の結果は、二〇〇議席中、社会民主党が五〇、国民連合党二八、農民同盟四九、フィンランド人民民主同盟四九、スウェーデン人民党一四、国民進歩党九、その他一議席だった。新たにフィンランド人民民主同盟が大きく議席を獲得したことが大きな特徴だった。結局、五つの政党によって連合内閣が組閣されるが、議席からもわかるように「三大政党連合」内閣だった。パーシキヴィ首相は、一九四四年一一月から政権を担っていたが、この三大政党の支持を得ていたため、大勢に大きな変化はなかったが、フィンランド人民民主同盟の躍進、連合国管理委員会副議長サヴォネンコフの度重なる要求が戦争責任裁判の実施への強い後押しとなった。さらに、のちになるが五月にはドイツが敗北し、国際的な戦争責任追及の声も強くなっていった。

首相には引き続き民間のパーシキヴィが就き、この新内閣のもとで戦争責任裁判をめぐる議論が行われたが、裁判の形式についての意見はまとまらず、歴代の首相、法相、司法オンブズマン、法学者などで構成された議会の基本法委員会で審議が行われた。その結果、戦争責任者の処罰を規定した特別法案が作成され、一九四五年九月には可決。フィンランド自らの手で裁判が開廷されることとなる。

そもそも、捕虜虐待など戦闘員によって行われる犯罪行為である「戦争犯罪」と、侵略戦争の計画・遂行、あるいは「平和に対する罪」といった政治的な面がある「戦争責任」とは概念が異なる。戦争責任は一九四五年八月の国際軍事裁判憲章（ロンドン憲章）によって規定されたものである。ドイツの戦争責任者を戦争犯罪者として裁いたニュルンベルク国際軍事法廷（一九四五年一一月～四六年一〇月）はこれを根拠として行われた。フィンランドの戦争責任裁判もまた、このロンドン憲章を受けて開廷したものであった。

ただし、ロンドン憲章以前に締結したソ連との休戦条約の第一三条で、「戦争犯罪人の逮捕および裁判に関して連合国と協力する義務を負う」ことが規定されていたため、この休戦条約に基づく裁判という主張もあった。いずれにせよ、この裁判開廷の位置づけは立場によって異なるが、ロンドン憲章が開廷の後押しになったのは間違いない。

三ヵ月の裁判、八名全員有罪の判決

戦争責任裁判は、一九四四年一一月以降、首相の座にあったパーシキヴィ政権下で行われた。パーシキヴィはロシアからの独立直後の一九一八年五月から半年間、首相を務めた人物（当時はフィン人党所属）であり、ソ連政府から信頼を得ていたベテランの政治家だった（当時は無所属）。パーシキヴィが率いる新政府が旧政府の戦争責任を裁く構図だったが、この裁判によってフィンランドの変化を世界に伝えようという意図もあった。

被告人の選出は政府内でも議論が分かれたが、政府は被告人選出の有識者団を結成させる。ただし、裁判前の一九四五年八月にはジダーノフが五名の被告候補を先に指名していた。と

戦争責任裁判の法廷　1945年11月に開廷された

はいえ、ジダーノフは迅速な裁判の実施を求めたものの、死刑を要求せず、フィンランドが裁判を行うことには異論を唱えてはいなかった。

　ジダーノフが指名した五名は、リュティ元大統領、タンネル元蔵相、J・W・ランゲル元首相、エドウィン・リンコミエス元首相、T・M・キヴィマキ元駐ドイツ公使だった。タンネルは、継続戦争勃発後に蔵相に就任したため、戦争責任者として裁くことに反対意見が出たが、彼を忌み嫌うジダーノフの意見が尊重された。

　五名に加えて、C・H・W・ラムサユ元外相、タンネルと同様に戦時中に外務委員会のメンバーであったアンッティ・クッコネン元文相とテュコ・レイニッカ元蔵相が被告人リストに加えられ、計八名が裁判にかけられることになった。

　他にも被告候補として上がった者もいたが、開戦時の外相ロルフ・ヴィッティングはすでに死去

8名の被告人たち　左からラムサユ，レイニッカ，クッコネン，リンコミエス，ランゲル，リュティ，タンネル，キヴィマキ

し、重病とされたカール・ルドルフ・ヴァルデン元国防相も起訴を免れた。

戦争責任裁判は先に挙げた特別法を基に、最高裁判所判事二名、ヘルシンキ大学の法学者一名、国会議員一二名の計一五名の判事団が裁判の任を担った。

一九四五年一一月から始まった裁判は三ヵ月にわたり行われ、四六年二月に判決が下された。

詳細は表の通りだが、戦時中に大統領であったリュティをはじめとする戦時の指導者ら八人は戦争を導いた罪、ドイツ軍を国内に引き入れた罪、和平のために提供された機会を活用しなかった罪などで全員有罪となった。なかでもリュティは最高刑の一〇年の禁固刑が下された。だが、一九四八年一〇月に病気のため仮釈放され、四九年五月に恩赦を受けた。なお、この判決以前にソ連とイギリスの抗議があり、求刑が一年から二年半ほど重くなったとされる。

この裁判は総選挙の争点になったように、国民の関心は高かったが、その大半は有罪判決を受けた指導者に同情的

戦争責任裁判の訴因と判決

被告人名	当時の役職	訴因	刑期
リスト・リュティ	大統領 1940-44年	1, 2, 3, 4, 5, 6, 7	10年
J・W・ランゲル	首相 1941-43年	1, 2, 3, 4	6年
エドウィン・リンコミエス	首相 1943-44年	5, 6, 7	5年6ヵ月
ヴァイノ・タンネル	蔵相 1942-43年	3, 5, 7	5年6ヵ月
T・M・キヴィマキ	独公使 1940-44年	1（他に防共協定参加）	5年
C・H・W・ラムサユ	外相 1941-44年	5, 6, 7	2年6ヵ月
テュコ・レイニッカ	蔵相 1943-44年	5, 7	2年
アンッティ・クッコネン	文相 1940-43年	1, 2, 3, 4	2年

〈訴　因〉

1　冬戦争後，国を「外交政策にも影響を及ぼすような方法で」戦時体制下におき，ドイツ軍を国内に引き入れた罪
2　対ソ戦争を導き，モスクワ条約で割譲した地域およびロシア・カレリアを占領した罪
3　イギリスと外交を断絶し，イギリスの最後通牒に応じず自国を交戦状態にした罪
4　1941年11月にアメリカが提供した和平提案を拒否し，和平を実現する可能性を拒否した罪
5　1943年3月にアメリカが提供した和平提案をドイツに通報し，さらに和平達成のために提供された機会を活用しなかった罪
6　1944年3月に和平交渉のためモスクワに派遣された使節に十分な権限を与えず，和平交渉が中断するのを座視した罪
7　1944年6月にフィンランドが単独講和しない約束をドイツに与えた罪（その際，リュティ大統領はその行為を個人の名のもとに行った）

出典：百瀬宏『小国外交のリアリズム』（岩波書店，2011年）などを基に筆者作成

であった。

第二次世界大戦後、ドイツに占領されていたノルウェー、デンマークでも、自国で戦時の指導者らを国家反逆罪に問う裁判が行われた。その結果、ノルウェーでは二五名、デンマークでは四六名に死刑が宣告されたが、フィンランドは一人の死刑宣告も、処刑者も出さずにすんだ。

冬戦争・継続戦争の総司令官であり、当時大統領であった国民的英雄マンネルヘイムはこの裁判にかけられることはなかった。ソ連はいまだ絶大な人気を誇るマンネルヘイムに刑を科すことで、フィンランド国内に悪い影響を及ぼすことを避けたからである。マンネルヘイムは体調不良を理由に、戦争責任裁判判決の翌月である一九四六年三月に政界を引退し、晩年はスイスで療養生活を送ることになる。

百瀬は、この戦争責任裁判を「『ファシズムにたいする民主主義の戦い』の実態をソ連の西側隣接国として体験したフィンランドが、占領を免れるために支払った代償」と言う。法に照らすと重大な欠陥があった裁判と評されるが、戦後フィンランド復興へむけて、「過去」と訣別するために、必要な裁判であった。

II　ソ連重視の現実主義——パーシキヴィ・ケッコネン路線

パーシキヴィ首相・大統領

話を一九四四年九月の休戦直後に戻そう。ソ連のフィンランド政治への介入は、休戦直後から始まっていた。まず親ソ政党の復活である。一九四四年一〇月末にソ連の指導下、これまで非合法化されていた共産党が、「フィンランド人民民主同盟」という名称で復活した。

先述したように、一九四四年一一月にパーシキヴィが首相に選出されたが、この第二次パーシキヴィ内閣に共産党の元指導者が入閣していた。戦時中に地下活動をしていたフィンランド人民民主同盟所属のユルヨ・レイノ（一八九七〜一九六一）である。レイノは当初、社会相として入閣したが、一九四六年からは内相に就任する。パーシキヴィがこのような配慮をしたのは、ソ連との友好関係が最重要課題であったからである。

ユホ・クスティ・パーシキヴィ首相（右，1870〜1956）　リアリズムに徹して戦後フィンランド政治を牽引．4歳のときに母を，14歳で父親を亡くすなど苦労の連続だった．左は連合国管理委員会議長アンドレイ・ジダーノフ

フィンランド人民民主同盟は、先述したように一九四五年三月の戦後初の総選挙で四九議席を獲得した。社会民主党はかろうじて第一党の座を保った。同じ左派だが社会民主党はソ連と距離を置き、議会制民主主義を支持していた。結局、保守派の農民同盟も四九議席を獲得し、この三党を中心

とした連合政権が誕生したことはすでに述べた。ちなみに、この選挙から選挙権が二四歳から二一歳まで引き下げられている。

パーシキヴィは、一九四六年三月にマンネルヘイムが大統領を辞めると、大統領に選出され、一九五六年三月まで務めることになる。パーシキヴィによるフィンランド外交は、ソ連への対処に重点を置くもので、のちに「パーシキヴィ路線」と呼ばれていく。

一方で、フィンランドはソ連の影響下にありながら、西側およびスウェーデンなどの中立国との関係も模索する。戦後すぐにフィンランドは、スウェーデンからの緊急援助および貸与の申し出を受け入れ、その後、アメリカの金融機関から金利が低いローンも受け入れ、その資金で生産に必要な材料や機材を購入する。

しかし、一九四七年七月、アメリカが欧州復興を名目に多額の経済援助を行うマーシャル・プラン（欧州復興計画）は、ソ連の反対によって受け入れることはできなかった。その一方で、一九四八年には国際通貨基金（ＩＭＦ）に参加し、為替の安定を図った。

フィンランド人民民主同盟の〝挑発〟

敗戦後、ソ連はフィンランドにたびたび内政干渉したが、その窓口となったのがフィンランド人民民主同盟だった。だが、同じ左派の社会民主党の支持者を完全に「奪う」ことはできなかった。

フィンランド人民民主同盟は、一九四六年五月のメーデーに、冬戦争中に樹立されたソ連の傀儡政権「フィンランド民主共和国」の指導者だったオットー・クーシネンの肖像画を掲げて行進し、市民を挑発したり、官吏の身分保障の撤廃、武器の回収、検問強化を名目にデモを起こしたりしたが、ソ連側が望んだようなフィンランドの政治体制を変化させる力はなかった。デモはクーデターには発展せず、沈静化して終わったからである。

一九四八年の戦後二回目の総選挙ではフィンランド人民民主同盟は、四九から三八へと議席を減らし、五四議席を獲得した社会民主党単独政権が組織される。だが、ソ連はこの政権を批判。北部の都市ケミではフィンランド人民民主同盟の煽動による暴動が起こり、二名の死者を出す事件も起こっている。

フィンランド人民民主同盟の議員ヘルッタ・クーシネンの人気は絶大で、五万八八七〇票という当時最大の票を集めていた。彼女は、オットー・クーシネンの娘でユルヨ・レイノの妻であった。一九四五年から議員として活躍し、四八年にはわずか二ヵ月であったが無任所相に就任する。一方、内相となった夫のレイノは、戦時下にフィンランドに入国したエストニア人やロシア人戦犯容

ヘルッタ・クーシネン（1904～74）　国会議員．1922年に父の亡命先のモスクワに移住し，フィンランド共産党に参加．34年に帰国するが39年まで投獄，41年には予防拘留され終戦後解放．45年の議院選挙で初当選．72年まで議員を務めた

疑者を休戦直後にソ連に移送した件で弾劾され、一九四八年に内相を罷免される。

結局、フィンランドではソ連の息が掛かったフィンランド人民民主同盟の支持が他党を凌駕するほどには伸びることはなかった。冷戦が進展するなか、フィンランドはなぜ「東欧化」しなかったのかというテーマは、長らくフィンランドの歴史学界で議論されてきたが、その要因は以下の二点による。

一つは、いままで見てきたように共産党の流れを汲むフィンランド人民民主同盟がめざした社会主義化に賛同する動きは少なく、政治を動かすまでの勢力にならなかった。

もう一つは、ナチス・ドイツに「与《くみ》した」第二次世界大戦期の反省から、現実を直視した外交戦術を展開したことによる。その一つが次に見るソ連との条約締結である。

ソ連との友好・協力・相互援助条約の締結

一九四七年二月、連合国二一ヵ国と締結したパリ講和条約によって、フィンランドは主権を回復した。その直後、スターリンからソ連との相互援助条約が提案される。ソ連はフィンランドが西側に取り込まれないために条約締結を求めたが、フィンランドは別の思惑から締結する。フィンランドは、二度にわたるソ連との戦いで小国が大国間の争いの外にいる必要性を痛感し、独立の尊重と内政不干渉の原則をこの条約に盛り込もうとしたのである。

条約案自体はすでに三年前から議題に上がっていたが、一九四八年四月六日に友好・協力・相互援助条約（通称FCMA条約。フィンランドではYYA条約と略）として正式にソ連とフィンランド間で締結される。この条約で注目すべき点は前文と第一条および第二条である。

前文では、フィンランドとソ連との間の友好関係および協力の強化を謳うなか、「大国間の利害紛争の外に留まりたいというフィンランドの願望を考慮し」、かつ国際連合組織の目的と原則に従って、国際的な平和と安全の維持のために確固として努力する旨を表明するとされた。この「大国間の利害紛争の外に留まりたい」という一文は、フィンランドからの要望であり、この表現をめぐって議論が行われたが、最終的にフィンランドの意向が通った。この一文はその後のソ連の内政干渉に対抗する手段となった。

第一条と第二条をそのまま引用しよう。

第一条

フィンランドまたはソ連邦がドイツまたは同国と同盟する国家の側からのフィンランドを経由した軍事的侵略の対象となった場合には、フィンランドはその義務に誠実な独立国家として侵略を撃退するために戦う。その際、フィンランドは、領土、領海、領空にわたって、自国領域の不可侵性を守るため、使用可能な全兵力を振り向ける。ただし、その実行にあたっては、フィンランドは、自国国境内において本条約の定める義務に従ってこれを行い、必要であればソ連邦の支援を受け、あるいはソ連邦と協同して、これを行う。
上記の場合には、ソ連邦は、フィンランドにとって必要とされる条約《ママ》を供与するが、その供与に関しては両締結国が相互に協定するものとする。

第二条

締結国は、第一条に定められた軍事的侵略の脅威が証明された場合には、相互間で協議を行うことになる。

（『世界史史料一一』）

第一条ではソ連またはフィンランドの敵に対して協同して戦うことを約束するが、フィンランドはその義務に誠実な「独立国家」として侵略を撃退するために戦うとされた。第二条では軍事的脅威が証明された場合には、相互で協議を行うことが規定された。このような条項はソ連が締結した他の社会主義国との条約にはなく、フィンランドがチェコスロヴァキア、ポーランド、ルーマニア、ハンガリーなどの東欧諸国とは異なる関係をソ連と結んだ証左であった。

結果的に、フィンランドは第一条、第二条と、「大国間の利害紛争の外に留まりたいフィンランドの願望を考慮し」という前文を盾に、その後の中立政策を打ち出していくことができたのである。つまり、この条約はフィンランドがソ連の衛星国とされずに踏みとどまる要因ともなった。

ＦＣＭＡ条約の効力は一〇年間と規定されたが、その後は五年間の延長が可能であったため、更新が重ねられ、ソ連が崩壊する一九九二年まで続いた。

この条約はフィンランドにとっては現実を踏まえたものであり、実際に外交上の安定を助けるものとなったが、軍事的脅威が証明された場合に両国で協議するという内容から、フィンランドがソ連に従属しているという見方をされる要因ともなった。その一方で、イギリスの国際政治学者ロイ・アリソンは、アメリカはフィンランドが置かれた状況を理解しており、この条約は米フィン関係を損なうものではなかったとする外交談を紹介している。

条約締結一年後の一九四九年四月に、ソ連を中心とする東側陣営と対峙する目的で西側陣営は軍事同盟である北大西洋条約機構（ＮＡＴＯ）を設立する。北欧ではデンマークとノルウェーが加盟を果たしたが、中立政策を掲げているスウェーデンは加盟せず、ソ連に配慮するフィンランドも加わらなかった。その後、フィンランドは一九五五年の東側陣営の軍事同盟であるワルシャワ条約機構に組み込まれそうになった。だが、後で詳述するがＹＹＡ条約を盾に加盟を回避することになる。

一九五〇年代に入り、東西対立が明らかになっていくなか、戦後フィンランドの政治はパーシキヴィ大統領を中心に現実を見据えた「リアリズム」を根底に据えていく。それを継承・発展させたのが次に登場するウルホ・ケッコネンである。

冷戦とケッコネン

冷戦期のフィンランドを牽引した政治家ケッコネンは一九五〇年から首相を五期五年間、一九五六年からはパーシキヴィに代わり大統領を四期二六年間務め、一九八一年に病気で引退を表明するまでフィンランド政治の中心にいた人物である。

一九三六年に農民同盟の議員として政界入りしたケッコネンは、四四年から四六年にかけてパーシキヴィ内閣の法相として戦争責任裁判問題などに関わった。一九四六年三月、パーシキヴィの大統領就任時にはケッコネンは農民同盟の首相候補となったが、フィンランド人民民主同盟の反対により断念。だが、国会議長を務めるなど影響力を増していく。一九五〇年の大統領選では現職のパーシキヴィに大差をつけられ落選したが、彼に指名されて首相に就任した。

首相として、ケッコネンは一九五〇年にソ連と五年間の通商条約を締結することに成功するなど手腕を振るった。このようなソ連との関係を自身の「政治道具」としてケッコネンは利用し、求心力を高めていく。

一九五六年二月から三月にかけて行われた大統領選では、三〇〇人の選挙人による投票の結果、賛成一五一反対一四九の僅差でケッコネンが選出され、就任直後に物価上昇に伴う賃金値上げを求めた労働組合主導のゼネストが起こるなど、前途多難な出発であった。

一九五三年にスターリンが死去し、後任にニキータ・フルシチョフ（一八九四〜一九七一）がソ連共産党書記長に就任すると、ケッコネンはフルシチョフとの友好関係によって、モスクワとの関係を巧みに保つようになる。

その一方で、ケッコネンの強引な政治手腕に国内では賛否両論が繰り広げられ、常に話題の人物であった。ケッコネンはソ連の干渉をうまく利用し、議会を解散させるなど政治力を発揮し、政敵からは忌み嫌われる存在であった。だが、冷戦期のフィンランド政治を象徴する人物であったことは間違いない。

ケッコネンの業績すべてをここで語ることはできないが、フィンランドの戦後史における大事件であった「霜夜事件」「覚書危機」について触れておきたい。ソ連の内政干渉が引き起こした事件であり、ケッコネンの対処に彼の性格、さらにはフィンランドの苦悩が見えるからである。

ウルホ・ケッコネン（1900〜86）　パーシキヴィ路線を引き継いだ首相・大統領．“サウナ外交”によって米ソと巧みに関係を構築．政治家以前は警察官，弁護士，高跳びのフィンランドチャンピオンでもあり，多彩な顔を持っていた

霜夜事件――ソ連による社会民主党への圧力

第二次世界大戦後、ドイツが東西ドイツに分裂。一九五五年に西ドイツがＮＡＴＯに加盟すると、ソ連は西側の軍事的拡大に対して備える必要性が出てきた。そのため、

一九五五年五月、ソ連およびポーランド、ハンガリー、ルーマニア、ブルガリア、アルバニア、チェコスロヴァキア、そして東ドイツの八ヵ国で軍事同盟であるワルシャワ条約機構が組織される。

ソ連は自分たちの傘下に置こうと、フィンランドにもさまざまな干渉を行うが、その一つが「霜夜事件」と呼ばれるものである。

一九五八年の総選挙で社会民主党中心の連合政権であるファーゲルホルム内閣が誕生した。この選挙では、ソ連の支援を受けていた共産党の流れを汲むフィンランド人民民主同盟が五〇議席を獲得して第一党になっていた。だが、第二党の社会民主党が同党との連携を拒絶し、第一党ながらフィンランド人民民主同盟は政権を取ることができなかった。ソ連は、社会民主党に強い不満を抱くようになる。

当時、戦争責任裁判で五年六ヵ月の禁固刑を言い渡されたタンネルが復活し、社会民主党で影響力を増していた。タンネルは戦前に首相や外相、蔵相などの要職を務めたベテランの政治家である。

ソ連は、タンネルが主導して社会民主党がソ連への態度を一変させることを恐れた。それゆえ、ソ連はフィンランド駐在の大使を本国に引き揚げさせ、進行中の通商交渉を中断させるなど「嫌がらせ」を行い、新政府に圧力をかけていく。

さらには、西ドイツとデンマークがバルト海西岸で軍事協力を進めているなか、フィンランド、ソ連間で締結したＹＹＡ条約で規定されている軍事協議の可能性を通告する。また、ソ連メディアを通じて、新政府を非難するキャンペーンを行うなど、フィンランド政府に揺さぶりをかけた。その間、農民同盟の二人の閣僚が辞表を提出するなどして政権は混乱。

一九五九年一月、ケッコネン大統領はこの事態の解決を図るため、フルシチョフとの直接交渉に赴いた。結局、社会民主党主導のファーゲルホルム内閣は五ヵ月もしないうちに退陣に追い込まれた。

新政権が農民同盟を中心としたスウェーデン人民党との連立内閣となり、社会民主党が政権から外れると、ソ連はすべての制裁を解除した。このソ連による一連の干渉は「霜夜事件」と呼ばれるが、それは、フルシチョフがフィンランドとソ連との関係を「霜夜」（氷点下の夜のように冷え切っているという意味）にたとえたことによる。

覚書危機――ソ連による軍事協議要求

「霜夜事件」から三年後、再びソ連による内政干渉事件が起こる。

一九六一年八月にベルリン東西の行き来を断絶する壁が建設されるなど東西関係が緊張を増すなか、一〇月三〇日にソ連はフィンランドに一通の覚書を送った。そこにはＮＡＴＯの反ソ連的な軍事行動が北欧に影響を及ぼしているとして、ＹＹＡ条約第二条に基づく軍事協議の要求が書かれていた。

フィンランドがこの要求に応じると、ソ連との軍事協力が進行し、結果、東側陣営に一気に飲み込まれる可能性があった。

覚書がフィンランドに届いたとき、ケッコネン大統領はアメリカ公式訪問後の休暇をハワイで過ごしていた。ケッコネンは急ぎヘルシンキに戻り、一一月二四日には、シベリアの町ノヴォシビルスクでフルシチョフと会談。ケッコネンは、ソ連の要求はかえって北欧諸国の脅威になり、北欧の勢力均衡《ノルディック・バランス》を崩しかねないと説得した。結局、ソ連の軍事協議の要求を取り下げることに成功する。

イギリスの国際政治学者ロイ・アリソンは、これには西ドイツと「接近」しているノルウェーとデンマークへの警告の意図があり、ソ連がフィンランドの政策自体を批判した結果ではないと指摘している。

いずれにせよ、危機を乗り切ったケッコネンはしたたかにも大統領選にこの覚書事件を利用した。ノヴォシビルスクの会談で、フルシチョフが反ケッコネン勢力の大統領が誕生すると、ソ連を敵視する外交路線に変化する恐れがあると言明したことを利用したのである。翌一九六二年一月に予定されていた大統領選で、ケッコネンの対抗馬で本命視されていたオラヴィ・ホンカは「祖国の利益のために」という理由で、立候補を取り下げた。

ホンカは、反ケッコネン派の社会民主党、国民連合党、スウェーデン人民党など六党が推薦した候補であった。ホンカの辞退によって大統領選は事実上終結し、結果的にケッコネンが大勝利を収める。同時に行われた総選挙ではケッコネンが所属する農民同盟が五三議席で、第一党の座を獲得。対して、社会民主党は三八議席しか獲得できず、四七議席のフィンランド人民民主同盟にも負け、野に下ることになった。

サウナ外交と「フィンランド化」

ケッコネン大統領（右，1960年３月）　ヴォロシーロフ，フルシチョフとモスクワで談笑する一齣．戦後フィンランドはソ連との関係に腐心し続ける

戦後フィンランドの親ソ路線は外交政策の基本となったが、この路線は、最初はパーシキヴィによって、次にケッコネンによって踏襲されたため、のちに「パーシキヴィ・ケッコネン路線」とも言われる。

ケッコネンは巨大な隣国ソ連と一三四〇キロにも及ぶ長い国境線を接したフィンランドが生き残るために、強いリーダーシップを発揮し、親ソ路線をとった。また、先述したように、ソ連の脅威を利用し、敵対者を排除していった。さらには、個人的な信頼を軸に秘密裏に外交を進め、それは「サウナ外交」と揶揄されることもあった。実際、フルシチョフとはお互いに行き来し、ともにサウナを楽しんだ仲だったと言われる。

このようなフィンランドの親ソ路線は、「フィンランド化」と言われることがあった。この言葉の起源は一九五〇年代初頭のオーストリア国内での討論からとされる。一九六〇年代に西ドイツの政治学者が、ドイツの外交について「フィンランド化」の語句を用いて論じたことで広まった。ソ連が外交的な圧力をかけることで他国の内政を操っているという意味としてである。

日本でも、「フィンランド化」という言葉が使われたことがある。そこでは、他国の「衛星国」としての意味として使われた。たとえば、「ソ連に迎合したフィンランド」のようになってはいけないという反語的にである。だが、そのイメージはフィンランドの現実とは乖離していた。

コラム3

神聖なるサウナ

スーパー銭湯やスパなどで「ロウリュ」または「ロウリュウ」という言葉を聞いたことはないだろうか。「ロウリュ」とは、熱せられたサウナストーンに水をかけ、高温の蒸気を発生させた後に大きなタオルでその熱風を扇いでもらうサウナ内のサービスを日本では指す。「ロウリュ」は「Löyly（蒸気）」というフィンランド語からきている。サウナ自体、フィンランド発祥とも言われ、サウナにつきものの「ロウリュ」が日本でも楽しめるようになってきた。

しかし、フィンランドではロウリュはサウナに入っている人自身が行うものである。たとえ高級スパであろうともロウリュを出すスタッフは存在しない。タオルで扇ぐこともしない。ただ蒸気を発生させてそれを浴びる行為がロウリュであり、完全にセルフサービスである。ただし、ドイツの一部では日本同様にロウリュを担当するスタッフが存在し、同様のサービスを行っている。ちなみに日本でサウナストーンにかける水はアロマが入った水を使うことが多いが、フィンランドではふつうはただの水である。

フィンランド人の暮らしにはサウナは欠かすことができない。温かいサウナは出産場所として利用されてきた。戦後フィンランドを牽引したケッコネン大統領も一九〇〇年サウナで誕生した。また、人が亡くなると遺体をサウナで清める習慣があった。サウナはフィンランド人の一生に関わるものであった。医療にも使われたり、食物を乾燥させたり、麦芽を発酵させるなどの作業場でもあった。クリスマスには「クリスマス・サウナ」に入り、人びとは身を清めた。サウナは「神聖な場所」であったのだ。

フィンランド人にとって、サウナは最高のおもてなしでもある。フィンランド人に自宅のサウナに招待されたら、心づくしのおもてなしである。本章でも触れたが、冷戦期、ケッコネン大統領はソ連のフルシチョフ書記長としばしばサウナで会談し、難局に立ち向かったという。

フィンランドではあらゆる場所にサウナは存在する。プールには必ずといっていいほど設置され、マンションのような集合住宅でも一階や地下にあり、場所によっては家族で貸し切りもできる。家庭のバスルームにはバスタブがないのが普通だが、サウナをつけているところは多い。家族では男女一緒に入ることもあるが、一般的にサウナは男女別々に入る。首都ヘルシンキでは最盛期の一九四〇年代半ばには一二二もの公共サウナがあったが、自宅にサウナが設置されるようになり、その数は減少し、現在では数件ほどしかない。

本来は薪ストーブで温められるが、現在は電気かガスで温めるのが一般的である。ただし、煙の匂いを楽しむ「スモーク・サウナ」も数件残っている。

サウナは基本的に裸で入り、時には白樺の枝葉で体を叩くことで血行を促進させる。ロウリュを楽しみ、知らない人ともサウナのなかで交流するのが楽しみ方である。

フィンランド風サウナを楽しむには、サマー・コテージ「ケサモッキ」にあるサウナが一番である。ケサモッキの多くは海のそばか湖のほとりに建てられている。豪華なものよりも質素な山小屋風のケサモッキがフィンランド人には馴染みがある。サウナ小屋は水辺に建てられているので、ギリギリまで熱さを我慢した後にそのまま外に飛び出し、冷たい水のなかに飛び込む。寒い冬には凍った湖に穴を開けてサウナを楽しむこともある。

現在ではサウナの「神聖さ」は薄れていっているが、それでもフィンランド人にとってサウナは欠かすことができない大切なものである。

スイスなどとは異なる中立政策

フィンランドは親ソ路線の一方で、「中立」という概念を盾に、ソ連からの干渉に耐え、結果としてソ連の「衛星国」になることはなかった。他方で、西側諸国に対して、「フィンランド化」のイメージを払拭することに努める。

ただし、フィンランドが主張する中立は伝統的な中立国であるスウェーデンやスイスとはまったく特徴を異にしている。時勢によって中立の意味が変化したからである。

特に冷戦期、フィンランドの中立は安全保障を担保するものとみなされた。また先述したが、一九四八年にソ連と締結したFCMA条約もフィンランドの中立を保障するものとする見方もあった。ケッコネンはいかなる状況でもフィンランドは紛争外に留まることが重要と見ており、その意味で中立という言葉を使用していた。

フルシチョフはフィンランドの中立には肯定的な立場であり、一九五七年六月にフィンランドを訪問した際には、中立国としてフィンランドを認める発言をしている。一方で、西側諸国は当初フィンランドの中立を信用していなかった。西側諸国が考えるスイスなどのような中立とは一致していなかったからである。

ケッコネンはソ連との友好関係を重視しながらも、アメリカにもたびたび訪問するなど、ソ連の反感を買わない程度に西側諸国との友好関係の構築にも努め、中立国としてのフィンランドの立場を訴え続けた。

いずれにせよ、冷戦期、フィンランドの独立を守り、東西の間で均衡を保とうとする「パーシキヴィ路線」の外交をケッコネンは踏襲した。好悪は分かれるものの、彼がフィンランドに必要な存在であったことは、一九六八、七八年と大統領選に連続当選したことからもうかがえる（七四年に任期延長）。一方でケッコネンは、政敵から「ソ連の回し者」として批判の対象であり続けた。

第3章で言及したが、一九一九年に制定された統治章典（憲法に相当）では、大統領には内政はむろんのこと外交にも範囲が及ぶ大きな権限が付与されていた。任期も六年とされ、再任も無制限であった。大統領の権力は他のヨーロッパ諸国と比較すると強大であり、ケッコネンは在任中、その権限を最大限に利用したのである。

ケッコネンは、一九七〇年から始まった労働運動に対して自ら団体交渉に乗り出し、その結果、最低賃金など労働者の権利を約束した「UKK協定」（ケッコネンのイニシャルの頭文字から名付けられた）を労働者側と結んでいる。実はこうした行為は大統領の権限外である。

だが、ケッコネンのカリスマ性とソ連との関係構築の実績から国民の間で容認されていた。

Ⅲ　経済成長の果実――福祉・教育の充実した社会へ

国際社会への復帰

話は少し戻るが、一九五二年はフィンランドにとって記念すべき年であった。夏季オリンピックが首都ヘルシンキで開催され、ソ連への賠償が完了したからである。これらの出来事はフィンランドの復興を世界に伝え、フィンランド人の自尊心の回復にもつながった。

ヘルシンキ五輪のポスター　ヘルシンキは1940年開催予定の東京五輪の代替地だった．第２次世界大戦により中止となったが，48年のロンドン五輪の後，52年に実現

一九五五年、フィンランドは元枢軸国イタリアとともに国際連合加盟を果たした。同年には法律、社会、文化、経済、交通といった分野で北欧諸国間での協力推進を図る北欧会議（一九五二年に設置、五三年に発足）にも加盟する。

スウェーデン、デンマーク、ノルウェー、アイスランドの四ヵ国で発足したこの会議は、軍事分野を外すことによって実績を積んできた。だが、フィンランドはソ連への配慮から加盟を控えていた。ソ連は北欧会議が西側と通じていると懸念を抱いていたからである。しかし、ソ連との関係が安定してきたことによってフィンランドは加盟を果たすことができた。

一九五二年にはフィンランドを含む北欧諸国間で北欧パスポート連合を形成し、北欧諸国間での身分証なしでの移動が可能になった。さらに、一九五四年には北欧諸国内での移住および労働の自由が認められ、北欧の結びつきが一層強化される（アイスランドは五五年に加盟）。

一九五五年にポルッカラ返還が決まり、翌年にはポルッカラに駐留していたソ連軍が撤退し、フィンランド人は国際社会への復帰をさらに実感する。ただし、休戦条約で当初五〇年間ソ連に貸与する約束であったポルッカラ基地の返還は、フィンランドの外交の「成果」とは言い切れない。その背景には、核兵器などの発展やソ連海軍の戦略の変化によって、ポルッカラ基地の重要性が以前よりも薄れてきたこと、アメリカに対して海外の軍事基地を手放すように奨励するための「平和攻勢」としての返還だったからである。

いずれにせよ、一九五〇年代は、フィンランドの戦後復興を果たし国際社会に復帰した時期でもあった。

先述したように一九四五年春から始まったソ連への賠償の多くは、鉄工製品の物品で支払われた。それゆえ、フィンランドでは造船業をはじめとする工業が発展する。対して西側への輸出品は主に紙・パルプ、材木など、戦前からフィンランドが得意とした分野であった。

戦火を免れた隣国スウェーデンは安定した成長を続けていたため、一九六〇年代にフィンランドからスウェーデンに移住する人が少なくなかった。その数はピークである一九六八〜七〇年で一〇万人に及んだ。それは、フィンランド国内のスウェーデン語系住民の減少につながる。

他方で、経済を中心に西欧諸国との関係も強化していった。一九六一年三月にフィンランドは欧州自由貿易連合（ＥＦＴＡ）に準加盟した。正式に加盟したのは一九八六年になってからだが、この準加盟によってヨーロッパ大陸への輸出が増加し、フィンランドの経済発展につながった。

加盟にあたり、フィンランドはソ連に対して、西側との経済協定はソ連との関係を壊すものではないと強調し、政治と経済は「別物」であることを主張した。最終的にソ連にもＥＦＴＡ加盟国と同様の貿易の権利を認めることによって、ソ連の承認を得た。

フィンランド銀行の統計によると、一九七〇年の貿易割合はＥＦＴＡ諸国への輸出が全貿易のうち四四・九％に対し、ソ連への輸出が一一・三％であった。また、同年のＥＦＴＡ諸国からの輸入が四四・八％に対し、ソ連からの輸入が一二・六％だった。ただし国別で見ると、ソ連はイギリス、スウェーデンに次ぐフィンランドの主要貿易相手国であった。

このように、EFTAに加わることで、フィンランドの経済は発展していったと同時に、中立国のイメージを西側に広めていくことになる。

一九六〇～七〇年代に、フィンランドは経済成長が進んだ。一九六九年には、先進国クラブと称されるOECD（経済協力開発機構）に、一九六四年の日本に続き加盟した。これと並行して他の北欧諸国と同様に福祉を充実させることに成功する。フィンランドの経済成長の速さをたとえて、一九八〇年代には「北欧の日本」と評されることもあった。しかし、造船業、繊維産業、金属産業とフィンランドの経済を支えた産業分野がアジア諸国との競争に敗れるようになった一九八〇年代から徐々に経済成長は翳《かげ》りを見せるようになる。

いずれにせよ、戦後復興から経済が発展するなか、フィンランドは農業社会から工業社会への転換が徐々に進んだ。一九五〇年には総人口四〇〇万人のうち一六七万人が農業と林業に従事していたが、一九八〇年には総人口四七八万人のうち三九万人にまで減少することになる。

欧州統合の動きと東欧との連携

第二次世界大戦後、欧州統合の動きが加速していったが、フィンランドはソ連との関係を考慮して慎重な態度をとり続けた。それゆえ、フィンランドは欧州経済共同体（EEC）に加盟しなかった。

一九六五年にＥＥＣ、欧州石炭鉄鋼共同体（ＥＣＳＣ）、欧州原子力共同体（ＥＵＲＡＴＯＭ）が統合され、欧州共同体（ＥＣ）が成立すると、七三年にデンマークがイギリス、アイルランドとともにＥＣに加盟する。だが、スウェーデンは自国が進める中立政策との兼ね合いから、ノルウェーは国民投票の否決を受けて加盟を見送った。

一九七三年にフィンランドはＥＣと工業製品に関する自由貿易条約を締結したが、東側の経済協力機構であるコメコンとも同様の貿易協定を締結することでバランスを図った。ソ連はフィンランドがＥＣと条約を締結することで政治的にも西側とつながりを深めることを懸念した。それに対してフィンランドはソ連に、ＥＣどの条約は中立政策に沿うものであり、ソ連とフィンランドの関係に変化を及ぼすものではないと説明した。

一九七〇年代半ばには、フィンランドはＥＣをモデルとして、ハンガリー、ポーランド、ブルガリア、東ドイツ、チェコスロヴァキアの東欧諸国とＫＥＶＳＯＳ条約と呼ばれる自由貿易協定を締結し、東と西双方との経済的結びつきを強化していく。フィンランドには政治的にソ連を刺激したくなかっただけではなく、一九七三年の石油危機の経験から、安定したエネルギー供給をソ連から確保したいという意図があったからである。

携帯電話 Nokia Cityman 900を使うゴルバチョフ（1989年10月） ヘルシンキのプレスカンファレンスで．この携帯電話は以後愛称が「ゴルバ」となった

ノキアの躍進

フィンランドはソ連だけではなく、イギリス、西ドイツ、スウェーデンといった西側にもさらにシェアを拡大し、輸出を伸ばしていった。その立役者にノキア（NOKIA）を挙げることができるだろう。一八六五年に製紙会社として創立されたノキアは、製紙以外にもゴム長靴、電線などを生産する別会社を運営し、一世紀を経て一九六七年に一つの企業となった。第二次世界大戦後の数年間は電線工場の製品の半分は戦争賠償としてソ連に送られたが、製紙関連の製品が順調に輸出を伸ばす。特にソ連に対してはFCMA条約によって、東欧諸国を含めて自社の製品を売り込みやすくなっていた。

一九六七年の大合併時、ノキアグループは製紙、電線、ゴム、エレクトロニクスの四部門から成り立っていたが、当初エレクトロニクスの売り上げはほとんどなかった。しかし、一九七〇年代から八〇年代にかけて新しいテクノロジーを基にデジタル電話交換機を発明し、

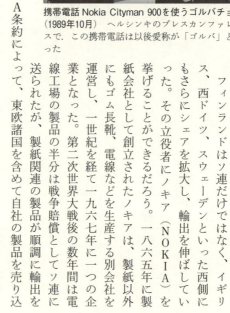

ノキアは電話回線網市場で大きな成功を収めていく。さらに情報技術産業に特化するようになったノキアは携帯電話市場に乗り出す。森に点在して居住するフィンランド人にとって携帯電話は親和性があり、国内における携帯電話の普及は早かった。

ノキアは国内だけではなく、世界にも市場を広げ、一九八八年にはノキアの携帯電話機生産台数は世界一となった。一九八九年にソ連最高会議議長ミハイル・ゴルバチョフが国賓としてフィンランドを訪問した際には、ゴルバチョフがノキアの携帯電話でモスクワの外相と話す姿が報じられ、ノキアの国際的な宣伝となった。

福祉国家への道

北欧は「福祉が充実している」という印象が強いが、北欧各国が一律に福祉を発展させたわけではない。その進み方には当然のことであるが差があった。フィンランドはどちらかといえば遅いほうであった。

フィンランドでは、すでに一九三七年に国民年金の義務化（三九年に施行）が行われていたが、第二次世界大戦の影響で、当初より全員に年金が行き渡らない状況にあった。それに対して、福祉国家への先陣を切ったのは、第二次世界大戦期に中立を宣言し、戦争の痛手が少なかったスウェーデンである。一九一三年にスウェーデンではすでに国民年金法が制定されており、三五年に基礎年金法が成立、四六年にはさらに年金法が改定され、国民に年金制度が広く行き渡っていた。

フィンランドでは一九四八年の一七歳未満の児童手当の支給を皮切りに、一九五〇年代から徐々に福祉を充実させる政策を施行していった。一九五九年には失業保険が始まり、六四年には出産育児休暇の期間が二ヵ月に延長された。一九五七年には皆年金制度をとった新たな国民年金法が施行され、六〇年代には年金機構などの機関が設置されるなど、徐々に福祉制度が整っていく。

冷戦期におけるフィンランドの文化

戦後のフィンランド文学界では世界的にも著名な作家が生まれた。ベストセラー『エジプト人』(一九四五年)の作者ミカ・ワルタリ(一九〇八～七九)は、歴史小説を多く書き、その多くが翻訳され、世界で知られる存在である。ヴェイヨ・メリ(一九二八～二〇一五)も、第二次世界大戦期の兵士を主人公にした『マニラ麻のロープ』(一九五七年)のような小説だけではなく、詩やノンフィクション、伝記なども手がけ、その作品は二四もの言語に翻訳されるなど、世界的に知られた作家である。『エジプト人』『マニラ麻のロープ』は日本語にも訳されている。メリは日本文学愛好家としても知られ、大岡昇平をフィンランドに紹介した人物でもある。

第二次世界大戦時の対ソ戦を題材とした作品も登場した。ヴァイノ・リンナ(一九二〇～

九二）による継続戦争時の兵士を主人公にした小説『無名戦士』（一九五四年）はベストセラーになり、翌年には映画化されている。

また、トーヴェ・ヤンソン（一九一四〜二〇〇一）は、ムーミンシリーズとして知られる小説『小さなトロールと大きな洪水』（一九四五年）を発表後、五四年からロンドンの夕刊紙『イヴニング・ニューズ』でムーミン漫画の連載を始めた。

デザインでは、「北欧デザイン」としてその素材を活かしたシンプルな意匠が一九五〇年代から世界で流行する。

トーヴェ・ヤンソン（1914〜2001）　30言語以上に翻訳され，キャラクターも愛されるムーミンの作者．フレスコ画や油彩画などの多くの作品も残した．1964〜91年，ポルヴォー沖合の孤島に女性のパートナーと暮らしていた

フィンランドを代表する建築家アルヴァル・アールトは、妻アイノとともに設計事務所を立ち上げ、多くの建築物やインテリア製品などを手がけた。

デザインや建築は、すでに第一次と第二次世界大戦のあいだである戦間期から確立していたが、その時期のフィンランドでは家具やインテリアのデザイナーという仕事が確立しておらず、大学の建築科でデザインの訓練を受けたという。彼らはフィンランディア・ホール、ヘルシンキ工科大学、アカデミア書店といった建築物のデザインをしただけではなく、家具やガラス製品などを手がけたことでも知られる。

カラフルなテキスタイルデザインで有名なマリメッコは、一九五一年に創業した企業で、服や布製品だけではなく、食器やインテリア製品なども販売している。また、一八七三年に創業したアラビアはシンプルで使いやすいデザインの食器を販売し、北欧デザインの名声を高めるのに貢献した。

マリメッコのデザイン「タサライタ」 このボーダー柄は代表的なデザインの一つ

このように北欧デザインとしてフィンランドのデザインが広まっていったのとは逆に、戦後フィンランドにはアメリカや他のヨーロッパ諸国の文化が押し寄せた。エルヴィス・プレスリーやビートルズなどのミュージシャンがフィンランド人を魅了した。ハリウッド映画やテレビ番組も輸入ドラマが人気を博した。現在でもフィンランドのテレビ局は、イギリスやアメリカを中心とした海外のテレビドラマを数多く放送している。その多くには字幕が付き、フィンランド人にとって英語の勉強になっている。

ラジオ局は一九二六年に公共放送のフィンランド放送協会（ユレ：YLE）がすでに開局していたが、民間のラジオ局は一九八〇年代に開局した。テレビも、一九五七年にフィンランド放送協会とともに民間放送のMTV3が放送を開始し、マスメディアも徐々に発達していった。

コラム4

ムーミン――日本で群を抜く人気

日本で圧倒的に知名度があるフィンランド発の文化は「ムーミン」だろう。二〇一四年は、ムーミンの作者トーヴェ・ヤンソン（一九一四～二〇〇一）の生誕一〇〇周年だった。それを記念して彼女の評伝の翻訳本が出版され、雑誌で特集が組まれ、展覧会も開催されるなど、「ムーミン・フィーバー」が起こった。ここでは、ムーミンとトーヴェについて、ファンにとっては当たり前のことかもしれないが、一般読者のため基礎的なことに触れておきたい。

意外かもしれないが、ムーミンはスウェーデン語で書かれている。作者トーヴェ・ヤンソンはスウェーデン語を母語とするフィンランド人であり、原作はスウェーデン語だ。

芸術家の両親を持つトーヴェは勉強嫌いで、一五歳で学校を中退後、スウェーデンの首都ストックホルムにある工芸専門学校で学び、帰国後にヘルシンキのアテネウム美術学校で油彩を勉強した。奨学金を得て、パリやイタリアも訪れるなど絵の勉強を続ける。

ムーミンの原型は、スウェーデン語の政治風刺誌『ガルム』の挿絵である。その挿絵に、一九三四年にムーミンらしきトロールが登場したとされる。当時はフィンランド語を国家の第一言語に据えることを目標とした純正フィンランド性運動の活動が盛んに行われており（第3章を参照）、そのような風潮がスウェーデン語を母語とするトーヴェ本人にマイノリティーの自覚を促し、さらにはムーミンの世界観にも影響を与えたと言われる。

第二次世界大戦後の一九四五年、トーヴェはムーミンが登場する小説『小さなトロールと大きな洪水』を発表する。だが売れ行きが悪く、すぐに絶版になる。その後、何度も書き直しを重ね、一九四六年の第二作『ムーミン谷の彗星』が発売される。一九四八年の第三作『たのしいムーミン一家』が英訳されると、イギリスで評判となり、フィンランドでもムーミンシリーズが売れ始め、ここからムーミンの快進撃が始まる。

一九五二年には絵本が、五四年にはムーミンの漫画がロンドンの夕刊紙『イヴニング・ニューズ』で連載されるようになると、人気はさらに拡大する。なお、この漫画はトーヴェの弟ラルスの協力を得て描かれた。

一九五九年には、人形によるパペットアニメーションがドイツで放映され、六九年に日本でアニメ版がテレビで放映されると、日本での認知度が一気に広がった。また、オペラやバレエにもなっていく。

ただしトーヴェは、一九七〇年の『ムーミン谷の十一月』を最後に、それ以降は大人向けの小説を書き始めるようになる。

一九九三年にはムーミンワールドがトゥルクから一五キロほどの距離にあるナーンタリに開園し、観光地となっている（ただし、開園は六月から八月の間だけなので注意）。

世界で知られるムーミンだが、アニメの影響によるのだろうか、日本での認知度は群を抜いている。現地を凌《しの》ぐほどムーミングッズが豊富にあり、ムーミンカフェなるものも存在する。ムーミンの「公式」サイトもある。哲学の題材としても取り上げられるなど、これだけ愛されている国は珍しいだろう。埼玉県にはムーミンの物語を主題とした施設も開業した。

ムーミンがなぜこれほど日本人を魅了するのか――私の理解の範疇を超えるが、これからもムーミンは、〝フィンランドの親善大使〟であり続けるに違いない。

教育改革と学術分野の発展

社会の発展に伴って、教育制度も改革されていった。一九六六年五月に誕生した社会民主党を中心とするパーシオ内閣は、社会的平等および経済の発展を目的として教育改革に着手する。

一九六八年の基礎教育法を皮切りに、七〇年代の一連の教育改革法を経て、これまで四年だった初等教育（七歳から一〇歳）が、九年間の義務教育である基礎学校（六・三制）に改められ、すべての子どもが等しく教育を受ける環境が整備されていった。教育の無償化、週休二日制の導入もこの時期に行われた。

なお、改革前は初等教育時点（四年制）で中学校に進学するか、職業的な訓練を受ける学校に行くか選択しなければならなかった。だが、改革後は九年制の基礎学校修了後、ルキオ（上級中等教育学校、日本の普通科高等学校に相当）、もしくは専門的な職業訓練を行う職業学校に進学する選択肢が用意された。

また、高等教育機関も増えていく。一九二〇年にトゥルク、二五年にタンペレ、三四年にユヴァスキュラにすでに大学が開校しており、戦後は五八年にオウル、六八年にヴァーサ、七九年にラップランドにも新たに大学が設立された。また、六五年にタンペレ、六九年にラッペーンランタに工科大学も設立された。これらの大学はすべて国立である。

そのように学問環境が整えられていくなか、フィンランドでは二人のノーベル賞受賞者を輩出する。一九四五年にヘルシンキ大学教授のアルットゥリ・ヴィルタネン（一八九五〜一九七三）が乳牛の飼い葉の画期的保存法を発見したとして、ノーベル化学賞を受賞。この技術によって、フィンランドでは飼い葉を輸入せずに栄養ある牛乳の生産が一年中可能になった。

一九六七年にはスウェーデンのカロリンスカ研究所のラグナー・グラニッツ（一九〇〇〜

九一）が、二人のアメリカ人研究者とともに視覚の生理学的化学的基礎過程における発見をしたとしてノーベル生理学・医学賞を受賞した。ラグニッツはフィンランド出身だが、冬戦争中にスウェーデンの国籍を取得し、フィンランドとの二重国籍であった。

「自己検閲」

冷戦期は、さまざまな出版や映画が花開いた時期であったが、他方でフィンランドではソ連を批判するような表現に対しては自主的に規制する、つまり「自己検閲」を行っていた。

自己検閲は一九四四年の休戦条約締結後、すぐに始まった。休戦条約には出版の規制条項はなかったが、第二一条にフィンランドはただちに親ヒトラー組織を解散させることと、国際連合、特にソ連に敵対するようなプロパガンダを行う組織も解散させるようにと規定されていた。ソ連はこの第二一条を盾に、ソ連への批判を封じるようにフィンランドに圧力をかけてきたのである。

そもそものきっかけは、戦争責任裁判で被告人となったリュティ元大統領の弁論であった。裁判で、リュティは冬戦争から継続戦争までの歴史的経緯を述べたが、それがソ連側の戦争責任に触れるものであるとみなされ、連合国管理委員会、実質的にはソ連の要請でその記録が検閲の対象となった。ちなみに連合国管理委員会が、フィンランド自らが行った戦争責任裁判に口を挟めたのは、休戦条約の第一三条にフィンランドは戦争責任裁判で連合国と協力することに同意する旨が規定されていたからである。連合国管理委員会の副議長サヴォネンコフは、パーシキヴィに第二一条の遵守を要請。フィンランドは、ソ連の要求を受け入れざるを得なかった。

また、裁判とは別に、ソ連政府はたびたびフィンランドのマスメディアの意見をフィンランドの世論と同一視し、さらにその一部はフィンランド政府の意見であるとさえみなす傾向にあった。ソ連は自分たちに批判的な記事が出るたびにフィンランド政府を非難した。

そのため、フィンランド政府は、マスメディアに対して「検閲」を自発的に行うように要請する。ちなみに、第二一条の内容は、一九四七年に締結されたパリ講和条約の第八条に引き継がれたため、フィンランドは引き続き自己検閲を行うことで、ソ連の非難を封じようとした。

フィンランドでよく知られた自己検閲をめぐる事件は、一九七四年の『収容所群島』のフィンランド語版の出版中止である。ソ連の作家で一九七〇年にノーベル文学賞を受賞したアレクサンドル・ソルジェニーツィンがソ連の収容所の実態を描いた作品（全三巻、一九七三～七五年）である。同書はソ連では発禁扱いであり、フランスで出版されたいわくつきの本であった。

このような自己検閲は、ソ連の攻撃から自国を「守る」という目的は果たしたかもしれないが、言論・表現の自由を脅かすものであった。その一方で、フィンランドのマスメディアはただ政府の要請に従っていたわけではない。たとえば、ソ連に関するデリケートな話題を取り上げたいときは記事をスウェーデンに一度送り、「スウェーデンの視点」として出すことで、自分たちの意見を表明したのである。

ちなみに『収容所群島』のフィンランド語版は、当初とは別の出版社によってスウェーデンで出版された。

Ⅳ　ケッコネンの手腕――「プラハの春」と絶大な権力

ソ連による「中立国」の立場の否定

フィンランドは親ソ外交路線を展開しつつも、中立政策を押し出すことで東側にも西側にも取り込まれない戦術路線をとってきた。

しかし、このようなフィンランドの中立政策に疑問を投げかける人物がソ連に現れる。一九六四年のフルシチョフ失脚後、実権を手に入れたレオニード・ブレジネフ（一九〇六〜八二）である。ブレジネフはフルシチョフとは異なり、フィンランドの中立政策に疑念を抱き、公言を厭《いと》わなかった。

そのきっかけは、一九六八年春のチェコスロヴァキアの民主化を求める運動、いわゆる「プラハの春」である。結局、プラハの春はソ連を中心とするワルシャワ条約機構軍の侵攻によって頓挫するが、これ以降、ソ連は公的にフィンランドを中立国として言及しなくなる。フィンランドの元国会議員で政治学者でもあるリスト・ペンッティラは、フィンランドが掲げる中立が民主化を求め始めた東欧諸国にとって魅力的なモデルになることをソ連は恐れ、これまで認めていたフィンランドの中立を否定する立場を取り始めたと指摘する。

ソ連はフィンランドの共同声明や公的文書から「中立」という言葉を排除する動きに出る。つまり、中立国という表現をフィンランドに適用させないようにすることで、東欧諸国の関心を引かないようにしたのである。なお、フィンランド政府はチェコスロヴァキアでのソ連の行動に対して公に批判することはなく、慎重な態度を貫いた。

当時のフィンランドは、「サウナ外交」で他国と個人的信頼関係を築いたケッコネンの政治力によるところが大きかった。フィンランドは、自国の安全保障政策を自国だけで決断できないというジレンマを抱えていたため、それを打開するためにも一九六三年五月に、ケッコネンは北欧の非核地域構想を提案したが、ソ連の干渉によって頓挫していた。

他方で、一九五六年からフィンランドは国連のもとでのPKOにも参加し始めた。スウェーデン、デンマーク、ノルウェーとともに北欧国連待機軍（NORDBERFN）に参加し、ギリシャのキプロスやパレスチナ、レバノンといった世界各地に国連PKOの一員として要員を派遣し、国際的な評価を得るようになっていた。

プラハの春以降、ソ連はフィンランドとの軍事的つながりを強化しようとし、FCMA条約を理由に軍の共同演習を提案する。ケッコネンはその申し出を拒否したが、このようなソ連側からの軍事協力の提案は東西関係の緊張が続く限り、消えることはなかった。

一九七三年一月にはケッコネンの大統領任期が四年延長される特別立法が圧倒的多数で可決され、翌年三月一日にすでに七〇歳を超えたケッコネン大統領三期目の延長任期が始まった。ブレジネフもソ連を重視するケッコネン続投を歓迎した。

ソ連に中立国としての立場を否定されながらも、フィンランドはデタント（緊張緩和）の時代、アメリカとソ連の間で行われた核兵器の数を制限する条約であるSALTⅠ（第一次戦略兵器制限交渉）の交渉を一九六九年にヘルシンキで開始するなど、東西間の仲介役としての役割を果たすことで、中立国としての立ち位置を維持しようと試みていた。

一九七五年七〜八月には、欧州安全保障協力会議（CSCE）がヘルシンキで開催され、アメリカ、ソ連を含むヨーロッパ各国の首脳が集まった。この会議では、ヨーロッパの安全保障について話し合われ、内政不干渉、紛争の平和的解決、国家間の協力といった加盟国の相互関係について取り決められた「ヘルシンキ最終文書」が採択される。

冷戦期に、東西の首脳が一堂に会した会議を仕切ったケッコネンの手腕があらためて注目された。また、会議の成功は、ソ連の思惑を別としてフィンランドの中立国としての立場を国際的に表明することにもつながった。

ケッコネン大統領選圧勝と新たな政党の躍進

一九七〇年代、ケッコネンの権力は絶大であり、ケッコネン自ら首相を指名するなど手腕を振るった。一九七八年の大統領選でも圧勝し四期目に入った。

対立政党である社会民主党は、ケッコネンの対ソ友好路線を受け入れざるを得ない状況になった。一九六六年には一九五九年以来の「赤緑連合」が結成された。この「赤」とは社会民主党、「緑」とは中央党（一九六五年に農民同盟から改称）の政党カラーを意味した。この「赤緑連合」は政党を超えて結成された内閣であった。

この時期の政治の特徴は、フィンランド農村党の躍進である。フィンランド農村党は、一九五九年に結成されたフィンランド小作農党から発展し、六七年に結成された保守政党である。都市に人口が集中し、地方の過疎化が進むなか、フィンランド農村党は農村地域の生活条件の改善をスローガンに掲げる。

党首ヴェイッコ・ヴェンナモは元農民同盟の議員であり、農林省の土地定住局の局長として第二次世界大戦でソ連領となった旧フィンランド領カレリアからの難民の国内移住を手助けする任に当たった経験を持つ。彼自身、旧フィンランド領カレリア地峡出身であった。彼はケッコネンの政策に反発して離党、近代化のなかで「忘れられた人びと」を代弁するとしてフィンランド農村党を立ち上げたのである。彼は保守派のカリスマ的存在で、ケッコネンの政敵とも評された。

フィンランド農村党は、一九七〇年と七二年の選挙で一八議席を獲得する。本来は、社会民主党の支持基盤である貧しい農民層がフィンランド農村党支持に回ったのである。フィンランド農村党は後述するが、ポピュリスト政党「真のフィンランド人」のルーツとなる。

一方で、ケッコネンの出身母体で、富裕農民を支持基盤としていた農民同盟は、都市部に支持基盤を伸ばそうと一九六五年に「中央党」に改称するが、思うように議席は伸びなかった。ちなみに、一九七〇年の総選挙では選挙権年齢が二〇歳に、七五年には一八歳まで引き下げられた。

ケッコネン時代、大統領の権限が強すぎて、議会の権限が十分機能しなかった。だが、ケッコネン自身は、巧みに冷戦期の政治の運営を担ったと評価されている。一九六二、七五年にケッコネンは北欧諸国の安全保障に尽力したとしてノーベル平和賞候補にもなっている。

その後、ソ連は一九七九年にアフガニスタン紛争に軍事介入し、八一年にポーランドの自主管理労組「連帯」運動を抑圧するなど、しばしば他国に軍事的に干渉した。だが、ケッコネン時代のフィンランド政府は、こうしたソ連の行動を公には批判せず、慎重な態度を貫いた。

ケッコネン後――ペレストロイカの波

一九八一年一〇月に、ケッコネンは健康問題を理由に二六年にもわたる大統領職を退いた。

大統領選では、社会民主党のマウノ・コイヴィスト（一九二三〜二〇一七）が勝利する。

ヘルシンキ労働者貯蓄銀行の取締役などを務めたコイヴィストは政界入りした後、一九六八年に首相を務めた人物である。内相、蔵相を歴任し、フィンランド銀行総裁も務めるなど経験豊かなコイヴィストは、一九七九年に再び首相として活躍。一九八一年、ケッコネンの大統領辞任後は、大統領職を代行し、翌年一月の大統領選で正式に選出された。コイヴィストはケッコネンのように大統領の権限を振りかざすことはせず、議会の決定を尊重したため、政界に自由な雰囲気が生まれていく。大統領任期も二期までと自ら制限をかけた。

ケッコネン後、ソ連との関係維持について議論があったが、一九八三年にコイヴィスト大統領はソ連とのFCMA条約を延長し、従来の対ソ友好路線を踏襲する。同時に西側とも良好な関係を築くことに努めた。

一九八七年の総選挙で、国民連合党は二〇〇議席中五三議席を獲得する勝利を収め、社会民主党に次ぐ第二党になり、戦後初めて国民連合党党首ハッリ・ホルケリを首相に選出した。国民連合党は保守派に属する党であり、反共産主義の色彩を帯びた政策を掲げていたため、ソ連からは警戒されており、ケッコネンも距離を置いていた政党である。その保守派の政党が政権を握るのは二一年ぶりのことであった。このホルケリが率いる政権は第一党の左派政党である社会民主党と連立した珍しい政権であり、双方の党のカラーをとって「赤青政権」と呼ばれた。

一方、ケッコネンの政界引退後の一九八二年から八五年にかけてブレジネフ、アンドロポフ、チェルネンコといったソ連指導者が相続いで死去し、八五年にゴルバチョフが共産党書記長に就いたことでソ連に変化が見られるようになる。

ゴルバチョフは「ペレストロイカ（改革）」と「グラスノスチ（情報公開）」を推し進め、西側との対話も重視し、フィンランドにもその影響が及んだ。フィンランドが、ソ連の了承を得て一九八六年にＥＦＴＡに正式加盟を果たしたのも、その影響といえるだろう。一九八九年五月にフィンランドは西ヨーロッパとのつながりを強化すべく、人権、民主主義、法律分野で国際社会の基準を策定することを目的としていた国際機関の欧州評議会（一九四九年設立）に加盟した。

ゴルバチョフは一九八九年一〇月にヘルシンキを公式訪問した際に、フィンランドの中立を尊重することを約束した。一方で、フィンランドのＮＡＴＯ加盟には難色を示し続けた。

原発推進とチェルノブイリによる汚染

世界での環境問題への関心の高まりに呼応するように、フィンランドでも一九七〇年代から環境保全運動が盛んになった。政府も環境問題に対応するために、一九八三年に環境省を設置し、また、一九八七年に環境問題を党の政策に打ち出す緑の同盟が結成され、初の国政選挙では四議席を獲得した。

一方で、天然資源に乏しいフィンランドはエネルギーを輸入に頼っていたため、エネルギーを自国で確保するために一九七〇年代初頭から原子力発電所の建設に乗り出す。地形の高低差がないフィンランドでは水力発電を増やすことが困難だったからだ。

フィンランド南西部のロヴィーサとオルキルオトに建設された原子力発電所が一九七〇年代後半から八〇年代初頭にかけて稼働し始める。オルキルオトには、原発の使用済み核燃料を地下四〇〇メートルもの岩盤地層に埋める最終処分場「オンカロ（Onkalo）」の建設が行われている。オンカロとはフィンランド語で「空洞」を意味する。有害物質が無害化されるために要する一〇万年間、原発の使用済み核燃料を保存するためのこの処分場は、二〇一〇年にヨーロッパで公開され、翌年に日本でも公開されたドキュメンタリー映画『一〇〇、〇〇〇年後の安全』に取り上げられ、話題になった。

ソ連ではペレストロイカが進められたが、ソ連政府は一九八六年四月に起こったチェルノブイリ原発事故を当初公表しなかった。原発事故の影響はヨーロッパ全体にも及んだが、北欧では森林に広がった放射能汚染が深刻となった。特にラップランド地方のトナカイ放牧地でもある森林に汚染が広がり、トナカイ飼育を生計にしていた先住民族サーミ人が被害を被った。トナカイが食べるコケに放射性物質が蓄積されたからである。

スウェーデン北部では何千もの動物が殺処分とされ、一九八七年春までには五万頭のトナカイが処分されたという。スウェーデンに比べて、フィンランドのラップランド地方のトナカイ放牧の広範囲な地域は重大な放射性物質レベルを免れたが、トナカイの肉を食べるサーミ人の汚染の度合いは都会に住む人より高くなるなどの被害を被ることとなった。

第6章　西ヨーロッパへの「接近」——ソ連崩壊〜21世紀

冷戦が終結し、一九九一年にソ連が崩壊したことで世界は大きく変動した。ソ連と適度な距離を保とうと、外交に苦慮してきたフィンランドも大きな変化を迫られる。フィンランドが冷戦後の危機をどのように乗り越え、現在に至ったのかを政治の動きを中心に見ていきたい。

I　ソ連崩壊からEU加盟へ——バルト三国からの非難

ベルリンの壁の崩壊を受けて

一九八九年一一月に東西冷戦の象徴であったベルリンの壁が崩壊し、翌九〇年三月にドイツが再統一され、九一年一二月にソ連が崩壊すると、フィンランド政府はその対処に追われる。

まず安全保障である。フィンランドは一九四八年からソ連と友好・協力・相互援助条約

（YYA条約）を締結していたが、締結国自体が消滅したのである。ソ連崩壊の報を受けてフィンランド政府がすぐに取り組んだのが、後継国ともいえるロシア連邦との新たな協定締結のための交渉であった。

この問題に対応したのが、一九九一年四月の選挙で与党に返り咲いた中央党を中心とした保守中道政権である。首相は中央党党首エスコ・アホ（一九五四〜）。三六歳という当時最年少で首相に就任したアホは、迅速に事を進めた。一九九二年一月にはロシア連邦と友好条約を締結する。この条約はYYA条約とほぼ変わらない内容であったが、軍事条項がない点が大きな違いであった。

フィンランドは、このように自国の問題では対応が早かったが、バルト三国の再独立運動については慎重な態度をとり続けた。

第一次世界大戦後、独立を果たしたバルト三国――エストニア、ラトヴィア、リトアニアは第二次世界大戦中にソ連に併合されていた。ソ連崩壊の過程で、バルト三国では独立回復運動が起こる。

一九八九年八月にはエストニアの首都タリンからリトアニアの首都ヴィルニュスまでの六〇〇キロメートルを、人びとは手をつないでソ連の支配に対して抗議運動を行った。この非暴力的な運動は「人間の鎖」と呼ばれ、バルト三国の独立回復運動の象徴的なものとなる。バルト三国の独立回復運動支援の動きは世界中で広がり、北欧でもスウェーデン、デンマーク両政府は、当初はソ連との関係を考えて躊躇したものの、支援声明を発表する。

多くのフィンランド人は独立回復運動に共鳴し、援助する動きを見せた。だが、政府の対応は違った。ソ連崩壊に端を発したバルト三国の独立回復運動が武力紛争に発展すること、また、バルト海の安全保障の均衡が崩れることを恐れたからである。コイヴィスト大統領は、自分自身はもちろんのこと、閣僚に対しても公にバルト三国への支援に関与しないように申し渡すほど慎重な姿勢を崩さなかった。だが、こうした姿勢はバルト三国のみならず北欧諸国でも広く非難されることになる。

フィンランドが公式に支援を表明したのは、エリツィン・ロシア大統領が一九九一年一月にバルト諸国の解放闘争を支援すると明言した後だった。コイヴィストの慎重な姿勢は、これまでの外交路線の踏襲に加えて、フィンランドはいかなる紛争でもその外にとどまること

マウノ・コイヴィスト（1923〜2017）　蔵相，フィンランド銀行総裁，首相，大統領と歴任．船大工の家に生まれ，10歳で母を亡くし，働きながら大学に進学．継続戦争では志願し銃撃隊員としてロシア・カレリアに遠征した

エスコ・アホ（1954〜）1991年に36歳で首相就任．2000年の大統領選でハロネンに敗北後，米ハーヴァード大学フェロー．03年にフィンランド政府イノヴェーション基金の事務局長．09年からはノキア取締役に．政界を離れた後も活躍

を言明していたからであった。だが、コイヴィストの「冷淡」な態度は、バルト三国の人びとの記憶に深く刻まれ、二一世紀に入ってからもことあるごとにマスメディアはコイヴィストを非難した。

だが、フィンランド国内ではコイヴィストへの批判はあまりなかった。第二次世界大戦や冷戦期におけるソ連との関係の記憶が人びとの間で薄れておらず、コイヴィストの対応に理解を示していたからである。また、コイヴィストはエストニアに対して「文化協力」の名の下に密かに金銭的援助を行っていたことが、近年明らかとなっている。

一九九一年三月にリトアニア、八月にエストニア、ラトヴィアが相次いで独立回復を宣言した後、またソ連でクーデターが起こったときも、フィンランドは他の北欧諸国とは違い、その発言は慎重だった。ようやくフィンランド政府が新たな外交政策をとる決意を表明したのは、一九九一年八月にソ連復活をめざすクーデターが失敗に終わり、ソ連崩壊が間近に迫ってからだった。

ソ連崩壊による経済不況

ソ連崩壊は政治だけではなく経済にも大きな影響を与えた。フィンランドにとってソ連は、一九九〇年の総貿易輸出額の一三％を占める国で、スウェーデンに次ぐ第二位の貿易相手であった。そのため、フィンランドの経済はソ連崩壊で大打撃を受け、一九九一年一一月には金融危機が発生する。

中央銀行であるフィンランド銀行は、自国通貨マルッカを一三%まで切り下げるなどしたが、政府はほとんどの銀行に金融支援をせざるを得ない状況に追い込まれた。これを契機に銀行の合併が進んだ。たとえば、一九九五年に、三つの銀行が統合してメリタ銀行となった。このように多くの金融機関が合併・再編によって、生き残りを図った。さらに銀行再編が北欧全体でも進んだ。

一九九一〜九三年の間も不況が続き、フィンランドの失業率は二〇%に達する。工場労働者だけではなく、ホワイトカラーも失業の憂き目にあった。党の資金を増やすために、資金の大部分を不動産に投資していた共産党も、一九九二年に破産宣告する事態となった。この結果、多くの共産党員は、一九九〇年に解散したフィンランド人民民主同盟の主要メンバーが新たに設立した左翼同盟に加わる。

一方、ヨーロッパとの関係を強化する政策を打ち出したフィンランド政府は、ソ連崩壊直前の一九九一年九月、正式に欧州共同体（EC）への加盟を検討中と表明。翌年三月に正式に加盟申請をした。のちにイギリスの歴史学者カービーは、EC加盟をめぐる議論の焦点は、経済的な問題よりもソ連の消滅によって浮上した国民の帰属意識にあったと指摘する。

フィンランドの現実主義がヨーロッパ統合への参加につながったことは明らかである。第二次世界大戦後、ソ連といかにうまく付き合うかを優先した外交で小国フィンランドは東西冷戦下で生き抜いてきた。ソ連崩壊後、外交政策を見直す必要に迫られ、また自分たちもヨーロッパに属すという意識がEC加盟につながったのである。もちろん、フィンランドの経済不況を打破するためにもヨーロッパへの接近が必要であったことも事実である。

いずれにせよ、ソ連崩壊を機にフィンランド政府の目はヨーロッパに向き、フィンランド外交は西ヨーロッパと連動するようになる。

EU加盟に向かって

一九九二年二月にマーストリヒト条約が調印され、ECから発展し欧州連合（EU）が設立されることが決定されると、フィンランド国内でEU加盟が本格的に検討される。最も議論となったのは農業問題であった。フィンランド国内では、農業の維持が原則だという意見が根強かった。欧州統合の流れに乗ることは中立政策を揺るがすという不安もあった。

フィンランド政府は助成金を提起することで反対意見を抑えようとした。しかし、最大与党である中央党は農民層が支持基盤であり、中央党の議員の多くが加盟反対に回るという異例の展開を見せた。中央党の動きに左翼同盟、キリスト教同盟が続き、エスコ・アホ首相自身が所属する中央党の議員の説得に回る事態となった。当時、農業従事者は九％ほどであった。

一九九二年三月に始まったEU加盟条約の交渉は順調に進み、約一年で完了する。加盟に際して必要とされた国民投票は一九九四年一〇月に実施された。結果は、賛成五七％、反対四三％で支持される。

この結果は、数年前に反対派であった政治エリートたちが賛成に回ったことが大きかった。反対派は地方居住者で年配者の割合が多かった。

さらに詳しく見ていくと、男性が加盟賛成六一％に対して、女性は五四％と低かった。女性のほうが、フィンランドが培ってきた社会的、経済的な平等レベルがEU加盟で下がることを危惧したという研究分析が出ている。

また、大卒者が賛成七二％と多く、企業管理職や企業家も賛成七三％と突出して高かった。それに対して、農業従事者は反対が九四％だった。支持政党の区分で見ると、社会民主党、国民連合党、スウェーデン人民党の支持者は賛成票に投じた人が多かったのに対し、左翼同盟、中央党、キリスト教同盟の支持者は反対票を多く投じていた。

一九九五年一月一日、フィンランドはスウェーデン、オーストリアといった冷戦下、中立政策をとっていた国々とともにEU加盟を果たした。

スウェーデンは一九九一年にEC加盟申請を公的に表明したが、実はEFTA加盟国への事前通告をしていなかった。この事実は隣国フィンランドへの事前説明がなかったことを意味する。しかし、フィンランド政府はスウェーデンに遅れないように必死に動いた。旧東欧諸国と一緒に加盟するのではなく、「ヨーロッパ」の印象が強いスウェーデン、オーストリアと一緒に加盟することにこだわったのである。

EU加盟後、フィンランドはEU重視の政策をとる。スウェーデンとデンマークが導入に躊躇するなか、一九九九年に単一通貨ユーロを北欧諸国で最初に採用した。ノルウェーはEUには参加していないが、EUの単一市場に参加できる枠組みである欧州経済領域(EEA)には参加するなど、EUに対する政策は北欧各国で異なった。

II 平和外交路線と国内政治

アハティサーリとハロネン

冷戦終結後、フィンランドはEUを重視しつつ、平和外交に力を注いだ。その立役者がマルッティ・アハティサーリ大統領とタルヤ・ハロネン(一九四三〜)大統領である。

従来、大統領は三〇〇人の選挙人から間接投票制で選出されてきた。だが、一九九一年に基本法が改正され、九四年からは大統領が直接選挙制で選ばれることになる。選挙は二回投票制で、一回目の投票で候補者を二名に絞り、決選投票で選出する。その最初の選挙で勝利したのがアハティサーリである。

アハティサーリは外務省や国連で長年働き、ナミビア、旧ユーゴスラヴィア、イラクといった世界各地の紛争解決に取り組んだ実績を持つ。特に、インドネシアで三〇年あまり続いたアチェ紛争を二〇〇五年に解決に導いた立役者として知られていた。

平和構築への貢献はアハティサーリの個人的な能力でもあったが、フィンランドの外交方針に沿ったものでもあった。「フィンランドの防衛政策はもはやフィンランド境界に限定されていない」とフィンランドの政治学者ハンナ・オヤネンが評したように、世界の紛争解決に積極的に関与することで、自国の安全保障につなげていくという方針を実践したのである。そして、こうした行動が中立国としての役割と広く認識された。

マルッティ・アハティサーリ（1937～）　大統領としての中国公式訪問時（94年４月）の一齣．上海のフィンランド領事館開設の挨拶では，人権問題について言及．大統領退任後，国際紛争解決に尽力．2008年にはノーベル平和賞を受賞

アハティサーリは一九九四～二〇〇〇年までの一期しか大統領を務めていないが、国政では海外への輸出促進を含めた経済対策に力を注いだ。また、この時期のフィンランド外交は、アハティサーリ大統領とエスコ・アホ首相の二人によって牽引されたため、「二皿外交」と呼ばれた。
大統領退任後にアハティサーリは、紛争解決のためのNGO立ち上げなど、平和構築の仕事を続け、二〇〇八年にノーベル平和賞を受賞した。アハティサーリは、ノーベル賞受賞講演で第二次世界大戦後にソ連に割譲されたカレリア地峡ヴィープリからフィンランドに避難してきた経験が紛争解決に携わるきっかけになったと述べている。また、「戦争や紛争は不可避のものではない。それらは人間によって引き起こされる。戦争によって常に利益があるからである。それゆえ権力と影響力を持つ者こそが戦争や紛争をも止めることができる」と語った。

「平和は意志の問題である」と述べたアハティサーリの後継者が、二〇〇〇年から一二年まで大統領を務めたタルヤ・ハロネンである。フィンランド初の女性大統領でもある。ハロネンは弁護士として活躍した後、社会民主党の国会議員となった。一九九五年から二〇〇〇年にかけてハロネンは外相としてアハティサーリ大統領とともに平和外交を展開。また、EUを重視する政策をとり、フィンランドの存在感をアピールした。

NATO加盟問題

フィンランドはNATOに加盟していないものの、一九九四年、平和のためのパートナーシップ（PfP：Partnership for Peace）に加盟するなど、安全保障を多方面で担保することに努めた。PfPは、一九九四年に採択されたヨーロッパにおける安全保障協力のための枠組みで、九一年のワルシャワ条約機構解体後の安全保障体制を新たに構築することを目的として設立された。

フィンランドはPfP加盟以降、NATO主導の平和活動に積極的に参加する。たとえば、一九九六年にボスニア・ヘルツェゴヴィナへのNATO主導の平和維持軍に参加、九九年にはコソボへ、二〇〇二年にはアフガニスタンへ部隊を派遣している。また、一九九九年秋にはNATOと平和活動のための軍事演習を行う条約を締結している。

冷戦終結後、フィンランドは外交政策を中立政策から軍事的非同盟政策へと転換したと言われる。NATO自体が東側に対抗する西側の軍事同盟という性格から、ヨーロッパおよび北大西洋地域における安全保障を担保する組織へと変化していくなか、フィンランドは国連だけではなくNATOが進める国際的な危機管理活動に参加することで、同盟に加わることなく自国の安全保障につなげていったのである。NATO加盟についてはしばしば国内で議論されるが、ロシアに配慮して加盟には至っていない（二〇一七年七月現在）。

党派を超えた「虹の連合」政権

EUに加盟した一九九五年三月の総選挙で、中央党に代わって社会民主党が第一党になり、党首パーヴォ・リッポネン（一九四一～）が首相に就任。社会民主党、国民連合党、スウェーデン人民党、左翼同盟、緑の党の五つの党が内閣に参加した。

この五党連立内閣はその党のカラーになぞらえて「虹の連合」内閣と呼ばれる。EU加盟問題をめぐって党内が割れた中央党は参加しなかったが、戦後初めて右派から左派までイデオロギーが異なる政党が結束した内閣だった。そこにソ連崩壊後の危機に直面し、フィンランドが国内で一致団結しなければならなかった現実がある。リッポネン首相はEU重視の政策をとることになった。

この時期の国内政治は、首相の権限が「正常化」していったことが特徴である。第3章で記したように、フィンランド独立後の一九一九年に制定された統治章典によって、大統領の強力な権限、すなわち議会の可決した法律への拒否権、閣僚を指名できる内閣任命権、無制限の再任権などが認められていた。これは、大統領に権限を集中させることで、内戦によって不安定だった国内をまとめるためだった。ケッコネン大統領はこの権限を最大限に利用していた。

だが、ケッコネン以降、右派と左派とが手を組むなど政権は安定し、加えて冷戦が終結し、強力なリーダーシップを発揮できる大統領の必要性は減っていた。コイヴィスト大統領が自ら大統領の権限を徐々に縮小させたのはすでに述べた。

こうした大統領権限を法的に縮小したのが、一九九九年に制定された新憲法である。

四つの基本法から新憲法制定

独立以降、フィンランドでは一九一九年に制定された統治章典、二二年の閣僚責任法、弾劾裁判所法、二八年の議会法の四つの法律が基本法、すなわち憲法として位置づけられてきた。これらの法律は、特に一九八〇年代以降、時代に合わせて改正を重ねてきた。だが、改正だけでは限界となり、基本法を統合した新憲法が一九九九年に成立、二〇〇〇年三月に施行される。

法学者の西修が指摘するように、フィンランドの新憲法で注目すべきは、以下の二点である。第一条で「フィンランドは平和及び人権の擁護並びに社会の発展のための国際協力に参加する」と記載されていること。第二条で「民主主義には、社会及び個人の生活環境の発展に参加し、及び影響を及ぼす個人の権利が含まれる」とあるように、民主主義に個人の権利を含めた点である（以下、新憲法の訳文は、『各国憲法集（九）フィンランド憲法』による）。

新憲法ではこれ以外にも個々の社会的権利、教育の権利など時代に沿う新たな条項が盛り込まれた。たとえば、第六条では一九九五年の基本法改正時に加えられた平等権がさらに強化され、性別、年齢、出身、言語、信仰、信条、意見、健康状態、障害またはその他の個人的事情に基づいて異なる扱いをされてはならないと明記された。子どもも個人として同等に扱わなければならないことも明記された。第一七条では、サーミ人およびロマなどの少数民族の言語とその文化の維持および発展させる権利も保障している。

第一六条では、無償の基礎教育に対する権利を保障し、また何人に対しても、その能力および特別の必要に応じて基礎教育以外の教育を受け、自らを発達させるための平等な機会を保障している。

一九八〇年代以降の基本法の改正によって、徐々に弱まっていた大統領の強大な権限はここで完全に抑制された。具体的には、大統領は議会立法を差し戻すことはできるものの最終決定権は議会にあることが明記された。つまり、大統領の拒否権がなくなったのである。外交政策は大統領の担当事項のままだったが、内閣の協力を得て実施することになる。法案の提出権も政府と国会議員に帰属することとなった。ただし、大統領は、引き続きフィンランド防衛軍の最高指揮官を兼ねることが新憲法で明記された。大統領の任期は六年のままだが、再選は一度と定められた。

新憲法にはEUに関しても条項が設けられる。「EUにおいて行われる決定の国内的な準備について責任を負い」、「議会は、法令、協定又はその他の措置であって、EUにおいて決定されるもの又は基本法に基づき議会の権能に属するものに関する提案を審議する」とされた。

また、二〇〇三年六月には新国籍法が施行され、重国籍の保有が許容されるようになるなど、新たな時代に対応する法制度が整えられていった。

EU内でのフィンランドの活動

フィンランドはEUに積極的に関与するが、そのなかでも特記すべき政策としてノーザン・ディメンション（Northern Dimension）がある。これは、フィンランドがEUの議長国であった一九九九年後半に、リッポネン首相が提唱した環境問題の解決を主目的とした地域構想である。北欧諸国、バルト三国、ロシアなどバルト海に隣接している国々の間で締結され、すでに活動実施していた環バルト海協力やバレンツ地域協力をまとめてEU内での地域協力を目標としたものである。

フィンランドはここでロシアとEUとの架け橋となることで、EU内でのプレゼンスを高め、さらにロシアを孤立させないことで自国の安全保障につなげようとした。

また第5章で触れたが、フィンランドは北欧諸国間で自由に移動できる北欧パスポート連合を一九五二年に形成していたが（アイスランドは一九五五年から参加）、五七年にはパスポートコントロールの対象を外国人まで拡大した。さらにEU加盟国とEFTA加盟国間で締結されたシェンゲン協定（二〇一七年六月現在、実施国は二六ヵ国）にも一九九六年に他の北欧四ヵ国とともに署名し、シェンゲン圏内の旅券検査などの出入国審査の廃止を実施している（ただし、出入国審査の廃止の実施は二〇〇一年から）。

政治の世界の「男女平等」

ハロネン大統領下で新憲法が施行され、首相の権限が増した二〇〇三年三月に総選挙が行われた。その結果、中央党が二〇〇議席中五五議席を獲得し、勝利を収めた。四月に中央党の党首アンネリ・ヤーテンマキ（一九五五〜）がフィンランド初の女性首相に就任し、首相と大統領がともに女性ということで世界の注目を集めた。閣僚の半数も女性が占めた内閣で

タルヤ・ハロネン大統領（左，1943〜）とアンネリ・ヤーテンマキ首相（1955〜）　フィンランド初の女性大統領ハロネンは2001年に支持率70％と人気を誇り，ヤーテンマキも国民から強く支持された．だがこのコンビはヤーテンマキのスキャンダルで3ヵ月で終わる

あった。

しかし、首相就任早々、ヤーテンマキはスキャンダルに見舞われる。選挙中にライバルである社会民主党党首のリッポネンが対イラク政策でアメリカ寄りであったという情報を利用したが、それは外務省の機密文書から不正に入手したものであったことが発覚したからである。ヤーテンマキは三ヵ月弱で同じ中央党のマッティ・ヴァンハネン（一九五五〜）に首相の座を譲る。彼女はその後EU議会に活躍の場を移し、二〇〇四年のフィンランドでのEU議会選挙でトップ当選を果たし、EU議会のフィンランド代表の議員として活躍した。さらに、二〇一五年から一七年までは、EU議会の副議長の地位にあった。

ヤーテンマキ辞任後、首相に選出されたヴァンハネンは二期務めたが、二期目の内閣は二〇の大臣ポストのうち一四を女性が占め、初めて男女比が逆転した。フィンランド政府の公式ホームページによると、二一世紀に入ってから二〇一六年時点で大臣ポストの男女比は九〇対八二、すなわち五二・三％対四七・七％であり、「男女平等」がほぼ実現したといえる。

二〇一〇年六月に続けて中央党からマリ・キヴィニエミ（一九六八～）が首相に選出されたが、翌年六月の総選挙で国民連合党が与党になると、同党からユルキ・カタイネン（一九七一～）が首相に就任した。

Ⅲ　「ノキア・ショック」とポピュリズム

二〇〇八年の金融危機と「ノキア・ショック」

経済に目を向けると、二〇〇八年九月にアメリカから始まったリーマン・ショックによる世界的な金融危機後、フィンランドも苦境に立たされた。二〇〇九年にはGDPが八％減少するまでに影響が及んだ。

それはフィンランドの巨大企業ノキアにも及んだ。一九八〇年代以降のノキアの発展は、フィンランド全体のGDP指数を変えるほど大きいものであった。ある試算ではノキアの最盛期である二〇〇〇年には、フィンランドにおけるGDPの四％を占めていたという。この年、ノキアは世界一の携帯電話機生産台数を誇り、それは二〇一〇年まで続いた。

だが、アメリカのアップル社が売り出したiPhoneをはじめとするスマートフォン市場の波にノキアは乗り遅れ、結果として業績が急激に悪化する。二〇一四年にノキアは、携帯端末部門をアメリカのマイクロソフト社に売却した。国の経済を牽引していたノキアの重要部門が売却されたことは「ノキア・ショック」とも評された。

二〇一四年一〇月にアメリカのCNBCのインタビューで、六月にカタイネンの後を継いで首相に就任したアレクサンデル・ストゥッヴ（一九六八〜）が、「iPhoneがノキアを殺し、iPadがフィンランドの製紙産業を殺した」と語ったことは話題となった。彼は「我々（フィンランド人）は復活するだろう」と続けて述べ、国を挙げて経済の復活を宣言したが、ノキアの復活はなかった。

ストゥッヴ首相はノキアの凋落を受け、政府を挙げてベンチャー企業の支援に乗り出す。フィンランド技術庁（TEKES）はベンチャー企業に資金援助を行い、若者の起業を支援する態勢を整えた。また、九つの大学に起業のためのインキュベーション・センターを設置し、研究開発や学生の起業を支援している。なかでもアールト大学の「スタートアップサウナ」はよく知られ、産学連携が実践的に展開されている。

その政策が功を奏すかは、現在まだわからないが、フィンランドではノキアに代わってスマートフォン向けのゲーム制作会社が世界企業へと成長を遂げている。たとえば、「アングリーバード」のヒットで知られるロヴィオ（Rovio Entertainment）や「クラッシュ・オブ・クラン」がヒットしたスーパーセル（Supersell　二〇一三年にソフトバンクが一五・三億ドルで買収）が台頭した。

フィンランドはほかの北欧諸国とは異なり、森林以外には資源が乏しく、エネルギーの多くも外国から輸入している。それゆえ国家経済を支える「ネクスト・ノキア」が必要なのだ。二〇一六年度からは小学校一年生の段階からプログラミングの授業を導入するなど、新たな産業の活性化を政府が後押しする状況にある。

反EU、反移民政党の躍進

フィンランドはEU加盟後、EU重視の政策をとってきたが、二〇〇九年のユーロ危機を受けて懐疑的な姿勢を見せる動きも出始めた。

その萌芽は、一九九五年に結成された「真のフィンランド人（Perussuomalaiset: True Finns から二〇一一年に The Finns へ英語名称を変更。「フィン人党」と訳されることが多いが、本書はロシア帝国統治期の同名党との混同を避けるため「真のフィンランド人」と表記）」にあった。

第5章で取り上げたフィンランド農村党をルーツに持つこの党は、EU反対の立場を表明して票を獲得してきた。また、フィンランド農村党が使用してきた「忘れられた人びと」の意見を代弁するというフレーズを用い、政治エリートが無視してきた市井の人びとを代表すると主張していった。

真のフィンランド人はキリスト教的価値観を重視し、家族の絆を訴えることで保守層を取り込み、たとえば同性婚には反対の立場をとっている。だが、二〇一七年三月に国内で婚姻の平等を認める法律が施行された際に（二〇一四年に法案自体は可決）、党の方針に反して同性婚を支持した同党議員が三名出ている。また、移民に関して厳しい制限を訴えるなど、ヨーロッパ諸国で勢力を増すポピュリズム政党の一つと言える。

二〇〇七年の選挙ではわずか五議席しか獲得できなかったが、同年のEU議会選挙では党首のティモ・ソイニ（一九六二〜）がフィンランド国内でトップ当選を果たしている。また、翌年の地方選挙では全体の五・四％にあたる四四三議席を獲得するなど順調に支持を伸ばしている。金融危機に陥ったギリシャへの支援を批判した真のフィンランド人は、二〇一一年の総選挙では三九議席を獲得し、最大野党にも躍り出た。

二〇一五年四月の総選挙でも真のフィンランド人は勢いを維持し、中央党の四九議席に次ぐ三八議席を獲得。第一党となった中央党のユハ・シピラ（一九六一〜）首相のもとで連立政権に参加し、四人の大臣を送り出した。

党首ソイニは一六歳でフィンランド農村党に入党し、二〇〇九年から一一年まではEU議会の議員も務めた人物である。EU懐疑派の支持を受け、党を牽引してきたソイニは外相に就任する。

真のフィンランド人はソイニのカリスマ性とリーダーシップによって飛躍を遂げたが、二〇一七年六月に行われた党首選で、ユッシ・ハッラ＝アホ（一九七一〜）が新たな党首に選出された。スラヴ言語学の研究で博士号を取得したハッラ＝アホは、ヘルシンキ市議会議員、国会議員を歴任し、二〇一四年からはEU議会議員を務めている。彼は、移民受け入れに反対の立場を強く表明し、その過激な主張をブログで発信することで世間の注目を集めてきた。二〇〇八年にはソマリア人は盗人の素養があるといった人種差別的な発言やモハメッドは小児愛好者であるといったイスラム教に対する差別発言が問題視され、二〇一二年六月に最高裁判所で罰金刑が確定している。

党首選で、ハッラ＝アホは移民の制限とフィンランドのEU脱退を党員に訴え、現役の文相サンポ・テルホに九四九票対六二九票で地滑り的勝利を収めた。このようなフィンランドの政治状況は、EU脱退が決まったイギリス、極右政党の党首が大統領選で争ったフランスをはじめヨーロッパで起きている政治の動きと連動している。ただし、ハッラ＝アホの党首就任は真のフィンランド人内部でも反発があり、内部分裂が起こった。テルホ、前党首ティモ・ソイニなど現職大臣五名を含む国会議員二〇名が新たな会派「新しい選択（Uusi vaihtoehto）」を結成（二〇一七年八月に会派名を「青い会派〈Sininen eduskuntaryhmä〉」に変更）、二〇一七年一一月には新たな政党「青い未来（Sininen tulevaisuus）」が政党登録された。

ティモ・ソイニ（1962～）
フィンランド農村党解散後の1995年，「真のフィンランド人」を立党．EUに反対を唱え，カリスマ的指導力で党勢を拡大した．ルター派信者だったが，女性牧師や中絶に異議を唱え，98年にカトリックに改宗した

一方、二〇一五年五月から首相に就任した中央党のシピラは、IT関連の実業

家として知られ、所有するネットワーク・テクノロジー会社を一九九六年に売却し、億万長者になったことでも有名な人物である。シピラは二〇一一年に政界入りをし、翌年には中央党党首に就任、一五年の総選挙では中央党を勝利に導いた。

ストゥッブを首相に輩出していた国民連合党は、この総選挙で与党の座を中央党に明け渡し、真のフィンランド人にも議席数で負け、第三党にまで陥落した。

この二〇一五年の総選挙では、シリア難民受け入れ問題やＮＡＴＯ加盟問題に焦点が集まった。だが、与党の敗北は二〇一一年から政権を率いていた国民連合党への不信だった。同時に国の基幹企業であったノキアが後退したのに象徴されるように、フィンランド経済が停滞するなか、「一〇年がかりで経済を立て直す」と明言したシピラの企業家としての手腕に国民が期待したとマスメディア各社が分析している。シピラ政権は、高い水準の福祉政策との両立という困難な課題を含めた財政再建に向けた取り組みを始めている。

二〇一九年四月の選挙では社会民主党が第一党に返り咲き、代表のアンッティ・リンネ（一九六二～）に首相が交代した。

コラム5

「世界一まずい料理」？ の現在

フィンランドはイギリスよりも料理がまずいというジョークがある。

二〇〇五年、仏大統領ジャック・シラクが、ドイツとロシアとの首脳会談でイギリスの食事を「世界でフィンランドの次にまずい国」と軽口をたたいた。世界で最もまずいと言われるイギリス料理よりもさらにまずいという意味である。同年に開かれた欧州食料安全機関のセレモニーで、伊首相シルヴィオ・ベルルスコーニは、フィンランドの食事を「辛抱しなければならない」ものと表現し、さらにフィンランド人はトナカイをスモークするんだと冗談めかして語った。このベルルスコーニの発言に、フィンランド外務省はイタリア大使を呼び出す事態にまで発展した。

フィンランドの大手ピザチェーンのコティ・ピッツアは、この発言を受けて、スモークしたトナカイ肉を使った「ベルルスコーニ」という名前をつけた新メニューを発表。さらにこのピザをニューヨークのピザショーのコンテストに出品し、堂々と二位を勝ち取る。自国の料理がまずいと言われて奮起したフィンランド人の気概が、このエピソードからわかるだろう。ちなみに現在（二〇一七年六月）もコティ・ピッツアでは「ベルルスコーニ」を注文できる。

フィンランドは寒冷地のため農業に適しておらず、近代まで農民の食事は質素極まりなかった。飢饉にはアカマツや白樺などの木の皮を粉状にし、パンを作ったという記録さえある。

他方でフィンランドの伝統的な食事の定義は非常に難しい。長期にわたりスウェーデン、ロシアの支配下に置かれ、両国の食文化の影響を受けてきたからである。あえて特徴を言うのなら、長い冬を乗り越えるため高カロリーで、オーブンを使った料理やスープといった温かいものが多い。手軽に入手できなかったのでスパイスをほとんど使わないことも特徴といえる。

居住する場所によって、ニシンなどの魚、ヘラジカといった野生動物の肉、ラップランドではトナカイが食されてきた。また、フィンランドでは森の中を自由に歩ける権利が認められ、ビルベリーなどのベリー類を夏に、キノコ類も秋に収穫する。

フィンランドで有名な食べ物といえば、日本のバラエティ番組で「世界一まずいお菓子」と紹介された黒いお菓子「サルミアッキ」かもしれない。サルミアッキには、塩化アンモニウムと甘草の一種リコリスが入っており、タイヤのゴムの味とも言われる独特な味が特徴的である。

サルミアッキは、北欧諸国やドイツなどでも食されているが、フィンランド人の「サルミアッキ愛」は強烈だ。私が知るフィンランド人全員がサルミアッキ好きである。フィンランドのスーパーマーケットに行くと大量に多くの種類のサルミアッキが販売されている。それはお菓子にとどまらず、リキュール、アイスクリーム、ペーストとさまざまだが、ふつうはグミか飴で売られている。一九九七年には「フィンランド・サルミアッキ協会」が設立され、毎年ベスト・サルミアッキ賞を菓子製造会社に授与している。

ちなみに、ラクリッツ（リコリス）と呼ばれる菓子はサルミアッキと兄弟のような菓子で、サルミアッキがリコリスと塩化アンモニウムが入っているのに対し、ラクリッツはリコリスとアニスオイルが入り、味はサルミアッキと似ている。

いずれにせよ、現在は世界各地との交易が盛んで、フィンランドが他のヨーロッパ諸国とまったく異なるものを食べているわけではない。特に都市部では世界各地の料理が楽しめるレストランが営業し、日本食レストランも健康ブームに乗って年々増加している。

フィンランドの食事は、ヨーロッパの首脳に揶揄されたように「世界一まずい」とは私はおもわない。口に合うか合わないかは個々の問題だろう。是非、読者には現地に行って試してほしい。

コラム6

サンタクロース——独占が崩れるか

毎年一一月終わりから一二月初めにかけて、フィンランドからサンタクロースが日本にやってくる。フィンエアーでやってくるサンタクロースはクリスマスの風物詩であり、全国のデパートやショッピングセンター、福祉施設などに足を運んで子どもたちと触れあっている。サンタクロースは、北極圏に位置する都市ロヴァニエミにある「サンタクロース村」からやってくる。サンタクロース財団公認である。ちなみに、サンタクロースは何もフィンランドの専売特許ではない。スウェーデン、ノルウェーといった北欧諸国にも「サンタクロース村」があり、グリーンランド国際サンタクロース協会が公認するサンタクロースもいる（この協会で唯一公認された日本人が、マンボミュージシャンのパラダイス山元である）。

一九五七年からは、デンマークのコペンハーゲンにあるバッケン遊園地で世界サンタクロース会議（The World Santa Claus Congress）が開催されたのを契機に毎年世界のサンタクロースが集う。一二月はサンタクロースの「繁忙期」なので、オフシーズンの七月に開催され、世界中のサンタクロースが集結する。

サンタクロースの起源は四世紀まで遡る。現在のトルコにあたる小アジアの聖ニコラウスが飢えた民衆に小麦を分け与えた、あるいは売られるはずだった乙女を窓から金塊を投げ入れて救ったという伝説がサンタクロースにつながっている。

聖ニコラウスの祝日である一二月六日頃に、子どもへ贈り物を与える習慣が一八世紀にドイツやオランダに、さらに北欧へと広がっていったという。

北欧にはオージンやフレイといった北欧神話の神々を祭る習慣や、冬至祭ユールなどがあり、それと混じり合ってサンタクロースが人びとに浸透していったらしい。ちなみに赤い服を着た、白髪の白い長ヒゲを蓄えた恰幅のいいサンタクロースの姿は、アメリカ発祥とされる。

外国の風習が入ってくるとともに、フィンランドにもサンタクロースがクリスマスの風習として一八八〇年代に広まったが、当初はヤギが牽引する車や橇《そり》、あるいは豚の背中にまたがってやってきたという。さらには、土着宗教の風習と混じり合って森に住む妖精トントゥがサンタクロースの手伝いをするようになった。

実は、アメリカで伝えられていたサンタクロースの故郷は北極である。それを「活用」して、フィンランド国営放送局ユレが、ラップランド東部にあるコルヴァトゥントゥリ（ロヴァニエミから三〇〇キロ北）をサンタクロースの正式な住居に定めたと発表したのが一九二七年のことだった。たしかに、トナカイが引く橇がラップランドにあることは不自然ではない。フィンランドのサンタクロースは、ヤギあるいは豚からトナカイに乗るようになっていく。

フィンランドは観光業に力を注ぐようになり、サンタクロースの国として世界に宣伝し始めたのは一九八〇年代以降である。一九八四年には、集客しやすいように、ラップランド地方の主要都市ロヴァニエミにサンタクロースは「引っ越し」し、サンタクロース村が開園した。

ロヴァニエミにあるサンタクロース村は、年間四〇万人が訪れるフィンランドでは一大観光地で、日本人も多く訪れるため、日本語の案内表示もある。

ただし、フィンランドのサンタクロースは安穏としていられない。赤い服ではなくグリーンの衣装をまとったサンタクロース「グリーンサンタ」も日本で活動を行っているからだ。これはデンマークの環境親善大使であり、グリーンサンタ基金が二〇〇二年からスカンディナヴィア政府観光局（ノルウェー、デンマークの二ヵ国で運営。二〇〇八年まで後援。二〇一四年に日本での業務を停止）および一般企業のサポートにより行っているプロジェクトである。グリーンサンタ基金は、森林環境教育の推進を目的に活動を展開しているそうだ。

もはや、北欧のサンタクロースのいい顧客となった日本であるが、サンタクロースは常に夢を与え続ける存在のままでいてほしい。

終章

21世紀、フィンランドという価値

グローバル化する犯罪の余波

政治、経済、文化などが国境を越えて地球規模で拡大していったグローバリゼーションの影響は、冷戦が終結し、ソ連が崩壊した時期にあたる一九九〇年前後から世界各地で認識されていった。フィンランドも例外ではない。むろんグローバリゼーションには正の面と負の面があるが、負の面に注目すると、特に犯罪について触れるべき事件が起こっている。

たとえば、ユーチューブといったインターネットを通じて犯行声明が発信される犯罪が、フィンランドでも発生している。

二〇〇七年一一月にヘルシンキ近郊のヨケラ高校で三年生が銃を乱射し、八名の死者を出した後、犯人が自殺する事件が起きた。翌年の二〇〇八年九月にも、フィンランド西部のカウハヨキの職業訓練学校で学生が銃を乱射する事件が起こった。いずれもユーチューブで犯行声明が行われていた。

二つの事件は、事件自体が人びとを驚愕《きょうがく》させるものだったが、このような犯罪がフィンランドでも起こったことが大きな衝撃を与えた。また、これらの事件が日本で報道された際に、フィンランドの国民一人当たりの銃の所有率の高さが話題となった。たしかにフィンランドは、アメリカ、イエメン、スイスに次いで一〇〇人当たりの銃所有率が四五・三%と高い(二〇一六年)。アメリカのような銃社会というイメージが一部で広がった。ただし、フィンランドの銃所有率の高さは狩猟の伝統によるところが大きい。

北欧では二〇一一年七月にノルウェーのオスロでの連続テロ事件やウトヤ島での銃乱射事件が一人の青年によって引き起こされたことが大きな衝撃を与えた。安全な国々という印象が強かった北欧も、もはや安全ではないという認識が生まれてきている。

世界各地で広がる貧富の格差も、二〇〇〇年代からフィンランドでも見られるようになってきた。かつては格差が少ない国とされてきたが、グローバル化の波が押し寄せ、派遣社員という雇用形態が増加し、不安定な雇用が拡大したからである。

フィンランドでは、冷戦終結後の不況によって、社会保障給付の削減が行われたため、公的機関が担ってきた福祉サービスの一部が民間に移行し、社会保障のあり方が変化してきている。不況は福祉国家を揺るがせ、このまま高水準の福祉政策を維持できるかは先が見えない状況にある。

少子・高齢化と少数移民社会からの変化

高齢化もまた他の先進国と同様に大きな問題になっている。

フィンランドの人口は一九九一年の時点で五〇〇万人を超え、二〇一六年には五五〇万人にまで増加した。人口は都市に集中し、二〇一六年段階ではヘルシンキを中心とした首都圏に一一二万人が居住している。

人口構成を見ると、世界の先進国と同じく少子・高齢化に直面している。フィンランド統計局の調査によると、フィンランドでは一九五〇年に一四歳以下のフィンランド人が人口の三〇％を占めていたが、八〇年には二〇・二％、二〇一〇年には一六・五％と低下している。この状況が続くと、二〇四〇年には一五％を割ると推測されている。

他方で六五歳以上のフィンランド人は、一九五〇年には人口の六・六％にすぎなかったが、八〇年に一二・七％、二〇一〇年には一七・五％まで上昇している。少子・高齢化がさらに続くと二〇四〇年には二六％を超えると推測されている。なお、スウェーデン語系の住民の割合も独立以降から徐々に減少し、二〇一五年には人口の六％である。

二〇一五年、二五～四四歳までのフィンランド人の一〇人に一人が外国にルーツを持つという統計結果が出された。その多くはロシア、エストニアの出身であり、次にソマリア、イラクと続く。

北欧のなかでも経済発展が遅かったフィンランドは、一八六〇年代から一九一四年までに北アメリカへ三三万人、一九六〇年代後半から七〇年代前半まではスウェーデンに三〇万人の移民を送り出す側の国であった。

経済発展を遂げた一九八〇年代終わりから移民や難民の受け入れを広げたものの、第二次世界大戦後、労働力の問題や「人道的観点」から移民や難民を多く受け入れてきたスウェーデンなど他の北欧諸国と比較すると積極的ではなく、年間三〇〇〇人台にとどまってきた。

一方で、ソ連崩壊後の一九九〇年四月にコイヴィスト大統領は、旧ソ連に居住しているフィンランドにルーツを持つ人びとを受け入れ、彼らに自動的に居住権を付与することを約束した。それゆえ、三万から三万五〇〇〇人ものフィンランドにルーツを持つ、カレリア地峡に主に居住していたイングリアの人びとがフィンランドに居住するようになった。

二〇一五年以降、シリア情勢の悪化に伴い、シリアから大量の難民がヨーロッパに押し寄せると、フィンランドも三万を超える難民を引き受ける。一六万人も引き受けた隣国スウェーデンと比較すると少ないが、フィンランドでは過去最大の受け入れ数だった。一部の若者たちは、このような大量の難民受け入れに不安を感じ、難民排斥運動を起こしている。それは、難民を受け入れたヨーロッパ諸国と共通する問題と言えよう。

他方で安全保障の見地から、NATO加盟問題が再浮上している。だが、ロシアはフィンランドのNATO加盟に反対の立場を崩していない。

二〇一六年七月にフィンランドを訪問したプーチン・ロシア大統領は、記者会見でフィンランドがNATOに加盟するのはフィンランドの問題だとしながらも、もし加盟したら、フィンランドの防衛軍はもはや独立的なものではなく、ロシア国境まで延長するNATO軍の一部になるだろうと述べ、その場合にはロシア軍はフィンランドとの国境近くに移動するだろうと、牽制する発言をしている。

フィンランドという価値

日本では、「フィンランド」は、国そのものより、「北欧」という地域で歴史的に認識されてきた。吉武信彦などの研究者がすでに指摘しているように、北欧と日本との利害関係は薄く、地理的な距離があることから基本的に好ましいイメージで見られてきた。高水準の福祉の影で重税の側面が強調されることもあったが、総体的に肯定的な評価が多い。

他方、フィンランドで起こった個々の事象や個人、芸術などにも注目が集まり、それらを通してフィンランドという国が日本で認識されてきた。

二一世紀に入ると、フィンランドは教育の分野で注目されるようになった。OECDによる生徒の学習到達度調査、通称PISAの第一回目(二〇〇〇年)で、フィンランドが読解力の得点で世界第一位になったことがきっかけである。折しも日本ではゆとり教育の是非が問われており、塾もなく受験戦争もないフィンランドの「ゆとり教育」によっても世界第一位になれることが実証され、注目が集まったのである。

しかし、二〇一二年度に実施されたPISAではフィンランドは読解力六位、科学的リテラシーが五位、数学的リテラシーが一二位と順位を下げる。逆に日本はフィンランドより上位になった。この結果を受けて、フィンランドの教育ブームは一段落した感があるが、フィンランドに〝すぐれた教育〟という新たなイメージが加わったことは確かである。

ここではフィンランドの教育が、日本よりすぐれている、あるいは劣っているといった評価はしない。従来あまり関わりのない外国に注目が集まるときは自国の問題解決のための方策であることが多く、フィンランドの教育も日本の教育の新たな模索からスポットライトが当たったと言えよう。他方、フィンランドという国の実情に注目が集まることによって、イメージだけではない実態を伝える機会となった。

フィンランドを実際に訪問する日本人も年々増加している。

フィンランドへの直行便があるフィンエアーは一九八三年に日本就航を始めた。二〇一六年には成田国際空港、関西国際空港、中部国際空港からヘルシンキ近郊のヴァンター国際空港までの便が毎日運航され、夏季には福岡国際空港からの直行便も就航した。

このようなフィンエアーのアジア路線は中国も同様であり、北京、上海など五つの都市に加えて二〇一六年からは広州便が就航し、アジアとフィンランドの距離がより近くなっている。日本航空も二〇一三年に成田からヘルシンキへの直行便を運航し始めている。

このような直行便の増加に加えて、二〇〇六年に公開されたオール・フィンランドロケの日本映画『かもめ食堂』をきっかけに、観光地としてフィンランドが注目を浴びた。

フィンランド観光局のデータによると、二〇一五年度のフィンランドへの日本人観光客（フィンランドに宿泊した人数）は二〇万三四〇〇人。フィンランドのヴァンター国際空港はヨーロッパへのハブ空港でもあり、トランジットなどの一時滞在者も含めると同年には日本から四五万四〇〇〇人もの観光客がフィンランドの地を踏んでいる。これらの数は年間六〇万～八〇万もの日本人観光客を受け入れるドイツ、フランスよりも少ないが、フィンランドが普通の観光地として選択肢のひとつに加わったと言えるだろう。

フィンランドは依然「遠い国」であるが、徐々に日本人にとって「普通の国」になってきたのではないだろうか。つまり、時折フィンランドの一部分が取り上げられ、もてはやされることはあっても、フィンランドは輝かしい「理想郷」ではもはやなく、ヨーロッパ諸国のなかの一国として認知され始めてきたのではないか。

極北の寒冷地にすぎなかったフィンランドは、スウェーデン、ロシアといった大国に支配された歴史を経て、一世紀前に独立を果たした。北の端の新興国家は紆余曲折しながらも困難な現実に立ち向かい、豊かな社会を築いていった。

このような歴史を踏まえると、フィンランドという「価値」は、遠い極東の地日本からも見出せるのではないだろうか。フィンランドを取り巻く情勢は、日本と同様に日々変化し続けている。しかし、小さな国の舵取りは私たちにこれからも多くの示唆を与えてくれるに違いない。

あとがき

「フィンランド史の研究をしている」と話すと「なぜフィンランド」と聞かれる。その都度、母が北欧織物を自宅で教えている環境が影響を及ぼしたからと答えてきた。

だが、実際のところ、大学生のうちに英語圏以外の国に留学したくて、たまたまフィンランドに留学し、その国の歴史に関心を持ったからというのが正しい回答である。

高校の授業でスペイン語を学び、大学でもスペイン語圏の文化を学んでいた私は、実はスペイン語圏（つまり南米）に行きたかった。ムーミンにも北欧デザインにも興味がなかった私が、南米ではなくフィンランドに留学したのは偶然に偶然が重なったためであった。人生はほんの些細なきっかけで変わると実感している。

首都ヘルシンキから電車で五時間以上かかるフィンランドの小さな町（しかも、その町Haapavesiには電車の駅がなく、町の中心にはスーパーマーケットと銀行くらいしかない。フィンランドでは平均的な地方小都市である）でホームステイをしながら過ごした一年は、二〇歳の私にとって試練であったが、かけがえのない経験となった。いまでも、ホストファミリーは第二の家族である。大学院の博士課程時の二度目の留学を経て、現在も頻繁にフィンランドを訪れている。

その間、フィンランドが好きでたまらないという感情はついぞ生まれることなく、フィンランド史研究を続けてきた。ムーミンがどうしても好きになれない自分を軽く呪ったこともあったが、そのような「客観的」なスタンスがかえって研究の役に立っていると感じている。もちろん、好きな「フィンランド」はたくさんあるが、それは主にフィンランドで関わった人びとと共有する時間とフィンランドの歴史である。

私の専門は広くいうと国際関係学に立脚したフィンランド史である。研究対象時期は主に一九～二〇世紀であり、最近は一九二〇～三〇年代の戦間期に焦点を当て、「大フィンランド」という近親民族思想から発展していった膨張思想と文化の関係を研究している。

本書で記したように、スウェーデン、ロシアによる統治を経て、フィンランドは一九一七年にようやく独立する。独立以降も「大フィンランド」という膨張思想に多くのフィンランド人が共鳴していくが、それはなぜだったのかという問いに取り組んでいる。

何をもって民族を定義するのか、民族が「連帯」することと国家とはどのような関係にあるのか、民族の「連帯」を文化でどのように表現していったのか、その文化表象は政治にどのような影響を及ぼしたのかといった疑問を持って研究している。それはフィンランドにとどまらず現代社会の諸問題を考察する上でも何か示唆になるのではないかと考えている。

このような研究を進めていきながらも、同時に、まだまだ日本で知られていないフィンランドの歴史をわかりやすく、手軽に知ってもらう仕事も数少ないフィンランド史研究者の責務であると考えていた。本書の執筆依頼が来たときは二つ返事で引き受けた。

一読者であった中公新書の「物語」シリーズに執筆することができて本当に幸せである。しかし、凡才な私にとって、執筆は想像以上に困難であった。新書という初めての書式に戸惑うことも多く、博士論文執筆よりもある意味苦戦した。分量の制限もあり、サーミ人の歴史についてなど書ききれなかったこともたくさんある。また、政治の流れを中心としたため社会や文化の変化などとらえきれなかったことも多く、反省すべき点は多い。だが、全力を尽くしたつもりである。

二〇一七年はフィンランドが独立一〇〇周年を迎える年である。そのときまでに出版しなければという強迫観念のもと、なんとか刊行できたことは感無量である。そのような「締め切り」がなければいまだ完成していなかっただろう。

執筆のお声がけをしてくださり、その後も遅筆な私を待ち続け、やっと出てきた原稿に多くの朱を入れ、読者の関心を惹くように読みやすい形にしてくださった編集部長の白戸直人氏に感謝したい。声をかけていただいてから出版まで三年もかかって申し訳ない気持ちでいっぱいである。

執筆にあたっては多くの方々にお世話になった。全員のお名前を挙げることはできないが、感謝を申し上げる。特に、津田塾大学名誉教授の百瀬宏先生には草稿を読んでいただき、ご助言を賜った。また、Dr. Antti Kujala と Dr. Oula Silvennoinen にも感謝したい。お二人は、不明な点をメールで問い合わせるたびに迅速に回答を寄せてくれた。

本書は、JSPS科研費（15K02428）（15K03316）の助成を受けている。勤務先の常磐短期大学からの個人研究費も活用した。感謝を申し上げる。

本書は概説書ということで、フィンランドに関心を持つ一般の方々を対象として記したものである。一方で、フィンランド史に関心のある学生にも入門書として手にとってもらえれば幸甚である。

二〇一七年七月

石野裕子

主要図版出典一覧

※本文中に記したものは除外した

Heikkonen, Esko, Matti Ojakoski and Jaakko Väisänen (2013) ***Muutosten maailma 4: Suomen historian käännekohtia***, Sanoma Pro Oy: Helsinki, s. 187. p.210

Zetterberg, Seppo, ed. (2003) ***Suomen historian pikkujättiläinen***, WSOY: Porvoo, s. 868. p.214

Aunesluoma, Juhana, Titta Putus-Hilasvuori, Jari Ukkonen and Laura Vuorela (2013) ***Lukion historia Linkki 4: Suomen historian käännekohtia***, Sanoma Pro Oy: Helsinki, s. 205. p.233 下

Aunesluoma, Juhana, Titta Putus-Hilasvuori, Jari Ukkonen and Laura Vuorela (2013) ***Lukion historia Linkki 4: Suomen historian käännekohtia***, Sanoma Pro Oy: Helsinki, s. 200. p.239

Heikkonen, Esko, Matti Ojakoski and Jaakko Väisänen (2013) ***Muutosten maailma 4: Suomen historian käännekohtia***, Sanoma Pro Oy: Helsinki, s. 192. p.246

https://fi.wikipedia.org/wiki/Timo_Soini p.251

主要参考文献

『各国憲法集（9）フィンランド憲法』国立国会図書館調査及び立法考査局，2015年3月
五月女律子「冷戦終結後のフィンランドの安全保障防衛政策　PKO・国際的危機管理活動を中心に」『北九州市立大学法政論集』第42巻第1号，2014年7月
土田陽介「苦境続くフィンランド経済　ノキア凋落が打撃，高福祉路線修正へ」『金融財政ビジネス』第10576号，2016年5月
トレヴァー・メリデン著，信達郎訳『ノキア　携帯電話で世界を席巻する』三修社，2004年
西修「二つのミレニアム憲法」『政治学論集』第53号，駒澤大学法学部，2001年3月
藪長千乃「1990年代におけるフィンランド型福祉国家の変容　福祉提供主体の多様化に焦点を当てて」『文京学院大学人間学部研究紀要』Vol.10, No.1，2008年12月
渡邊あや「格差の拡大と学力低下　『PISAの優等生』フィンランドが直面する課題」『内外教育』第6330号，2014年4月

†終章
遠藤美奈「フィンランドにおける格差への対応　北欧福祉国家のアイデンティティとリアリズム」『月報　司法書士』2013年12月
吉武信彦『日本人は北欧から何を学んだか　日本-北欧政治関係史』新評論，2003年

†コラム
Irma Sulkunen, Martin Hall trans.（1990）*History of the Finnish Temperance Movement: Temperance As A Civic Religion*, The Edwin Mellen Press: Lewiston.
葛野浩昭『サンタクロースの大旅行』岩波新書，1998年
トゥーラ・カルヤライネン著，セルボ貴子，五十嵐淳訳『ムーミンの生みの親，トーベ・ヤンソン』河出書房新社，2014年
冨原眞弓『トーヴェ・ヤンソンとガルムの世界　ムーミントロールの誕生』青土社，2009年
冨原眞弓，芸術新潮編集部編『ムーミンを生んだ芸術家　トーヴェ・ヤンソン』新潮社，2014年
ボエル・ウェスティン著，畑中麻紀，森下圭子共訳『トーベ・ヤンソン　仕事，愛，ムーミン』講談社，2014年
『考える人』2014年春号，新潮社
『ユリイカ』2014年8月号，青土社

＊インターネット・サイト
http://www.kansalliskirjasto.fi（フィンランド国立図書館）
http://www.kansallismuseo.fi/fi/kansallismuseo（フィンランド国立博物館）
http://valtioneuvosto.fi/etusivu（フィンランド政府）
http://www.tpk.fi/public/default.aspx?culture=fi-FI&contentlan=1（フィンランド大統領）
https://www.eduskunta.fi/FI/Sivut/default.aspx（フィンランド議会）
http://sa-kuva.fi（フィンランド防衛軍写真アーカイブ）
http://oikeusministerio.fi/etusivu（フィンランド法務省）
https://helda.helsinki.fi/bof/（フィンランド銀行レポート）
http://www.kansallisbiografia.fi（フィンランド文学協会　人名辞典〈有料だが一部無料〉）
http://formin.finland.fi/public/default.aspx?culture=fi-Fi&contentlan=1（フィンランド外務省）
http://stm.fi/fi/etusivu（フィンランド保健・社会政策省）
https://www.perussuomalaiset.fi（真のフィンランド人）
http://tilastokeskus.fi（フィンランド統計局）
http://www.migri.fi/etusivu（フィンランド移民局）
http://www.visitfinland.com（フィンランド観光局）
https://www.sauna.fi（フィンランドサウナ協会）
http://www.hs.fi（ヘルシンギン・サノマット新聞〈検索は有料〉）

Möttölä, Kari, O. N. Bykov and I. S. Korolev eds. (1983) *Finnish-Soviet Economic Relations*, Macmillan Press: London.
Nuti, Leopoldo, ed. (2009) *The Crisis of Détente in Europe: From Helsinki to Gorbachev, 1975–1985*, Routledge: London.
Oudenaren, John Van (1991) *Détente in Europe: The Soviet Union and the West since 1953*, Duke University Press: Durham.
Paasivirta, Juhani (1988) *Finland and Europe: The Early Years of Independence 1917–1939*, SHS: Helsinki.
Penttilä, Risto E. J. (1991) *Finland's Search for Security through Defence, 1944–89*, Macmillan: Houndmills.
Polvinen, Tuomo, D. G. Kirby and Peter Herring eds. and trans. (1986) *Between East and West Finland in International Politics, 1944–1947*, University of Minnesota Press: Minneapolis.
Rainio-Niemi, Johanna (2014) *The Ideological Cold War: The Politics of Neutrality in Austria and Finland*, Routledge: New York.
Ruggenthaler, Peter (2015) *The Concept of Neutrality in Stalin's Foreign Policy, 1945–1953*, Lexington Books: Maryland.
Seppinen, Jukka (2001) *Paasikiven aikakauteen*, Ajatus kirja: Helsinki.
Suomi, Juhani, ed. (2001) *Urho Kekkosen päiväkirjat 1: 58'–62'*, Otava: Keuruu.
Suomi, Juhani, ed. (2003) *Urho Kekkosen päiväkirjat 3: 69'–74'*, Otava: Keuruu.
Tarkka, Jukka (1977) *13. Artikla: Suomen sotasyyllisyyskysymys ja liittoutuneiden sotarikospolitiikka vuosina 1944–1946*, WSOY: Porvoo.
Tarkka, Jukka (2012) *Karhun Kainalossa: Suomen kylmä sota 1947–1990*, Otava: Keuruu.
Tuomikoski, Pekka, ed. (2009) *Urho Kekkonen: Minä olin diktaattori*, Minerva: Keuruu.
Vilkuna, Tuomas, ed. (1970) *Neutrality: The Finnish Position, Speech by Dr Urho Kekkonen President of Finland*, Heinemann: London.
アイノ・クーシネン著，坂内知子訳『革命の堕天使たち　回想のスターリン時代』平凡社，1992年
髙木道子「転換期フィンランド外交の論理と実践　コイヴィスト外交再評価」『名古屋大学法政論集』253号，2014年３月
マックス・ヤコブソン著，北詰洋一訳『フィンランドの知恵　中立国家の歩みと現実』サイマル出版会，1990年
百瀬宏『小国外交のリアリズム 戦後フィンランド1944–48年』岩波書店，2011年
山田眞知子『フィンランド福祉国家の形成　社会サービスと地方分権改革』木鐸社，2006年
歴史学研究会編『世界史史料11 二〇世紀の世界Ⅱ 第二次世界大戦後 冷戦と開発』岩波書店，2012年

†第６章

Friis, Karsten, ed. (2017) *NATO and Collective Defence in the 21st Century: An Assessment of the Warsaw Summit*, Routledge: London.
Grabow and Florian Hartleb eds. (2013) *Exposing the Demagogues: Right-wing and National Populist Parties in Europe*, Konrad Adenauer Stiftung: Brussels. (http://www.martenscentre.eu/sites/default/files/publication-files/exposing-demagogues-right-wing-and-national-populist-parties-europe.pdf)
Hansen, Lene, and Ole Waever (2002) *European Integration and National Identity: The Challenge of the Nordic States*, Routledge: London.
Merikallio, Katri, and Tapani Ruokanen (2015) *The Mediator: A Biography of Martti Ahtisaari*, C. Hurst & Co. Ltd.: London.
Raunio, Tapio, and Teija Tiilikainen (2003) *Finland in the European Union*, Frank Cass: London.
Valentini, Chiare (2008) *Promoting the European Union: Comparative Analysys of EU Communication Strategies in Finland and in Italy*, VDM Verlag Dr. Müller: Saarbrücken.
荻田舞「冷戦後フィンランドの平和活動の変容　なぜ NATO との協力を強化するのか」『Research Bureau 論究』第８号，2011年12月
小野島真「フィンランドにおける成長戦略と構造改革」『生活経済政策』No.208，2014年５月

ンランド協会，1987年
谷口幸男編『現代北欧文学18人集』新潮社，1987年
寺山恭輔「戦間期のソ連西北部国境における民族問題とスターリンの政策　フィンランドとレニングラード，カレリア」『史林』第90巻第1号，2007年1月
古城利明編『リージョンの時代と島の自治　バルト海オーランド島と東シナ海沖縄島の比較研究』中央大学出版部，2006年
ヨーラン・シルツ著，田中雅美，田中智子共訳『白い机　若い時　アルヴァ・アアルトの青年時代と芸術思想』鹿島出版会，1989年
ヨーラン・シルツ著，田中雅美，田中智子共訳『白い机　モダン・タイムス　アルヴァ・アアルトと機能主義の出会い』鹿島出版会，1993年
ヨーラン・シルツ著，田中雅美，田中智子共訳『白い机　円熟期　アルヴァ・アアルトの栄光と憂うつ』鹿島出版会，1998年
ヨーラン・シルツ編，吉崎恵子訳『アルヴァー・アールト　エッセイとスケッチ』鹿島出版会，2009年

†第4章
Kinnunen, Tiina, and Ville Kivimäki eds.（2012）*Finland in World War II: History, Memory, Interpretations*, Brill: Leiden.
Lunde, Henrik O.（2011）*Finland's War of Choice: The Troubled German-Finnish Coalition in World War II*, Casemate: Philadelphia.
Lundin, Charles Leonard（1961）*Suomi toisessa maailmansodassa*, K. J. Gunnerus Osakeythiö: Jyväskylä.
Muir, Simo, and Hana Worthen eds.（2013）*Finland's Holocaust: Silences of History*, Palgrave Macmillan, Houndmills.
Paasivirta, Juhani（1992）*Suomi ja Eurooppa 1939–1956*, Kirjayhtymä: Hämeenlinna.
Stenius, Henrik, Mirja Österberg and Johan Östling eds.（2011）*Nordic Narratives of the Second World War: National Historiographies Revisited*, Nordic Academic Press: Lund.
Vehviläinen, Olli, Gerard McAlester trans.（2002）*Finland in the Second World War: Between Germany and Russia*, Palgrave: Houndmills.
斎木伸生『フィンランド軍入門』イカロス出版，2007年
斎木伸生『冬戦争』イカロス出版，2014年
ペトリ・サルヤネン著，古市真由美訳『白い死神』アルファポリス，2012年
ペロニカ・レオ著，木村由利子訳『リスの目　フィンランドからスウェーデンへ。北欧にもあった学童疎開』ほるぷ出版，1992年
百瀬宏『東・北欧外交史序説　ソ連＝フィンランド関係の研究』福村出版，1970年
百瀬宏「フィンランドの対ソ関係1940―1941年　『継続戦争』前史に関する覚書」『スラヴ研究』No.16，1972年
百瀬宏「第二次大戦中のソ連のフィンランド政策―戦後への展望に寄せてⅠ」『スラヴ研究』No.20，1975年
百瀬宏「第二次大戦中のソ連のフィンランド政策―戦後への展望に寄せてⅡ」『スラヴ研究』No.21，1976年
百瀬宏「第二次大戦中のソ連のフィンランド政策―戦後への展望に寄せてⅢ」『スラヴ研究』No.23，1979年

†第5章
Aho, Erkki, Kari Pitkänen and Pasi Sahlberg（2006）*Policy Development and Reform Principles of Basic and Secondary Education in Finland since 1968*, The World Bank: Washington, D. C.
Allison, Roy（1985）*Finland's Relations with the Soviet Union, 1944–84*, Palgrave Macmillan: Houndmills.
Heller, Kevin Jon, and Gerry Simpson eds.（2013）*The Hidden Histories of War Crimes Trials*, Oxford University Press: Oxford.
Kujala, Antti（2013）*Neukkujen Taskussa? Kekkonen, Suomalaiset Puolueet ja Neuvostoliito 1956–1971*, Tammi: Helsinki.

Sihvo, Hannes (1973) *Karjalan kuva: Karelianismin taustaa ja vaiheita autonomian aikana*, SKS: Helsinki.
Sulkunen, Irma (2004) *Suomalaisen Kirjallisuuden Seura 1831-1892*, SKS : Helsinki.
Sulkunen, Irma, Seija-Leena Nevala-Nurmi and Pirjo Markkola eds. (2009) *Suffrage, Gender and Cizitenship: International Perspectives on Parliamentary Reforms*, Cambridge Scholars Publishing: Newcastle.
Thaden, Edward C., ed. (1981) *Russification in the Baltic Provinces and Finland, 1855–1914*, Princeton University Press: Princeton.
A・E・ノルデンシェルド著，小川たかし訳『ヴェガ号航海誌1878～1880』フジ出版社，1988年
池田嘉郎『ロシア革命　破局の８か月』岩波新書，2017年
グスタフ・ラムステッド著，荒牧和子訳『七回の東方旅行』中央公論社，1992年
長島要一『日本・デンマーク文化交流史1600–1873』東海大学出版会，2007年
新田ユリ『ポホヨラの調べ　指揮者がいざなう北欧音楽の森』五月書房，2015年
橋本伸也編『ロシア帝国の民族知識人』昭和堂，2014年
松原千振編『ジャン・シベリウス　交響曲でたどる生涯』アルテスパブリッシング，2013年
マルッティ・ハーヴィオ著，坂井玲子訳『カレワラタリナ』北欧文化通信社，2009年（初出マルッティ・ハーヴィオ著，坂井玲子訳『カレワラタリナ　フィンランド民族叙事詩』第三文明社，1974年）
百瀬宏「1917～18年のフィンランド―独立と内戦」『歴史学研究』第410号，1974年７月
リョンロット編，森本覚丹訳『カレワラ』上中下，岩波文庫，1939年
リョンロット編，小泉保訳『カレワラ』上下，岩波文庫，1976年
レオス・ミュラー著，玉木俊明，根本聡，入江幸二訳『近世スウェーデンの貿易と商人』嵯峨野書院，2006年

†第３章

Baron, Nick (2007) *Soviet Karelia: Politics, planning and terror in Stalin's Russia, 1920–1939*, Routledge: London.
Eskelinen, Heikki (2004) *Me tahdoimme suureksi Suomenmaan: Akateemisen Karjala-Seuran historia I*, WSOY : Helsinki.
Haapala, Pertti, and Tuomas Hoppu eds. (2009) *Sisällissodan pikkujättiläinen*, WSOY: Porvoo.
Haavio, Martti, and Olavi Paavolainen eds. (2011) *Taistelu Aunuksesta*, SKS: Helsinki.
Klinge, Matti (2012) *Vihan veljet ja kansallinen identiteetti*, Siltala: Helsinki.
Leinonen, Kullervo (2013) *Isänmaa vaarassa: AKS: n maanpuolustustyö 1922–1939*, Pohjois-Suomen historiallinen yhdistys: Rovaniemi.
Manninen, Ohto (1980) *Suur-Suomen ääriviivat*, Kirjayhtymä: Helsinki.
Näre, Sari, and Jenni Kirves eds. (2014) *Luvattu Maa: Suur-Suomen unelma ja unohdus*, Johnny Kniga Publishing: Helsinki.
Nygård, Toivo (1971) *Suur-Suomi vai lähiheimolaisten auttaminen*, Otava : Helsinki.
Paasivirta, Juhani (1988) *Finland and Europe: The Early Years of Independence 1917–1939*, SHS: Helsinki.
Peltonen, Ulla-Maija (1996) *Punakapinan Muistot: Tutkimus työväen muistelukerronnan muotoutumisesta vuoden 1918 jälkeen*, SKS: Helsinki.
Peltonen, Ulla-Maija (2003) *Muistin Paikat: Vuoden 1918 sisällissodan muistamisesta ja unohtamisesta*, SKS: Helsinki.
Rasila, Viljo (1968) *Kansalaissodan sosiaalinen tausta*, Tammi: Helsinki.
Saarela, Tauno (2008) *Suomalainen kommunismi ja vallankumous 1923–1930*, SKS: Helsinki.
Screen, J. E. O. (2000) *Mannerheim: The Finnish Years*, C. Hurst & Co. Ltd.: London.
Selén, Kari (2008) *Mannerheim: Puheet 1918–1947*, WSOY: Helsinki.
Tommila, Päiviö, ed. (1989) *Herrä Suomi*, Kustannuskiila Oy: Kuopio.
石野裕子『「大フィンランド」思想の誕生と変遷　叙事詩カレワラと知識人』岩波書店，2012年
グスタフ・ヨン・ラムステット著，坂井玲子訳『フィンランド初代公使滞日見聞録』日本フィ

が何度も再生できた理由』マガジンハウス，2015年
百瀬宏『小国　歴史にみる理念と現実』岩波書店，1988年
百瀬宏，熊野聰，村井誠人編『北欧史』山川出版社，1998年
山室静『北欧文学の世界』東海大学出版会，1969年
吉田欣吾『「言の葉」のフィンランド　言語地域研究序論』東海大学出版会，2008年
百瀬宏・石野裕子編『フィンランドを知るための44章』明石書店，2008年
村井誠人編『スウェーデンを知るための60章』明石書店，2009年
村井誠人編『デンマークを知るための68章』明石書店，2009年
小森宏美編『エストニアを知るための59章』明石書店，2012年
小澤実，中丸禎子，高橋美野梨編『アイスランド・グリーンランド・北極を知るための65章』明石書店，2016年
研究誌『北欧史研究』バルト＝スカンディナヴィア研究会

†序章
Kemiläinen, Aira (1998) *Finns in the Shadows of the "Aryans": Race Theories and Racism*, SHS: Helsinki.
今岡十一郎編『フィン・ウゴル研究』第１集（スオミ国のこと），日本フィン・ウゴル協会，1967年
ウェンディ・デイヴィス編，鶴島博和監修・監訳『オックスフォード　ブリテン諸島の歴史３　ヴァイキングからノルマン人へ』慶應義塾大学出版会，2015年
角谷英則『ヴァイキング時代』京都大学学術出版会，2006年
熊野聰『北欧初期社会の研究　ゲルマン的共同体と国家』未來社，1986年
ヒースマン姿子『ヴァイキングの考古学』同成社，2000年

†第１章
Heikkilä, Tuomas (2005) *Pyhän Henrikin legenda*, SKS: Helsinki.
Juslenius, Daniel, Juhani Sarsila trans. (1994) *Suomalaisten puolustus*, SKS: Helsinki.
Karonen, Petri (1999) *Pohjoinen Suurvalta: Ruotsi ja Suomi 1521-1809*, SKS: Helsinki.
Koskinen, Ulla, ed. (2016) *Aggressive and Violent Peasant Elites in the Nordic Countries, C. 1500-1700*, Palgrave Macmillan: Houndmills.
Kujala, Antti (2003) *The Crown, the Nobility and Peasants 1630-1713: Tax, rent and relations of power*, SKS: Helsinki.
Lappalainen, Mirkka (2014) *Pohjolan leijona: Kustaa II Aadolf ja Suomi 1611-1632*, Siltala: Helsinki.
斯波照雄，玉木俊明編『北海・バルト海の商業世界』悠書館，2015年

†第２章
Alapuro, Risto (1988) *State and Revolution in Finland*, University of California Press: Berkeley.
Alapuro, Risto (1995) *Suomen synty: Paikallisena ilmiönä 1890–1933*, Hanki ja Jää: Helsinki.
Keränen, Meija (1992) *Gender and Politics in Finland*, Avebury: Aldershot.
Kujala, Antti (1987) *Lenin ja Suomi*, Opetusministeriö valtion painatuskeskus: Helsinki.
Kujala, Antti (1998) "March Separately- Strike Together: The Paris and Geneva Conferences Held by the Russian and Minority Nationalities' Revolutionary and Opposition Parties, 1904-1905", AKASHI Motojiro, Olavi K. Fält and Antti Kujala eds., *Rakka ryusui: Colonel Akashi's Report on His Secret Cooperation with the Russian Revolutionary Parties during the Russo-Japanese War*, SHS: Helsinki.
Lönnrot, Elias (1999) *Kalevala*, Gummerus Kirjapaino Oy : Jyväskylä.
Moring, Anna, ed. (2006) *Politics of Gender: A Century of Women's Suffrage in Finland*, Otava: Helsinki.
Paikkala, Sirkka (2004) *Se tavallinen Virtanen: Suomalaisen sukunimikäytännön modernisoituminen 1850–luvulta vuoteen 1921*, SKS: Helsinki.
Polvinen, Tuomo (1967) *Venäjän vallankumous ja Suomi 1: Helmikuu 1917 Toukokuu 1918*, WSOY: Porvoo.

1950-luvulle, SKS: Helsinki.
Markkola, Perjo, ed. (2004) ***Suomen maatalouden historia III: Suurten muutosten aika Jälleenrakennuskaudesta EU-Suomeen***, SKS: Helsinki.
Schoolfield, George C. ed. (1998) ***A History of Finland's Literature***, The University of Nebraska Press : Lincoln.
Tiilikainen, Teija (1998) ***Europe and Finland: Defining the Political Identity of Finland in Western Europe***, Aldershot: Ashgate.
Tommila, Päiviö (1989) ***Suomen historiankirjoitus: Tutkimuksen historia***, WSOY : Porvoo.
Tommila, Päiviö, and Aura Korppi-Tommola eds. (2006) ***Research in Finland: A History***, Helsinki University Press and The Federation of Finnish Learned Societies: Helsinki.
Vahtola, Jouko (2003) ***Suomen historia: Jääkaudesta Euroopan unioniin***, Otava: Helsinki.
Virrankoski, Pentti (2009) ***Suomen historia1-2***, SKS: Helsinki.
Virrankoski, Pentti (2012) ***Suomen historia: maa ja kansa kautta aikojen***, SKS: Helsinki.
Virtanen, Matti (2002) ***Fennomanian perilliset: Poliittiset traditiot ja sukupolvien dynamiikka***, SKS: Helsinki.
Ylikangas, Heikki (2007) ***Suomen historian solmukohdat***, WSOY: Helsinki.
Zetterberg, Seppo, ed. (2003) ***Suomen historian pikkujättiläinen***, WSOY: Porvoo.
Varpio, Yrjö, and Liisi Huhtala (1999) ***Suomen kirjallisuushistoria 1: Hurskaista lauluista ilostelevaan romaaniin***, SKS: Helsinki.
Rojola, Lea, ed. (1999) ***Suomen kirjallisuushistoria 2: Järkiuskosta vaistojen kapinaan***, SKS: Helsinki.
Lassila, Pertti, ed. (1999) ***Suomen kirjallisuushistoria 3: Rintamakirjeistä tietoverkkoihin***, SKS: Helsinki.
Aunesluoma, Juhana, Titta Putus-Hilasvuori, Jari Ukkonen and Laura Vuorela (2013) ***Lukion historia Linkki 4: Suomen historian käännekohtia***, Sanoma Pro Oy: Helsinki.
Höyssä, Ari, Anu Lahtinen and Ulla Lehtonen (2013) ***Lukion historia Linkki 5: Suomen varhaisvaiheet***, Sanoma Pro Oy: Helsinki.
＊研究誌
Historiallinen aikakauskirja
Scandinavian Journal of History

アンドレス・カセカンプ著，小森宏美，重松尚訳『バルト三国の歴史　エストニア・ラトヴィア・リトアニア　石器時代から現代まで』明石書店，2014年
ウッラ・キンヌネン編，小川守之訳『AINO AALTO　アイノ・アールト』TOTO 出版，2016年
エイヴィン・ステーネシェン，イヴァール・リーベク著，岡澤憲芙監訳，小森宏美訳『ノルウェーの歴史　氷河期から今日まで』早稲田大学出版部，2005年
岡澤憲芙，村井誠人編『北欧世界のことばと文化』成文堂，2007年
岡澤憲芙編『北欧学のフロンティア　その成果と可能性』ミネルヴァ書房，2015年
カイ・ライティネン著，小泉保訳『図説　フィンランドの文学　叙事詩「カレワラ」から現代文学まで』大修館書店，1993年
グンナー・カールソン著，岡澤憲芙監訳，小森宏美訳『アイスランド小史』早稲田大学出版部，2002年
清水誠『北欧アイスランド文学の歩み　白夜と氷河の国の六世紀』現代図書，2009年
下斗米伸夫『ソビエト連邦史　1917-1991』講談社学術文庫，2017年
志摩園子『物語　バルト三国の歴史』中公新書，2004年
スティーグ・ハデニウス著，岡澤憲芙監訳，秋朝礼恵，木下淑恵訳『スウェーデン現代政治史』早稲田大学出版部，2000年
武田龍夫『物語　北欧の歴史　モデル国家の生成』中公新書，1993年
津田由美子，吉武信彦編『北欧・南欧・ベネルクス』世界政治叢書第３巻，ミネルヴァ書房，2011年
橋本優子『フィンランド・デザインの原点　くらしによりそう芸術』東京美術，2017年
古市憲寿，トゥーッカ・トイボネン『国家がよみがえるとき　持たざる国であるフィンランド

主要参考文献

本書全体および各章で使用した主な文献を掲載している．最初に欧文文献を，その後に邦語文献を挙げている（基本的に著者アルファベット順，50音順．シリーズ本についてはまとめて列挙）．ただし，邦語文献については，読者の参考となるために範囲を広げて挙げた

†全体および多数の章に関わるもの

Ahokas, Jaakko (1973) *A History of Finnish Literature*, Routledge: London.

Bergmann, Eirikur (2017) *Nordic Nationalism and Right-Wing Populist Politics*, Palgrave macmillan: London.

Clements, Jonathan (2009) *Mannerheim: President, Soldier, Spy*, Haus Publishing: London.

Derry, T. K. (1979) *A History of Scandinavia: Norway, Sweden, Denmark, Finland and Iceland*, University of Minnesota Press: Minneapolis.

Ekman, Redaktör Michel (2014) *Finlands Svenska Litteratur 1900-2012*, Svenska Litteratursällskapet i Finland: Helsinki.

Haapala, Pertti, ed. (2007) *Suomen historian kartasto*, Karttakeskus: Jyväskylä.

Halonen, Mia, Pasi Ihalainen and Taina Saarinen eds. (2015) *Language Policies in Finland and Sweden: Interdisciplinary and Multi-sited Comparisons*, Multilingual matters: Bristol.

Heikkonen, Esko, Matti Ojakoski and Jaakko Väisänen (2013) *Muutosten maailma 4: Suomen historian käännekohtia*, Sanoma Pro Oy: Helsinki.

Immonen, Kari, and Tapio Onnela eds. (1998) *Suomi ja Viro: yhdessä ja erikseen*, Turun yliopisto : Turku.

Jakobson, Max (1998) *Finland in the New Europe*, Praeger: London.

Jakobson, Max (2006) *Finland: A Lone Wolf*, Otava: Helsinki.

Jussila, Osmo, et al. (1999) *From Grand Duchy to a Modern State: A Political History of Finland since 1809*, Hurst & Company: London.

Jussila, Osmo (2007) *Suomen historian suuret myytit*, WSOY : Helsinki.

Kent, Neil (2008) *A Concise History of Sweden*, Cambridge University Press : Cambridge.

Kent, Neil (2014) *Sámi Peoples of the North: A Social and Cultural History*, C. Hurst & Co. Ltd.: London.

Kirby, D. G. (1979) *Finland in the Twentieth Century*, C. Hurst & Company: London.

Kirby, David (2006) *A Concise History of Finland*, Cambridge University Press : Cambridge.（デイヴィッド・カービー著，百瀬宏・石野裕子監訳〔2008〕『フィンランドの歴史』明石書店）

Kirja Suomessa: Kirjan juhlavuoden näyttely Kansallismuseossa 25.8-31.12.1988, Helsingin yliopiston kirjasto: Helsinki (1988).

Löytönen, Markku, and Laura Kolbe eds., (1999) *Suomi: Maa, kansa, kulttuurit*, SKS: Helsinki.

Maude, George (2010) *Aspects of the Governing of the Finns*, Peter Lange: New York.

Meinander, Henrik (2006) *Suomen historia*, WSOY : Helsinki. (Meinander, Heikki, Geddes, Tom. trans. 〔2011〕 *A History of Finland*, Hurst & Company: London.)

Meinander, Henrik (2012) *Tasavallan tiellä: Suomi kansalaissodasta 2010-luvulle*, Schildts & Söderströms: Helsinki.

Ojala, Jari, Jari Eloranta and Jukka Jalava eds. (2006) *The Road to Prosperity: An Economic History of Finland*, SKS: Helsinki.

Paloheimo, Heikki, and Tapio Raunio eds. (2008) *Suomen puolueet ja puoluejärjestelmä*, WSOY: Porvoo.

Parikka, Raimo, ed. (1999) *Suomalaisen työn historia: Korvesta konttoriin*, SKS: Helsinki.

Pesonen, Pertti, and Olavi Riihinen (2002) *Dynamic Finland: The Political System and the Welfare State*, SKS: Helsinki.

Rasila, Viljo, Eino Jutikkala and Anneli Mäkela-Alitalo eds. (2003) *Suomen maatalouden historia I: Pereinteisen maatalouden aika Esihistoriasta 1870-luvulle*, SKS: Helsinki.

Peltonen, Matti, ed. (2004) *Suomen maatalouden historia II: Kasvun ja kriisien aika 1870-luvulta*

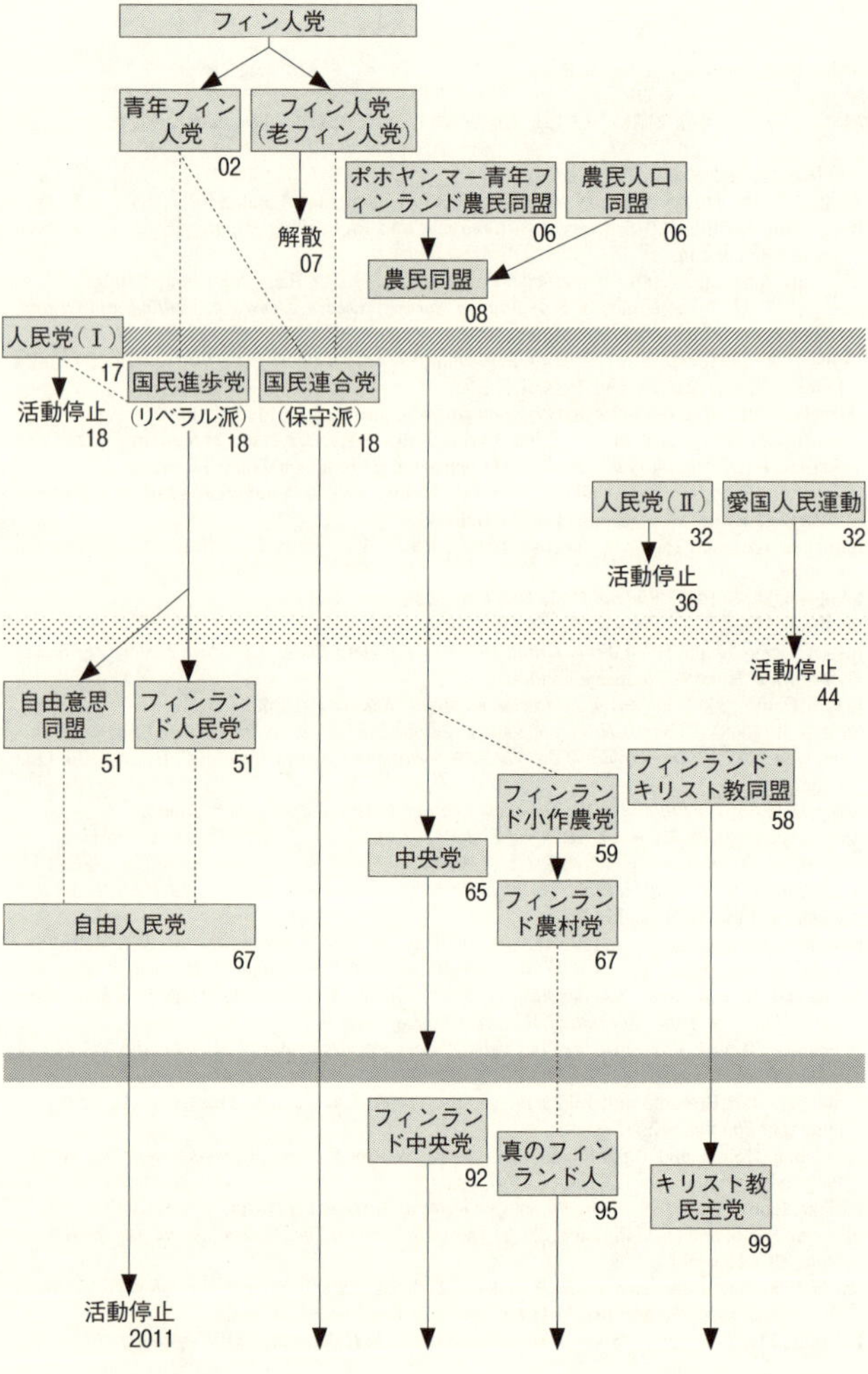
フィン人党
青年フィン人党
02
フィン人党（老フィン人党）
解散
07
ポホヤンマー青年フィンランド農民同盟
06
農民人口同盟
06
農民同盟
08
人民党（Ⅰ）
17
活動停止
18
国民進歩党（リベラル派）
18
国民連合党（保守派）
18
人民党（Ⅱ）
32
活動停止
36
愛国人民運動
32
活動停止
44
自由意思同盟
51
フィンランド人民党
51
フィンランド・キリスト教同盟
58
フィンランド小作農党
59
中央党
65
フィンランド農村党
67
自由人民党
67
フィンランド中央党
92
真のフィンランド人
95
キリスト教民主党
99
活動停止
2011

フィンランド政党変遷図（1899～2017年）

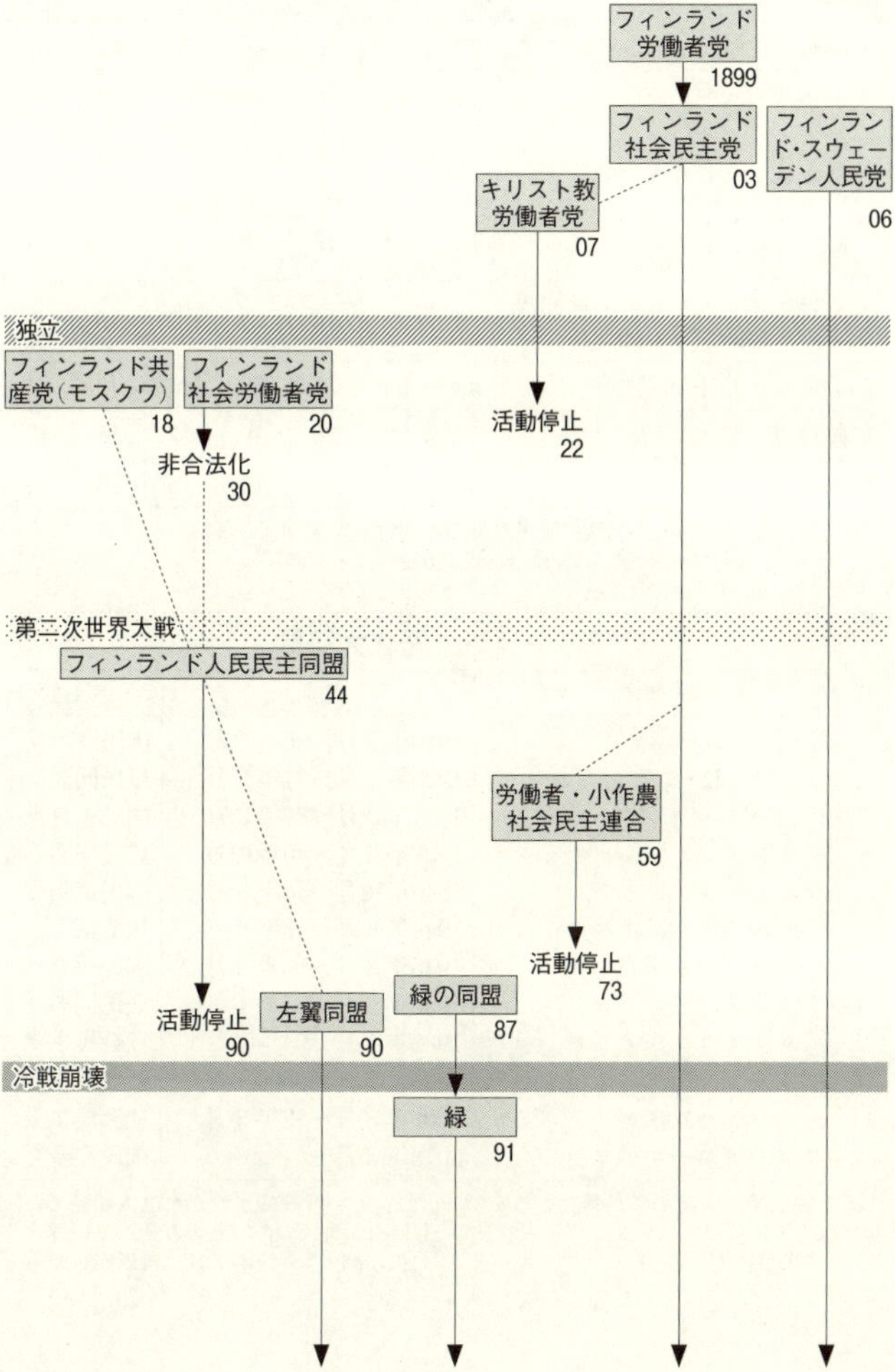

④冷戦崩壊以降（1991～2015年）

政党名＼年	91	95	99	03	07	11	15
国民連合党	40	39	46	40	50	44	37
フィンランド中央党	55	44	48	55	51	35	49
フィンランド農村党 真のフィンランド人（95～）	7	1	1	3	5	39	38
フィンランド・ スウェーデン人民党	12	12	12	9	9	9	9
フィンランド・キリスト教同盟 キリスト教民主党（99～）	8	7	10	7	7	6	5
フィンランド社会民主党	48	63	51	53	45	42	34
左翼同盟	19	22	20	19	17	14	12
緑	10	9	11	14	15	10	15

注記：1990年に社会民主主義の実現を目標に掲げる左翼同盟が設立
フィンランド統計局データ，Virrankoski (2012) などを参照

フィンランド歴代大統領

代	大統領	任期	所属政党
1	K・J・ストールベリ	1919年7月～25年3月	国民進歩党
2	ラウリ・K・レランデル	1925年3月～31年3月	農民同盟
3	P・E・スヴィンフッヴド	1931年3月～37年3月	国民連合党
4	キョスティ・カッリオ	1937年3月～40年12月	農民同盟
5	リスト・リュティ	1940年12月～44年8月	国民進歩党
6	C・G・E・マンネルヘイム	1944年8月～46年3月	無所属
7	J・K・パーシキヴィ	1946年3月～56月3月	国民連合党
8	ウルホ・ケッコネン	1956年3月～82年1月	農民同盟
9	マウノ・コイヴィスト	1982年1月～94年3月	社会民主党
10	マルッティ・アハティサーリ	1994年3月～2000年3月	社会民主党
11	タルヤ・ハロネン	2000年3月～12年3月	社会民主党
12	サウリ・ニーニスト	2012年3月～	国民連合党

注記：独立後，大統領職が確立するまで「摂政」という役職が置かれ2人が務めた．初代はP・E・スヴィンフッヴド（1918年5月～12月，青年フィン人党，国民連合党），2代目はC・G・E・マンネルヘイム（1918年12月～19年7月，無所属）だった

③第２次世界大戦後から冷戦期（1945～87年）

政党名＼年	45	48	51	54	58	62	66	70	72	75	79	83	87
国民連合党	28	33	28	24	29	32	26	37	34	35	47	44	53
国民進歩党 フィンランド人民党（51～） 自由人民党（67～）	9	5	10	13	8	13	9	8	7	9	4		1
農民同盟 中央党（65～） フィンランド中央党（92～）	49	56	51	53	48	53	49	36	35	39	36	38	40
フィンランド農村党（67～）							1	18	18	2	7	17	9
フィンランド・スウェーデン人民党	14	14	15	13	14	14	12	12	10	10	10	11	13
フィンランド・キリスト教同盟								1	4	9	9	3	5
フィンランド社会民主党	50	54	53	54	48	38	55	52	55	54	52	57	56
労働者・小作農社会民主連合（59～73）					3	2	7						
フィンランド人民民主同盟	49	38	43	43	50	47	41	36	37	40	35	27	16
緑の同盟 緑（91～）												2	4

注記：第２次世界大戦後，愛国人民運動は活動禁止．1944年にフィンランド共産党としてフィンランド人民民主同盟が設立．87年に環境問題への対策を政策に掲げる緑の同盟が設立．政党結成前の83年に出馬し，２名が当選

フィンランド議会 主な政党の議席数推移①〜④（1院制 200議席）

①独立以前（1907〜17年）

政党名＼年	07	08	09	10	11	13	16	17
フィン人党（老フィン人党）	59	54	48	42	43	38	33	32
青年フィン人党	26	27	29	28	28	29	23	24
人民党（Ⅰ）								5
農民同盟	9	9	13	17	16	18	19	26
フィンランド・スウェーデン人民党	24	25	25	26	26	25	21	21
キリスト教労働者党	2	2	1	1	1	0	1	0
フィンランド社会民主党	80	83	84	86	86	90	103	92

注記：フィン人党から1902年に分離して青年フィン人党が設立．1899年結成のフィンランド労働者党が1903年にフィンランド社会民主党として設立．その一部が07年にキリスト教労働者党を設立．06年にフィンランド・スウェーデン人民党が設立．06年に農民同盟の前身の組織が設立，08年に農民同盟が政党として結成

②独立期（1919〜39年）

政党名＼年	19	22	24	27	29	30	33	36	39
愛国人民運動							14	14	8
国民連合党	28	35	38	34	28	42	18	20	25
国民進歩党	26	15	17	10	7	11	11	7	6
人民党（Ⅱ）							2	1	
農民同盟	42	45	44	52	60	59	53	53	56
フィンランド・スウェーデン人民党	22	25	23	24	23	20	21	21	18
キリスト教労働者党	2								
フィンランド社会民主党	80	53	60	60	59	66	78	83	85
フィンランド社会労働者党		27	18	20	23				

注記：内戦後にフィン人党，青年フィン人党は解散し，1918年に前年に設立された人民党とともに国民進歩党を結成．国民進歩党に加わらなかった君主制支持派は国民連合党を結成．内戦後の18年８月にロシアに逃げた革命指導者らはモスクワでフィンランド共産党を設立．フィンランドでは20年にフィンランド社会労働者党を設立するが，30年ラプア法により非合法化，議会活動を停止．ラプア運動後の32年に極右党の愛国人民運動が設立．キリスト教労働者党は1922年に活動を停止

1967	スウェーデンとフィンランドの二重国籍のラグナー・グラニッツがノーベル生理学・医学賞を受賞
1973	ケッコネンの大統領任期を4年延長する特別立法が可決（1月）
	欧州共同体（EC）とコメコンの双方と貿易協定を締結
1975	欧州安全保障協力会議がヘルシンキで開催
1981	健康上の理由からケッコネンが大統領を辞任．マウノ・コイヴィスト首相が大統領職を代行
1982	コイヴィストが大統領に就任
1989	欧州評議会に加盟
1991	ECへの加盟を検討中と正式に表明（9月）
	ソ連崩壊の影響で金融危機発生（11月）．自国通貨マルッカを13%まで平価切り下げ．不況が続き，失業率が20%に（～93年）
	公共の場でのサーミ語を使用可能にするサーミ言語法制定
1992	ロシア連邦と友好条約を締結（1月）
	EUに正式に加盟申請（3月）
1994	初の直接選挙制でマルッティ・アハティサーリが大統領に選出（3月）
	EU加盟の賛否を問う国民投票実施．賛成多数で加盟を支持（10月）
	NATOの平和のためのパートナーシップ（PfP）に加盟
1995	EU加盟（1/1）
1996	シェンゲン協定に署名
1999	単一通貨ユーロを採用
2000	タルヤ・ハロネンが初の女性大統領に就任
	新憲法が施行
2003	アンネリ・ヤーテンマキが首相に就任．首相，大統領ともに女性ということで注目を集めるが，選挙中のスキャンダルによりわずか3ヵ月でヤーテンマキは首相辞任
2012	国民連合党のサウリ・ニーニストが大統領就任
2014	国の経済を牽引してきたノキアの携帯端末部門が米マイクロソフト社に売却
2015	ポピュリスト政党「真のフィンランド人」が初の政権入り，4人が入閣
2017	フィンランド独立100周年

	イギリスがフィンランドに宣戦布告（12/6）
1944	ソ連軍がヘルシンキを空爆（2月）
	カレリア地峡でソ連の大規模攻撃（6/9），フィンランド軍はヴィープリを失う（6/20）
	リュティ大統領が個人の名でフィンランドが単独講和しない旨の条約をドイツと締結（6/22），ドイツから武器援助を受ける．それを知ったアメリカはフィンランドとの外交断絶
	リュティが大統領辞任（8月）．後任のマンネルヘイムがソ連と和平交渉
	停戦（9/4），領土割譲，ソ連海軍基地設置，賠償金などが取り決められた休戦条約が締結（9/19）
1945	戦後初の総選挙（3月）．共産党の流れを汲むフィンランド人民民主同盟が49議席を獲得，政権入り
	戦争責任裁判が開廷（11月）．リュティをはじめとする8人に有罪判決
	トーヴェ・ヤンソンによる初のムーミン小説『小さなトロールと大きな洪水』刊行
	アルッツリ・ヴィルタネンがノーベル化学賞を受賞
1946	マンネルヘイムが体調不良を理由に政界引退
1947	パリ講和条約締結によってフィンランドは主権を回復（2月）．アメリカのマーシャル・プラン（欧州復興計画）への参加を辞退
1948	国際通貨基金（IMF）加盟
	ソ連と友好・協力・相互援助条約（FCMA条約）を締結（4/6）
1950	ウルホ・ケッコネンが首相に就任
1952	ヘルシンキ・オリンピック開催．ソ連への賠償完了．北欧パスポート連合形成
1955	国際連合加盟
	ポルッカラ基地がフィンランドに返還
	北欧会議加盟
1956	ケッコネンが大統領に選出．以後，26年間大統領を務める．
	国連下でPKOに初参加
1958	ソ連による内政干渉事件である「霜夜事件」発生（～59）
1961	欧州自由貿易連合（EFTA）準加盟（正式加盟は1986年）
	ソ連が軍事協力を求めてきた事件「覚書危機」発生

1921 義務教育法が制定
1922 1918年の「トルッパリ法」に加えて「レックス・カッリオ」施行により，自作農が急増
国際連盟の調査・勧告を受けて，オーランドの自治法が成立
1924 「空飛ぶフィンランド人」パーヴォ・ヌルミがパリ・オリンピックの陸上競技で5個の金メダルを獲得
1929 反共産主義運動のラプア運動勃発（11月），全国に広がる
イマトラに水力発電所建設
1930 ヘルシンキでラプア運動者らによる「農民の行進」（7月）
ラプア運動者らによるストールベリ元大統領夫妻誘拐事件（10月）．この事件によりラプア運動は大衆の支持を失う
共産主義運動取締令が可決（11月）
1932 武装したラプア運動者らによるマンツァラ蜂起発生（2月）
ソ連と不可侵条約締結（7月）
1938 ソ連がオーランド諸島の再要塞化を非公式に要請するが，拒否
1939 ソ連がフィンランドに軍事条約締結を求めたため（10月），政府代表団がソ連と交渉を始めるが（10月～11月），交渉は決裂
第一次ソ連・フィンランド戦争である「冬戦争」勃発（11/30）
ロシア・カレリアにフィンランド共産主義者オットー・クーシネンを首班とする「フィンランド人民政府（通称テリヨキ政権）」が樹立．ソ連と相互援助条約を締結（12/2）
フランス・エミール・シッランパーがフィンランド初のノーベル文学賞を受賞
1940 モスクワ講和条約締結（3/12）で，冬戦争終結（3/13）
ドイツ軍のフィンランド領内通過を承認（8月）
ドイツからソ連侵攻計画「バルバロッサ作戦」への参加要請（12月）．これ以降，ドイツ軍との接触が増える
1941 ドイツ軍がフィンランド北部のラップランドに進駐（6月）
継続戦争勃発（6/25）
フィンランド軍が旧フィンランド領の主要都市ヴィープリを占領（8月）

手に
1915 ドイツで軍事訓練を受けた若者がイェーガー（ヤーカリ）隊を組織
1917 ロシアで革命勃発（3月～）．ケレンスキー率いる臨時政府は「ロシア化」政策停止を宣言
フィンランド議会が最高権力機関であるとした「権力法」可決（7月）
選挙実施（10月）．フィン人党を中心としたブルジョア政党が与党に．ロシアの臨時政府と独立交渉に臨もうとするが，十月革命によってレーニン率いるボリシェヴィキが権力掌握
社会民主党左派がゼネスト（11月）．全国に広がり，死者を出す騒ぎに
ブルジョア政党が独立宣言（12/6）．年末にボリシェヴィキ政権から独立承認を獲得
1918 内戦勃発（1/27）
ソヴィエト・ロシアとフィンランド革命政権間で友好条約締結（3/1）
白衛隊の義勇軍による「東カレリア遠征」（3月）
ドイツ軍がフィンランドに到着し，白衛隊に合流（4月）
白衛隊を指揮していたマンネルヘイムが勝利宣言し，内戦終結（5/16）．ロシア・カレリアに亡命した赤衛隊の指導者らがモスクワで共産党政権を樹立（8月）
第一次世界大戦が終結し，ドイツが敗北したため，ドイツから王を迎える計画が頓挫（11月）．共和国を選択
小作農に農地を分配することを決めた「トルッパリ法」制定
1919 新たな統治章典が制定され，スウェーデン時代からの政体法が廃止（22年の閣僚責任法，弾劾裁判所法，28年に改正された議会法を加えた4法が基本法として位置づけられるようになる）
日本がフィンランドを国家として承認（5月）し，外交関係を樹立（9月）
K・J・ストールベリが初代大統領に就任（7/25）
1920 オーランド諸島の住民がスウェーデン帰属を求めたため，国際連盟に問題解決を委ねる
タルトゥ条約締結（10月）

1898	ニコライ・ボブリコフがフィンランド総督就任．フィンランドの自治を侵害する「ロシア化」政策を推進
1899	フィンランドの自治を制限する「二月宣言」発布．フィンランドではこの宣言撤回を求め，52万もの嘆願署名を集めるが，皇帝は受け取りを拒否
	ジャン・シベリウス作曲の交響曲「フィンランディア」初演
1900	ロシア語を行政語とする「言語宣言」発布
	パリ万博に設置した「フィンランド館」が好評を博す
1901	兵役法制定．フィンランド軍が廃止され，フィンランド人はロシア帝国軍に徴兵される
1904	フィンランド総督ボブリコフがフィンランド人青年エウゲン・シャウマンによって暗殺
	日露戦争勃発（～05）．フィンランドの積極的抵抗派アクティヴィスティがロシア帝国専制に反対する海外組織との連携を目的に開催されたパリ会議に出席
1905	ロシアで第一次革命勃発（10月～）
	フィンランドでゼネスト発生（10月～11月）．赤衛隊（労働者階級の自警団）と白衛隊（ブルジョア階級の自警団）が衝突
	セナーッティが「ロシア化」政策に抗議するために総辞職
1906	「議会法」制定．これによって身分制議会が廃止，一院制議会が創設
	ヴィアポリ要塞島でロシア軍兵士が起こした「ヴィアポリの乱」に赤衛隊の一部が加わり，白衛隊と衝突．死者が出る事件に発展
1907	一院制初の普通選挙実施．女性参政権が実現．フィンランド社会民主党が第１党に
1908	ロシア皇帝ニコライ２世が議会を解散．その後ほぼ毎年議会を解散させる
1909	フィンランド総督に就任したＦ・Ａ・ゼインが第二次「ロシア化」政策を施行
1910	ロシア帝国の法律がフィンランドに適用される法律制定．これによってフィンランドの自治権がさらに制限される
1912	「平等法」施行．ロシア人にフィンランドの市民権を付与し，役人に登用できることに
1914	第一次世界大戦勃発後，フィンランドの内政はロシア人の

	ロシア皇帝アレクサンドル1世がフィンランド併合を宣言(6/17). ヨーラン・スプレングトプッテンをフィンランド初代総督に任命(12/1)
1809	アレクサンドル1世がフィンランドのポルヴォーで身分制議会を召集(2月)
	身分制議会でロシア皇帝アレクサンドル1世がフィンランド大公国設立を宣言(3/29)
	ハミナ講和条約(9/17)
1812	「古フィンランド」をフィンランドに返還
	首都がオーボからヘルシンキへ
1816	セナーッティ(大公国評議会)設置
1821	スカンディナヴィア主義者アードルフ・I・アルヴィドソンがスウェーデンに亡命
1827	オーボ(トゥルク)で大火災
1828	オーボ王立アカデミーがオーボ(トゥルク)からヘルシンキに移転し, アレクサンドル帝政大学と名称変更
1831	フィンランド文学協会設立
1835	エリアス・ロンルートによる『カレワラ』初版刊行
1848	ユハン・ルドヴィグ・ルーネベリによる『旗手ストールの物語』刊行
1849	エリアス・ロンルートによる『カレワラ』改訂版刊行
1853	クリミア戦争勃発(〜56). フィンランドでは「オーランド戦争」と呼ばれる
1856	フィンランド南東部のサイマー湖とカレリア地峡のヴィボルグを結ぶサイマー運河開通
1860	フィンランド独自の通貨マルッカとペンニ発行
1862	ヘルシンキとハメーンリンナ間に鉄道が開通
1863	アレクサンドル2世が半世紀ぶりに身分制議会を召集
	フィンランド語をスウェーデン語と同等の立場とする言語令が公布
1867	飢饉が発生(〜68), 15万人が死亡
1869	新たな議会法が基本法として承認. 議員による請願権を活用した立法活動が保障される
1870	初のフィンランド語小説であるアレクシス・キヴィの小説『七人兄弟』刊行
	サンクトペテルブルクとフィンランドをつなぐ鉄道が開通
1890	郵便宣言. フィンランドの郵便制度がロシア帝国に統合

1596	農民蜂起「棍棒戦争」勃発（～97）
1599	スウェーデン議会がシーギスムンド3世（ポーランド王・リトアニア大公も兼任）のスウェーデン王廃位を決定
1611	スウェーデン，デンマーク間でカルマル地方をめぐってカルマル戦争勃発（～13）
1617	ストルボヴァ条約により，ロシアからカレリアの一部およびイングリア獲得
1623	フィンランド総督が設置
1630	三十年戦争（1618～）にスウェーデンがプロテスタント側に立ち参戦
1632	スウェーデン王グスタヴ2世アードルフが戦死
1638	郵便局設置
1640	オーボ王立アカデミー設立
1648	三十年戦争の講和条約であるウェストファリア条約でスウェーデンは領土を北ドイツまで拡大
1675	スコーネ地方をめぐってスウェーデン，デンマーク間でスコーネ戦争勃発（～79）
17c後半	フィンランドで寒冷な気候が続く「小氷河時代」．1697年までに飢饉で15万人が死亡
1700	大北方戦争（～21）
1713	大北方戦争中に一時期ロシアがフィンランドの大部分を占領．のちに「大いなる怒り」の時代（～21）と呼ばれる
1721	ニースタット条約により，カレリア地方をロシアに譲渡
1741	大北方戦争で失った領土奪還を目的としてスウェーデンがロシアと戦争（「ハット党戦争」）
1742	ロシアによるフィンランド占領（～43）
1743	オーボ条約締結．フィンランド南東部，ハミナをロシアに割譲．フィンランド本体はスウェーデンに返還
1772	スウェーデン王グスタヴ3世が政体法を制定．フィンランドはこの法律を1919年まで維持
1788	ロシア・スウェーデン戦争中（～90），フィンランド駐在の将校らが，ロシアの女帝エカチェリーナ2世に対して忠誠を誓う代わりにフィンランドのスウェーデンからの分離を要求．さらに国王に身分制議会の設立とロシアとの講和を要求した「アンヤラ盟約」に署名するが，失敗
1792	グスタヴ3世が仮面舞踏会中に暗殺される
1808	スウェーデン，ロシア間でフィンランド戦争勃発（～09）

フィンランド関連年表

年	主な出来事
8c 半ば	スウェーデンが南西から，ノヴゴロド公国（ロシア）が東からフィンランドに入植し始める
1155頃	スウェーデンによるフィンランドへの最初の十字軍遠征（推定）
1249	第2回目の十字軍遠征（1239年とする説もある）
1276	オーボ（トゥルク）に司教座が設置
1293	第3回目の十字軍遠征．カレリア地方まで進出
1323	パハキナサーリ（ネーテボリ）条約．この条約によってカレリアが二分され，初めてスウェーデンとノヴゴロドの国境を画定する
1362	フィンランドの司教区がスウェーデン王の選出に参加できる権利を持つ
1397	スウェーデン，ノルウェー，デンマークによるカルマル連合成立（～1523）
1442	1220年代に制定されたランド法を改訂した一般ランド法がスウェーデンで制定．フィンランドにも適用される
1495	モスクワ大公国がフィンランドに進撃，スウェーデン軍と戦争に（～97）．のちに「古き怒り」の時代と呼ばれる
1528	オーボ（トゥルク）司教が初めてローマ教皇の承認なしで選出
1536	スウェーデンの教会がルター派（福音派）に属すと宣言
1543	ミカエル・アグリコラによるフィンランド語の文法書『ABC の本』刊行
1548	ミカエル・アグリコラによる『新約聖書』のフィンランド語翻訳
1563	スウェーデン，デンマーク間で北方七年戦争勃発（～70）
1570	スウェーデン，ロシア間でロシア・スウェーデン戦争勃発（～95）
1581	スウェーデン王ユーハン3世，フィンランドを大公領とすることを宣言
1595	タユッシナ講和条約締結．スウェーデン（フィンランド）とロシアの国境線を再画定

石野裕子（いしの・ゆうこ）

1974年神奈川県出身．2005年津田塾大学大学院後期博士課程単位取得満期退学．11年博士号取得（国際関係学）．津田塾大学助教，常磐短期大学キャリア教養学科准教授などを経て，18年４月より国士舘大学文学部史学地理学科准教授．専攻・フィンランド史，国際関係学．
著書『「大フィンランド」思想の誕生と変遷』（岩波書店，2012年）
共編著『フィンランドを知るための44章』（明石書店，2008年）
共監訳 D・カービー著『フィンランドの歴史』（明石書店，2008年）
など多数

物語《ものがたり》 フィンランドの歴史《れきし》
中公新書 2456

2017年10月25日初版
2019年10月10日再版

著　者　石野裕子
発行者　松田陽三

本文印刷　三晃印刷
カバー印刷　大熊整美堂
製　本　小泉製本

発行所　中央公論新社
〒100-8152
東京都千代田区大手町 1-7-1
電話　販売 03-5299-1730
　　　編集 03-5299-1830
URL http://www.chuko.co.jp/

Published by CHUOKORON-SHINSHA, INC.
Printed in Japan　ISBN978-4-12-102456-5 C1222

世界史

番号	タイトル	著者
1564	物語 カタルーニャの歴史	田澤 耕
1750	物語 スペインの歴史 人物篇	岩根 圀和
1635	物語 スペインの歴史	岩根 圀和
2440	物語 バルカン──「ヨーロッパの火薬庫」の歴史	M・マゾワー／井上廣美訳
2152	物語 近現代ギリシャの歴史	村田 奈々子
2413	ガリバルディ	藤澤 房俊
2508	貨幣が語るローマ帝国史	比佐 篤
1771	物語 イタリアの歴史 II	藤沢 道郎
1045	物語 イタリアの歴史	藤沢 道郎
2516	宣教のヨーロッパ	佐藤 彰一
2467	剣と清貧のヨーロッパ	佐藤 彰一
2409	贖罪のヨーロッパ	佐藤 彰一
2253	禁欲のヨーロッパ	佐藤 彰一
2223	世界史の叡智	本村 凌二
2050	新・現代歴史学の名著	樺山 紘一 編著

番号	タイトル	著者
1963	物語 フランス革命	安達 正勝
2286	マリー・アントワネット	安達 正勝
2466	ナポレオン時代	A・ホーン／大久保庸子訳
2529	ナポレオン四代	野村 啓介
2027	物語 ストラスブールの歴史	内田 日出海
2318/2319	物語 イギリスの歴史（上下）	君塚 直隆
2167	イギリス帝国の歴史	秋田 茂
1916	ヴィクトリア女王	君塚 直隆
1215	物語 アイルランドの歴史	波多野 裕造
1420	物語 ドイツの歴史	阿部 謹也
2304	ビスマルク	飯田 洋介
2490	ヴィルヘルム2世	竹中 亨
2546	物語 オーストリアの歴史	山之内 克子
2434	物語 オランダの歴史	桜田 美津夫
2279	物語 ベルギーの歴史	松尾 秀哉
1838	物語 チェコの歴史	薩摩 秀登
2445	物語 ポーランドの歴史	渡辺 克義

番号	タイトル	著者
1131	物語 北欧の歴史	武田 龍夫
2456	物語 フィンランドの歴史	石野 裕子
1758	物語 バルト三国の歴史	志摩 園子
1655	物語 ウクライナの歴史	黒川 祐次
1042	物語 アメリカの歴史	猿谷 要
2209	アメリカ黒人の歴史	上杉 忍
1437	物語 ラテン・アメリカの歴史	増田 義郎
1935	物語 メキシコの歴史	大垣 貴志郎
1547	物語 オーストラリアの歴史	竹田 いさみ
2545	物語 ナイジェリアの歴史	島田 周平
1644	ハワイの歴史と文化	矢口 祐人
2442	海賊の世界史	桃井 治郎
518	刑吏の社会史	阿部 謹也
2451	トラクターの世界史	藤原 辰史
2368	第一次世界大戦史	飯倉 章
2561	キリスト教と死	指 昭博